Günter Matthes
Mitarbeiterschulung Gefahrgut
Schulung/Unterweisung nach
§ 6 GbV und Kapitel 1.3
ADR/RID/IMDG-Code

Mitarbeiterschulung Gefahrgut

Schulung/Unterweisung nach § 6 GbV und
Kapitel 1.3 ADR/RID/IMDG-Code für beauftragte Personen
und sonstige verantwortliche Personen

Ausgabe 2009

Dieses Werk soll Sie beraten. Die Angaben sind nach bestem Wissen zusammengestellt, jedoch sind Fehler nicht vollständig auszuschließen. Aus diesem Grund sind die Angaben etc. mit keiner Verpflichtung oder Garantie des Verlags oder des Autors verbunden. Beide übernehmen infolgedessen keinerlei Verantwortung und Haftung für eine etwaige inhaltliche Unrichtigkeit des Buches.

Die Deutsche Bibliothek – CIP-Einheitsaufnahme

Bibliografische Information der Deutschen Nationalbibliothek
Die Deutsche Nationalbibliothek verzeichnet diese Publikation in der Deutschen Nationalbibliografie; detaillierte bibliografische Daten sind im Internet über http://dnb.d-nb.de abrufbar.

Alle Rechte, insbesondere das Recht der Vervielfältigung und Verbreitung sowie der Übersetzung, vorbehalten. Kein Teil des Werkes darf in irgendeiner Form (durch Fotokopie, Mikrofilm oder ein anderes Verfahren) ohne schriftliche Genehmigung des Verlages reproduziert oder unter Verwendung elektronischer Systeme gespeichert, verarbeitet, vervielfältigt oder verbreitet werden.

Mitarbeiterschulung Gefahrgut

7. Auflage
© 2008 ecomed SICHERHEIT, Verlagsgruppe Hüthig Jehle Rehm GmbH
Justus-von-Liebig-Str. 1, 86899 Landsberg/Lech
Tel.: 08191/125-334, Telefax: 08191/125-151, E-Mail: info@ecomed.de
Internet: http://www.ecomed-sicherheit.de
Verfasser: Günter Matthes
http://www.matthes-sicherheit.de

Satz: abavo GmbH, 86807 Buchloe, www.abavo.de
Druck: Kessler Druck + Medien, 86399 Bobingen
Printed in Germany 680836/107125
ISBN: 978-3-609-68838-1

Vorwort

Gefährliche Stoffe/gefährliche Güter sind heute wichtiger Bestandteil einer funktionierenden, technisch hochentwickelten Industriegesellschaft. Fast täglich wird jeder Einzelne damit konfrontiert und kann bei unsachgemäßer Handhabung erhebliche Schäden für Mensch und Umwelt bewirken.

Die Einhaltung der Vorschriften ist vor allem davon abhängig, wie sie verstanden und ob sie richtig angewendet werden. Häufig sind Unwissenheit und Unverständnis Faktoren, die die Risikobereitschaft bei der Beförderung gefährlicher Güter erhöhen.

Diese Broschüre soll Mitarbeiter eines Unternehmens, die in irgendeiner Weise mit der Beförderung gefährlicher Güter beschäftigt sind, beim Verständnis und bei der richtigen Anwendung der gegebenen Vorschriften unterstützen.

Die große Zahl und die Komplexität nationaler und internationaler Vorschriften, Regelwerke und Ausnahmeregelungen, die zum Teil für einzelne Verkehrsträger, zum Teil verkehrsträgerübergreifend zutreffen, machen eine detaillierte Darstellung aller Zusammenhänge im Rahmen dieses Schulungsmaterials unmöglich. Deshalb soll anhand von Übersichten, kurzen Erläuterungen und Beispielen der richtige Gefahrguttransport dargestellt werden.

Man sollte sich mit den Vorschriften eingehend vertraut machen und Wissens- bzw. Anwendungslücken durch innerbetriebliche Schulungen oder mit Hilfe der Beratung durch Gefahrgutexperten schließen. Letztendlich kann nur die konsequente Anwendung der Vorschriften die Sicherheit beim Gefahrguttransport gewährleisten.

Das Schulungsmaterial basiert auf dem Rechtsstand des ADR/RID/IMDG-Code 01/2009.

Günter Matthes   Kaufering, im Dezember 2008

Hinweise für den Referenten/Ausbilder

Dieses Lehrmaterial beinhaltet grundlegendes Wissen für alle Beteiligte an einem Gefahrguttransport sowie spezielle Themen für aufgabenbezogene Unterweisungen. Für Unternehmen, die nur Teile davon benötigen oder nur mit einigen Gefahrklassen zu tun haben, können die nicht zutreffenden Seiten übersprungen werden. Die Inhalte beruhen auf den Vorschriften für Straßen-, Eisenbahn- und Seeschiffsverkehr. Ist im Text nichts Besonderes angegeben, beziehen sich die jeweiligen Ausführungen in gleicher Weise auf alle drei Verkehrsträger.

Das Schulungsmaterial ist in vier Teile und drei Anhänge gegliedert:

Teil 1: Allgemeines Grundlagenwissen für alle Beteiligten

Teil 2: Pflichten und Spezialwissen für einzelne Verantwortliche

Teil 3: Abweichende bzw. ergänzende Vorschriften für den Seeverkehr (IMDG-Code)

Teil 4: Beförderung radioaktiver Stoffe, Klasse 7

Anhang 1: Auszug aus Tabelle A, Kapitel 3.2 ADR (mit Erläuterungen)

Anhang 2: Auszug aus Gefahrguttabelle, Kapitel 3.2 RID (Beispiele)

Anhang 3: Auszug aus Gefahrgutliste, Kapitel 3.2 IMDG-Code (mit Erläuterungen)

Das Heft enthält neben Erläuterungen, Tabellen und Abbildungen auch Übungsaufgaben und Kontrollfragen (am oberen Seitenrand mit dem Zeichen „✐" gekennzeichnet), mit deren Hilfe das erworbene Wissen getestet und direkt auf die Gegebenheiten in der eigenen Firma bezogen werden kann.

Zur vollständigen Unterrichtsgestaltung ist für den Referenten das komplette Expertenpaket (Schülerheft + CD-ROM mit PowerPoint-Folienvorlagen und Erläuterungen) erforderlich. Auf der CD finden Sie Übersichten, Arbeitshilfen und Erläuterungen zu bestimmten Themen, die ausgedruckt und für die Schulungsteilnehmer vervielfältigt werden können, sowie die Lösungen zu den Übungsaufgaben und Kontrollfragen aus dem Schülerheft.

Empfohlener Mindestschulungsbedarf/-umfang bei einer Erstschulung
(UE = Unterrichtseinheit)

	Teil 1	Teil 2	Teil 3	Teil 4
Absender	5–8 UE	+ 3 UE	+ 3 UE	+ 8 UE
Verpacker	5–8 UE	+ 5–8 UE		+ 5 UE
Verlader	5–8 UE	+ 3 UE	+ 2 UE	+ 3 UE
Befüller	5–8 UE	+ 3–5 UE	+ 3 UE	
Beförderer	5–8 UE	+ 3 UE		+ 3UE
Fahrzeugführer ohne ADR-Bescheinigung	5 UE	+ 3 UE		+ 1 UE

Inhalt

Vorwort 5
Hinweise für den Referenten/Ausbilder 6

Teil 1 – Allgemeines Grundlagenwissen für alle Beteiligten
1.1	Einführung	12
1.1.1	Schulungsgrundlagen	12
1.1.2	Verantwortlichkeiten in Betrieben und Unternehmen	14
1.2	Vorschriften für die Beförderung gefährlicher Güter	16
1.2.1	Zusammenhänge/Anwendung der Vorschriften	16
1.2.2	Umgangsrecht – Beförderungsrecht	18
1.2.3	Ausnahmeregelungen für die Beförderung als Gefahrgut	20
1.3	Begriffsbestimmungen	21
1.3.1	Gefährliche Güter – Beförderungsrecht und gefährliche Stoffe – Umgangsrecht	21
1.3.2	Beförderung oder Lagerung?	25
1.4	Beteiligte an der Beförderung	26
1.4.1	Beteiligte nach GGVSEB	26
1.5	Gefahrklassenübersicht	30
1.6	Gefahren für Mensch und Umwelt – Vorsorge- und Notfallmaßnahmen	33
1.6.1	Gefahreigenschaften – physikalische Grundlagen	33
1.6.2	Gefahren für den Menschen	38
1.6.3	Gefahren für die Umwelt	40
1.6.4	Vorsorge- und Notfallmaßnahmen	41
1.7	Klassifizieren von Stoffen und Gegenständen	45
1.7.1	Was bedeutet „Klassifizieren"?	45
1.7.2	UN-Nummer	45
1.7.3	Bedeutung der Verpackungsgruppen	47
1.7.4	Klassifizierungsbeispiele	48
1.8	Die einzelnen Gefahrklassen und Verpackungsgruppen	51
1.8.1	Klasse 1	51
1.8.2	Klasse 2	52
1.8.3	Klasse 3	54
1.8.4	Klassen 4.1, 4.2 und 4.3	56
1.8.5	Klassen 5.1 und 5.2	59
1.8.6	Klassen 6.1 und 6.2	61
1.8.7	Klasse 7	64

Inhalt

1.8.8	Klasse 8	65
1.8.9	Klasse 9	66
1.8.10	Gefahrgüter im eigenen Unternehmen	68
1.8.11	Übungsaufgaben zu den Kapiteln 1.7 und 1.8	68
1.9	Freistellungsregelungen	70
1.9.1	Freistellungen nach dem Beförderungszweck	70
1.9.2	Freistellungen nach Ausnahmevorschriften	70
1.9.3	Freistellung als Excepted Quantities nach Kapitel 3.5 ADR	71
1.9.4	Freistellung als begrenzte Menge je Versandstück (Limited Quantities)	72
1.9.5	Freistellung nach Beförderungsmenge je Beförderungseinheit (1000-Punkte-Regel)	74
1.10	Durchführung der Beförderung	79
1.10.1	Beförderungsarten	79
1.10.2	Arten von Gefahrgutumschließungen	80
1.10.3	Ausrüstung der Fahrzeuge	86
1.10.4	Grundsätze der Ladungssicherung	87
1.10.5	Vorschriften für die Sicherung nach Kapitel 1.10 ADR/RID, Kapitel 1.4 IMDG-Code	88
1.10.6	Tunnelbeschränkungen	89
1.11	Kennzeichnung von Versandstücken	89
1.11.1	Gefahrzettel, Verwendung	89
1.11.2	Beispiele für die Kennzeichnung von Versandstücken	92
1.12	Kennzeichnung von Beförderungseinheiten, Containern	95
1.12.1	Kennzeichnung bei der Beförderung von Versandstücken in begrenzten Mengen	95
1.12.2	Kennzeichnung mit orangefarbenen Tafeln	96
1.12.3	Kennzeichnung mit Großzetteln	98
1.12.4	Besondere Kennzeichnungen	99
1.12.5	Beispiele für die Kennzeichnung von Beförderungseinheiten	100
1.12.6	Mögliche Kennzeichnungsfälle bei der Beförderung einer zusammengesetzten Verpackung	106
1.13	Begleitpapiere	107
1.13.1	Überblick – Begleitpapiere für die Gefahrgutbeförderung auf der Straße/Schiene	107
1.13.2	Beförderungspapier	108
1.13.3	Schriftliche Weisung	109
1.13.4	ADR-Bescheinigung	110
1.13.5	ADR-Zulassungsbescheinigung für bestimmte Fahrzeuge	111
1.13.6	Fahrwegbestimmung, § 36 GGVSEB	113
1.14	Übungsaufgaben zu den Kapiteln 1.9 bis 1.13	114

1.15 Warum ist diese Schulung/Unterweisung notwendig? 116

Teil 2 – Pflichten und Spezialwissen für einzelne Verantwortliche

2.1 Pflichten des Absenders und des Auftraggebers des Absenders 120

2.1.1 Verantwortlichkeit des Absenders für den Inhalt des Beförderungspapiers ... 121

2.2 Pflichten des Verpackers (§§ 23, 28 GGVSEB) 127

2.2.1 Pflichten des Verpackers bei Verpackungen und Großverpackungen. 127

2.2.2 Pflichten und Grundwissen für Verpacker und Eigentümer von Großpackmitteln (IBC). 133

2.2.3 Übungsaufgaben 137

2.3 Pflichten des Verladers. 138

2.3.1 Pflichten des Verladers von Versandstücken in Fahrzeuge/Container 138

2.3.2 Pflichten des Verladers bei der Übergabe von Versandstücken an den Fahrzeugführer. 140

2.4 Pflichten des Befüllers 142

2.4.1 Pflichten des Befüllers bei der Übergabe gefährlicher Güter in Tankfahrzeuge, Aufsetztanks, Batterie-Fahrzeuge und Tankcontainer 142

2.4.2 Pflichten des Befüllers von Tankcontainern (TC), MEGC und ortsbeweglichen Tanks (oT) 143

2.4.3 Pflichten des Befüllers von Containern/Fahrzeugen zur Beförderung gefährlicher Güter in loser Schüttung 148

2.5 Pflichten des Beförderers. 150

2.5.1 Pflichten des Beförderers und Fahrzeughalters (nationale Begriffsbestimmung nach Verkehrsrecht). 151

2.5.2 Tunnelkategorien und Tunnelbeschränkungscode. 152

2.6 Pflichten des Fahrzeugführers bei der Beförderung unterhalb der Mengengrenzen nach Abschnitt (Tabelle) 1.1.3.6.3 ADR. 155

Teil 3 – Abweichende bzw. ergänzende Vorschriften für den Seeverkehr (IMDG-Code)

3.1 Beteiligte im Seeverkehr 160

3.2 Wichtige Begriffsbestimmungen nach IMDG-Code. 161

3.3 Beschriftung, Markierung und Kennzeichnung von Versandstücken und Beförderungseinheiten. 162

3.4 Kennzeichnungsvorschriften für CTU – Übersicht. 163

3.5 Einstufung und Kennzeichnung von Meeresschadstoffen. 164

3.6 Angaben im Beförderungsdokument (Abschnitt 5.4.1 IMDG-Code) 164

3.7 Beförderungsdokument/Verantwortliche Erklärung. 166

3.8 Container-/Fahrzeug-Packzertifikat Seeverkehr 168

3.9 Memorandum of Understanding (MoU) für die Beförderung verpackter gefährlicher Güter in der Ostsee 169

3.10 Trenn- und Stauvorschriften. 170

Inhalt

Teil 4 – Beförderung radioaktiver Stoffe, Klasse 7

4.1	Strahlenschutz – allgemeine Grundlagen	172
4.2	Stoffliste Klasse 7	173
4.3	Versandstückarten, Gefahrzettel	174
4.4	Ablaufschema für die Einstufung „nicht unter ausschließlicher Verwendung"	176
4.5	Festlegen der Versandstückkategorie	176
4.6	Grenzwerte bei der Beförderung von Versandstücken, Umverpackungen in Fahrzeugen, Wagen oder Containern	177
4.7	Max. Aktivitätsgrenzwerte je Fahrzeug, Wagen, Container	178
4.8	Kennzeichnung von Versandstücken	179
4.9	Kennzeichnung von Beförderungseinheiten, ausgenommen UN 2908–2911	180
4.10	Angaben im Beförderungspapier	180
4.11	Strahlenschutzprogramm und Trennung	181
4.12	Sonderregelung für die ADR-Bescheinigung	182
4.13	Übungsaufgaben	183

Anhang 1

Auszug aus Tabelle A, Kapitel 3.2 ADR 186
Erläuterungen 188

Anhang 2

Auszug aus Gefahrguttabelle, Kapitel 3.2 RID (Beispiele) 192
Erläuterungen 198

Anhang 3

Auszug aus Gefahrgutliste, Kapitel 3.2 IMDG-Code 196

Allgemeines Grundlagenwissen
Inhalt

Allgemeines Grundlagenwissen für alle Beteiligten

1.1	Einführung	12
1.2	Vorschriften für die Beförderung gefährlicher Güter	16
1.3	Begriffsbestimmungen	21
1.4	Beteiligte an der Beförderung	26
1.5	Gefahrklassenübersicht	30
1.6	Gefahren für Mensch und Umwelt – Vorsorge- und Notfallmaßnahmen	33
1.7	Klassifizieren von Stoffen und Gegenständen	45
1.8	Die einzelnen Gefahrklassen und Verpackungsgruppen	51
1.9	Freistellungsregelungen	70
1.10	Durchführung der Beförderung	79
1.11	Kennzeichnung von Versandstücken	89
1.12	Kennzeichnung von Beförderungseinheiten, Containern	95
1.13	Begleitpapiere	107
1.14	Übungsaufgaben zu den Kapiteln 1.9 bis 1.13	114
1.15	Warum ist diese Schulung/Unterweisung notwendig?	116

1 Allgemeines Grundlagenwissen
Einführung

1.1 Einführung

1.1.1 Schulungsgrundlagen

Die Schulungsanforderungen sind in Kapitel 1.3 ADR/RID/IMDG-Code sowie im Abschnitt 8.2.3 des ADR und im § 6 der Gefahrgutbeauftragtenverordnung (GbV) enthalten.

Der IMDG-Code spricht in Kapitel 1.3 von einer Schulung des Landpersonals.

Nach Kapitel 1.3 muss jede Person, die mit der Beförderung gefährlicher Güter befasst ist, entsprechend ihren Verantwortlichkeiten, Arbeitsbereichen und Funktionen eine Unterweisung über die Bestimmungen erhalten haben, die für die Beförderung dieser Güter gelten. Dies betrifft jeden Mitarbeiter, der in irgendeiner Form Pflichten nach den Gefahrgutvorschriften zu erfüllen hat, insbesondere

- Personen, die Absenderpflichten erfüllen,
- Personen, die Beförderungspapiere schreiben,
- Personal bei der Annahme von Gefahrguttransportaufträgen,
- Verpackerpersonal,
- Befüllerpersonal für Tanks,
- Be- und Entladepersonal,
- Fahrzeugführer, die nicht im Besitz einer ADR-Bescheinigung sein müssen (Kleinmengentransporte von Gefahrgütern),
- Personen, die Befördererpflichten und Fahrzeughalterpflichten erfüllen.

Je nach Verantwortlichkeiten, Aufgaben und Funktionen der betreffenden Person muss die Unterweisung in folgender Form erfolgen:

- **Einführung**
  Unterrichtung über die allgemeinen Bestimmungen der Gefahrgutbeförderungsvorschriften

- **Aufgabenbezogene Unterweisung**
  detaillierte funktionsbezogene Unterweisung über die Vorschriften, welche die Beförderung gefährlicher Güter regeln (bei multimodalen Transportvorgängen auch über die für andere Verkehrsträger geltenden Vorschriften)

- **Sicherheitsunterweisung**
  Unterweisung über die von den gefährlichen Gütern ausgehenden Risiken und Gefahren. Ziel der Unterweisung muss es sein, dem Personal die sichere Handhabung und die Notfallmaßnahmen zu verdeutlichen.

- **Unterweisung für radioaktive Stoffe der Klasse 7**
  angemessene Unterweisung bezüglich des Strahlenschutzes einschließlich der zu beachtenden Vorsichtsmaßnahmen (Regelungen nach 1.7.2.2–1.7.2.5 ADR/RID).

- **Dokumentation (Schulungsbescheinigung)**
  Eine detaillierte Beschreibung aller vermittelten Unterweisungsinhalte ist
  - sowohl vom Arbeitgeber als auch vom Arbeitnehmer aufzubewahren,
  - bei der Aufnahme einer neuen Beschäftigung/Tätigkeit zu überprüfen.

- In diese Schulungen sind die Vorschriften für die Sicherung von Gefahrguttransporten nach Kapitel 1.10 ADR/RID bzw. Kapitel 1.4 IMDG-Code zu integrieren.

- Diese Schulungen müssen vor der Aufnahme der Tätigkeiten erfolgen.

Um den Änderungen der Vorschriften Rechnung zu tragen, ist die Unterweisung der Personen in regelmäßigen Abständen durch Auffrischungskurse zu ergänzen.

Für die Schulungsforderungen an Fahrzeugführer ohne ADR-Bescheinigung gilt zusätzlich der Abschnitt 8.2.3 des ADR.

Allgemeines Grundlagenwissen
Einführung

Nationale Forderung

Nach § 6 Gefahrgutbeauftragtenverordnung (GbV) müssen beauftragte Personen und sonstige verantwortliche Personen ausreichende Kenntnisse über die für ihren Aufgabenbereich maßgebenden Vorschriften über die Beförderung gefährlicher Güter haben.

Diese Kenntnisse müssen durch zu wiederholende Schulungen vermittelt werden.

Über die Schulung ist eine Bescheinigung auszustellen, aus der der Zeitpunkt, die Dauer und der Inhalt der Schulung hervorgehen.

- **Beauftragte Personen** sind Mitarbeiter, die im Auftrag des Unternehmers oder Inhabers eines Betriebes **in eigener Verantwortung** Pflichten des Unternehmers nach den Gefahrgutvorschriften erfüllen (Rechtsgrundlage hierzu ist der § 14 StGB und § 9 OWiG).

- **Sonstige verantwortliche Personen** sind Personen, denen nach den Vorschriften für die Beförderung gefährlicher Güter unmittelbar Aufgaben zur eigenverantwortlichen Erledigung übertragen worden sind, insbesondere Fahrzeugführer, Schiffsführer (ausgenommen Unternehmer und Inhaber von Betrieben).

- Diese Schulungsanforderungen gelten nicht für Personen, die bereits Schulungen nach dem Gefahrgutrecht absolvieren müssen, wie Gefahrgutbeauftragte oder Fahrzeugführer nach Abschnitt 8.2.1 des ADR (Fahrer, die eine gültige ADR-Bescheinigung benötigen).

- Diese Schulungen können vom Gefahrgutbeauftragten durchgeführt werden, aber auch von jeder anderen sachkundigen Person.

- Ein Zeitraum, in dem die Schulungen wiederholt werden müssen, ist nicht festgelegt. Er richtet sich nach
  - den Anforderungen an die Mitarbeiter,
  - dem Kenntnisstand der Mitarbeiter,
  - der Fluktuation im Betrieb und
  - den zutreffenden Vorschriftenänderungen.

- Auch in Unternehmen, für die kein Gefahrgutbeauftragter vorgeschrieben ist, gelten diese gesetzlichen Forderungen.

- Der Unternehmer/Betriebsinhaber ist dafür verantwortlich, dass die genannten Personen im Besitz der geforderten Schulungsbescheinigung sind (§ 7 Abs. 2 Nr. 3 GbV).

Allgemeines Grundlagenwissen
Einführung

1.1.2 Verantwortlichkeiten in Betrieben und Unternehmen

- Grundsätzlich ist der **Unternehmer/Betriebsinhaber** für sein Unternehmen verantwortlich. Er kann jedoch bestimmte Verantwortungsbereiche an Mitarbeiter übertragen.
Mitarbeiter in gehobenen Stellungen, wie Geschäftsführer, Werksleiter oder Niederlassungsleiter sind automatisch auch Personen, die Verantwortung wie ein Betriebsinhaber/Unternehmer tragen.

- Werden weitere zusätzliche Mitarbeiter durch den Unternehmer/Betriebsinhaber mit der ständigen eigenverantwortlichen Erledigung bestimmter Pflichten des **Unternehmers/Betriebsinhabers** nach den Gefahrgutvorschriften betraut, werden sie als **„beauftragte Personen"** bestellt.

- Jeder sonstige Mitarbeiter, dem unmittelbar Aufgaben zur eigenverantwortlichen Erledigung übertragen worden sind, ist eine **„sonstige verantwortliche Person"**, z.B. Fahrzeugführer.

- Alle anderen Personen, denen nicht unmittelbar Aufgaben zur eigenverantwortlichen Erledigung übertragen wurden, sind sonstige Beteiligte an der Beförderung.

- Die Gefahrgutbeauftragtenverordnung schreibt für alle Betriebe/Unternehmen die Bestellung eines **Gefahrgutbeauftragten (Gb)** vor, es sei denn, das betreffende Unternehmen ist nach GbV von der Bestellung freigestellt.
Gefahrgutbeauftragte können folgende Personen sein:
  - der Betriebsinhaber/Unternehmer selbst (dann entfällt die Bestellung) oder
  - ein Mitarbeiter (interner Gb) oder
  - eine betriebsfremde Person (externer Gb).

  Der Gb erfüllt Aufgaben nach der GbV, darunter die Überwachung der Tätigkeiten im Unternehmen im Zusammenhang mit der Gefahrgutbeförderung.

Merke

Ein schuldhaftes Verhalten einer verantwortlichen Person kann in jedem der o.g. Fälle ein Bußgeld oder ein Strafverfahren nach sich ziehen. Auch Unwissenheit schützt nicht vor Strafe.

Übungsaufgaben

1. Wer ist Gefahrgutbeauftragter in Ihrem Unternehmen?

2. Wer ist (sind) beauftragte Person(en) in Ihrem Unternehmen?

3. Was ist Ihre Funktion als Beteiligter am Gefahrguttransport?

Allgemeines Grundlagenwissen
Einführung

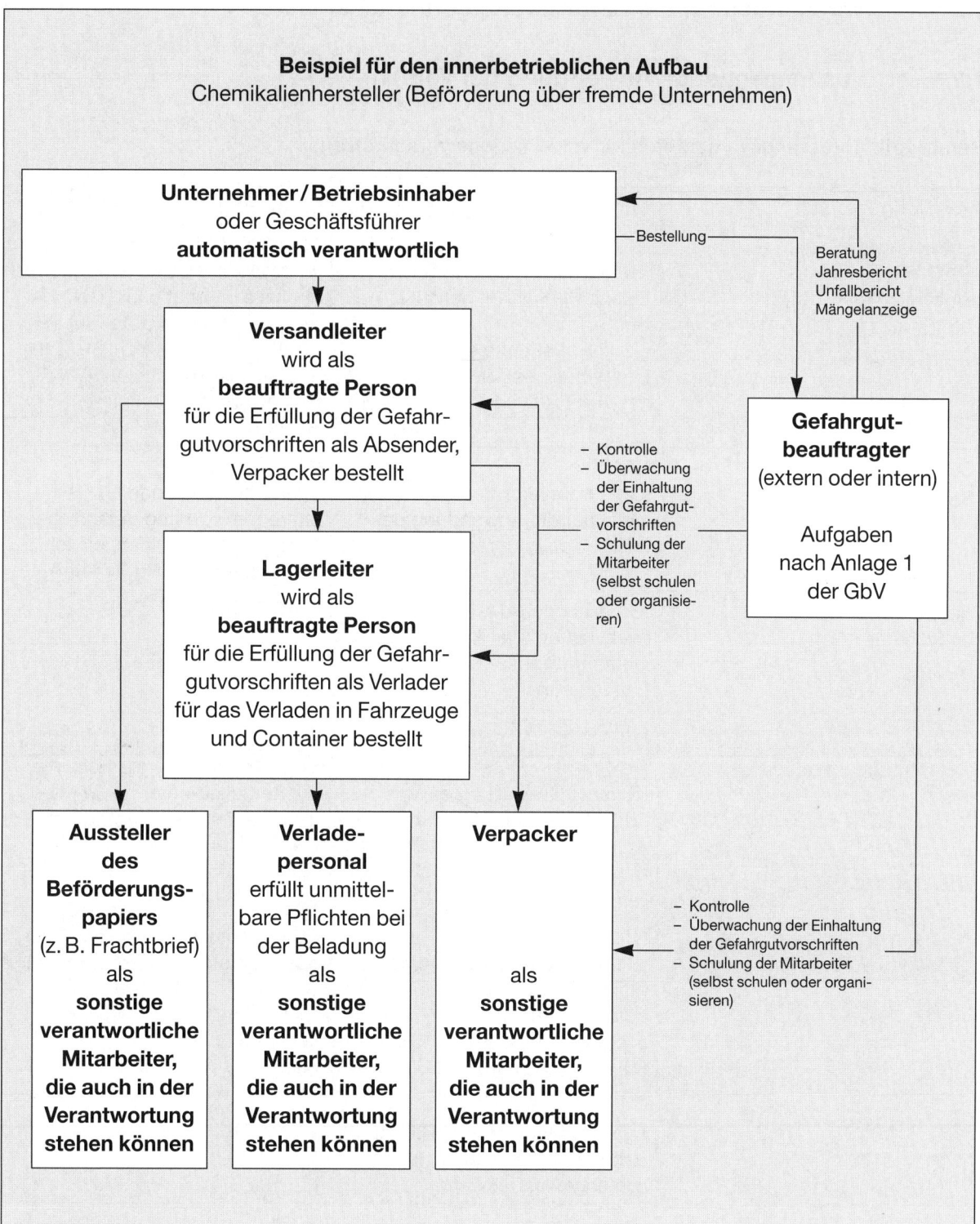

Weitere Mitarbeiter, die mit der Beförderung gefährlicher Güter befasst sind, können sein:

- Befüllerpersonal von Tanks oder Fahrzeugen und Containern,
- Fahrzeugführer als sonstige verantwortliche Personen,
- Rangierpersonal im Eisenbahnverkehr.

Allgemeines Grundlagenwissen
Beförderungsvorschriften

1.2 Vorschriften für die Beförderung gefährlicher Güter

1.2.1 Zusammenhänge/Anwendung der Vorschriften

Gefahrgutbeförderungsvorschriften für verschiedene Verkehrsträger

Regelungsbereich	Nationale Vorschriften	Internationale Vorschriften
Beförderung auf der Straße/Schiene und Binnenschifffahrt	GGVSEB (Gefahrgutverordnung Straße, Eisenbahn und Binnenschifffahrt) § 1 verweist auf die innerstaatliche Anwendung des ADR/RID oder ADN/ADNR	ADR/RID/ADNR und ADN (europäische Übereinkommen über die internationale Beförderung gefährlicher Güter auf der Straße [ADR], der Schiene [RID] und auf Binnenschiffen [ADNR und ADN – ADNR = nur auf dem Rhein])
Beförderung im Seeverkehr*)	GGVSee (Gefahrgutverordnung See) verweist auf die Anwendung des IMDG-Codes deutsch	IMDG-Code Internationaler Code für die sichere Beförderung gefährlicher Güter mit Seeschiffen, einschl. Fährverkehr (Ro-Ro-Verkehr)
Beförderung im Luftverkehr	ICAO-TI und IATA-DGR (weltweit gültige Vorschriften für Gefahrguttransporte im Luftverkehr) LuftVG, LuftVZO	ICAO-TI und IATA-DGR
Gefahrgutbeauftragter	GbV (Gefahrgutbeauftragtenverordnung) regelt die Bestellung und Aufgaben von Gefahrgutbeauftragten in Unternehmen/Betrieben	EU-Sicherheitsberaterrichtlinie (Sicherheitsberater nur in Mitgliedstaaten der europäischen Union gefordert)
Ausnahmen von den geltenden Vorschriften	GGAV (Gefahrgut-Ausnahmeverordnung) regelt auf nationaler Ebene gültige Ausnahmen von den Vorschriften für die Straße (S), See (M), Eisenbahn (E) und Binnenschifffahrt (B) ADR-Ausnahmen und RID-Ausnahmen dürfen auch innerstaatlich angewendet werden.	ADR-Ausnahmen (multilaterale oder bilaterale Vereinbarungen) sowie RID-Ausnahmen (RID-Sondervereinbarungen) nach 1.5.1 ADR/RID

*) Im Seeverkehr gibt es noch weitere Codes, wie z.B. den INF-Code für die sichere Beförderung von bestrahlten Kernbrennstoffen, Plutonium oder hochradioaktiven Abfällen.

Allgemeines Grundlagenwissen
Beförderungsvorschriften

Beförderung gefährlicher Güter über mehrere Verkehrsträger

Bei der Versendung gefährlicher Güter über zwei oder mehrere Verkehrsträger sind folgende Grundregeln zu beachten:

- **Nur europäischer Landverkehr (Straße/Schiene)**
  - Die Beförderungsvorschriften sind fast identisch. Nur die Vorschriften für die Beförderungsmittel unterscheiden sich (z.B. Bau, Ausrüstung von Fahrzeugen oder Kesselwagen).

- **Weltweiter Verkehr über europäischen Landverkehr mit See- oder Luftverkehr**
  - Für den See- und den Luftverkehr gelten sehr strenge und etwas anders geregelte Vorschriften als für den europäischen Straßen- und Schienenverkehr. Dies hat dazu geführt, dass sich im Zu- und Ablauf der Seehäfen oder Flughäfen die Landverkehrsträger Straße/Schiene unterordnen und eine Beförderung nach den Vorschriften des IMDG-Codes (Seeverkehr) bzw. der IATA-DGR (Luftverkehr) zulassen (Verpackung, Kennzeichnung, Klassifizierung, Dokumentation). Lediglich die reinen Transportvorschriften für die Beförderungsmittel gemäß ADR bzw. RID sowie einige zusätzliche Angaben im Beförderungsdokument sind zu beachten.

  - Weitere spezielle nationale Auflagen/Einfuhrbestimmungen von Staaten müssen bereits im Vorfeld der Beförderung gefährlicher Güter geklärt werden.

> **Beispiel:**
> Eine Versendung von gefährlichen Gütern in die USA über Luft- oder Seeverkehr kann nicht nur nach den weltweit gültigen Vorschriften des IMDG-Codes bzw. der IATA-DGR erfolgen. Es sind bereits im Vorfeld der Versendung die speziellen nationalen Regelungen der USA (abweichende oder zusätzliche Bestimmungen), insbesondere die Einfuhrbestimmungen oder die Regelungen für einen anschließenden Landtransport, zu beachten.

Für die Arbeit mit gefährlichen Stoffen bzw. Gütern wurden im Interesse der Sicherheit von Menschen und Umwelt zahlreiche Vorschriften erlassen bzw. Vereinbarungen getroffen. Es gibt Gesetze, Verordnungen, Richtlinien und andere Vorschriften, die auf verschiedene Art und Weise miteinander im Zusammenhang stehen oder gleichzeitig zu beachten sind.

Für die Anwendung der Vorschriften spielt es eine wesentliche Rolle,

- ob es sich um **Umgang oder Beförderung** (in den Übersichten S. 18, 19 grau hinterlegt) handelt,
- ob eine Beförderung nur in **Deutschland**, in der **EU**, in einem **erweiterten Bereich** (z.B. ADR-Geltungsbereich) oder gar **weltweit** stattfindet,
- über welche **Verkehrsträger** die Beförderung durchgeführt wird.

> **Bemerkung:**
> Die UNO und die IAEO (für radioaktive Stoffe) geben weltweit regelmäßig Empfehlungen für eine sichere Gefahrgutbeförderung heraus. Diese Empfehlungen werden durch internationale Abkommen und nationale Vorschriften rechtsverbindlich. In der Regel gibt es alle zwei Jahre Änderungen zu den bestehenden Vorschriften, ausgenommen im Luftverkehr, hier werden jährlich geänderte Vorschriften herausgegeben.

Allgemeines Grundlagenwissen
Beförderungsvorschriften

1.2.2 Umgangsrecht – Beförderungsrecht

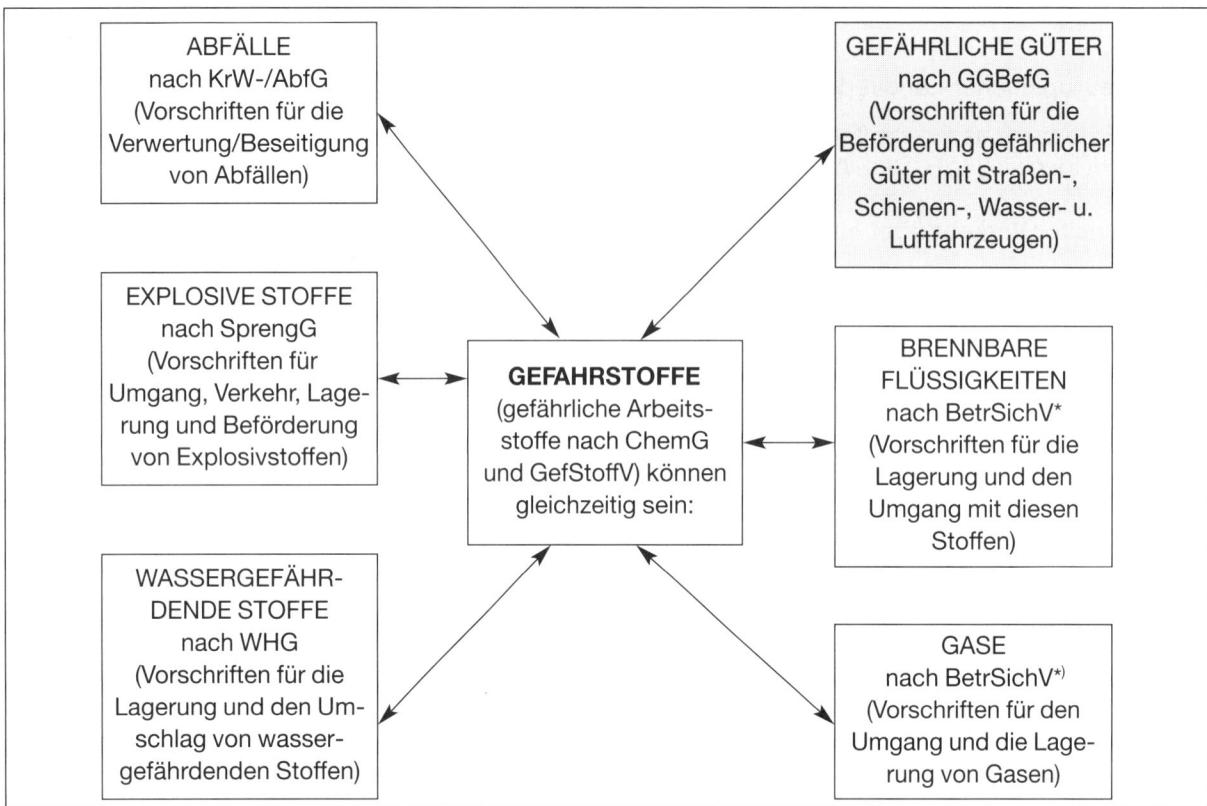

*) Die Betriebssicherheitsverordnung (BetrSichV) wird zurzeit noch durch einige Technische Regeln aus nicht mehr gültigen Verordnungen ergänzt, z.B. TRbF 20 – Läger für brennbare Flüssigkeiten.

Übersicht der wesentlichen Vorschriften aus dem Umgangsrecht:

BImSchG	Bundes-Immissionsschutzgesetz
KrW-/AbfG	Kreislaufwirtschafts- und Abfallgesetz
ChemG	Chemikaliengesetz
GefStoffV	Gefahrstoffverordnung
BioStoffV	Verordnung über biologische Arbeitsstoffe
WHG	Wasserhaushaltsgesetz
BetrSichV	Betriebssicherheitsverordnung
SprengG	Sprengstoffgesetz
GPSG	Geräte- und Produktsicherheitsgesetz
AtG	Atomgesetz
StrlSchV	Strahlenschutzverordnung
GHS-VO	EU-Verordnung zum neuen GHS „Globally Harmonized System"

Eine umfassende Aufstellung der wichtigsten Gesetze und Verordnungen aus dem Umgangs- und Beförderungsrecht für Gefahrgut ist in den Referentenunterlagen (Expertenpaket) als Word-Datei enthalten.

Allgemeines Grundlagenwissen
Beförderungsvorschriften

bis Seite 24   Folien 23, 24, 25, 26, 27, 28, 29

Geltungsbereich von Beförderungsrecht und Umgangsrecht in der betrieblichen Praxis

Rechts-bereich	UMGANGS-RECHT	BEFÖRDERUNGSRECHT + UMGANGSRECHT		UMGANGS-RECHT
Anwender		**Unternehmen 1** Absender (Versender), Verlader, Verpacker, Befüller	**Transportierendes Unternehmen** (Beförderer)	**Unternehmen 2** Empfänger
Vorgänge	Produktion Be- und Verarbeitung Lagerung	Vorbereitung zum Versand – Klassifizieren – Verpacken – Kennzeichnen – Verladen	**Transport im öffentlichen Verkehrsraum**	Entladen Auspacken	Be- und Verarbeitung Lagerung
Vorschriften	**Vorschriften-Beispiele** ChemG GefStoffV BetrSichV SprengG AtG WHG	**Vorschriften** Straße/Schiene: GGVSEB ADR/RID Binnenschifffahrt: GGVSEB ADNR/ADR Seeverkehr: GGVSee IMDG-Code Luftverkehr: ICAO-TI oder IATA-DGR		**Vorschriften-Beispiele** ChemG GefStoffV BetrSichV SprengG AtG WHG
	Schutzvorschriften für Arbeitnehmer und Umwelt	Mögliche weitere Vorschriften: GbV, GGAV, ADR- und RID-Ausnahmen*), GGKontrollV, Schutzvorschriften für die Beförderung		Schutzvorschriften für Arbeitnehmer und Umwelt

*) – Bilaterale oder multilaterale Ausnahmen, RID-Sondervereinbarungen nach 1.5.1 ADR/RID
– Zwei oder mehrere Staaten, zwei oder mehrere Eisenbahngesellschaften können untereinander, zeitlich befristet, Ausnahmen vereinbaren.

Bemerkung:
Das Umgangsrecht bleibt auch während der Beförderung erhalten und ist einzuhalten, z.B. Regelungen zum Gewässerschutz nach WHG oder der Strahlenschutz nach StrlSchV.

Allgemeines Grundlagenwissen
Beförderungsvorschriften

1.2.3 Ausnahmeregelungen für die Beförderung als Gefahrgut

Anwendung von Ausnahmeregelungen

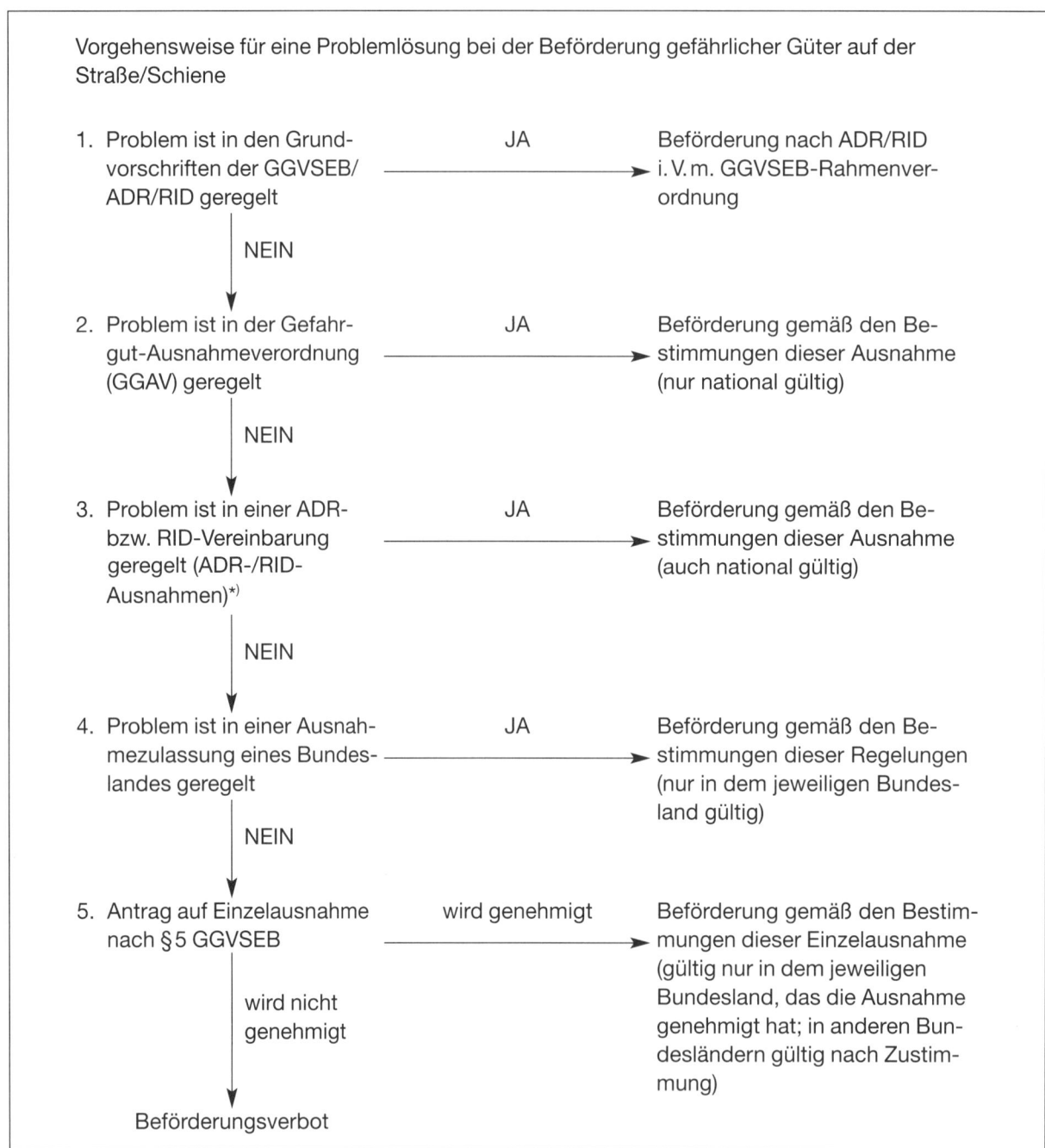

*) ADR-/RID-Ausnahmen sind bilaterale oder multilaterale ADR-Vereinbarungen oder RID-Sondervereinbarungen.

Rechtsgrundlagen für Ausnahmen sind:

- Abschnitt 1.5.1 ADR/RID für multilaterale oder bilaterale Ausnahmen. Zwei oder mehrere Staaten können abweichende Regelungen zum ADR/RID vereinbaren. Hat Deutschland solche Vereinbarungen mit gezeichnet, können diese gemäß § 5 Abs. 9 der GGVSEB auch innerstaatlich von jedermann angewendet werden.
- § 6 GGBefG als Rechtsgrundlage zum Erlass der nationalen Ausnahmen (GGAV)
- § 5 GGVSEB für Ausnahmen der einzelnen Länder allgemein oder als Einzelausnahme

Allgemeines Grundlagenwissen
Begriffsbestimmungen

1.3 Begriffsbestimmungen

1.3.1 Gefährliche Güter – Beförderungsrecht und gefährliche Stoffe – Umgangsrecht

Gefährliche Stoffe – Umgangsrecht

- Gefährliche Stoffe sind Stoffe und Zubereitungen gemäß RL 67/548/EWG – Stoffrichtlinie – und RL 1999/45 EG – Zubereitungsrichtlinie – die eine oder mehrere der folgenden Eigenschaften aufweisen:

    - explosionsgefährlich (E)
    - brandfördernd (O)
    - hochentzündlich (F+)
    - leichtentzündlich (F)
    - entzündlich

    - sehr giftig (T+)
    - giftig (T)
    - gesundheitsschädlich (Xn)
    - ätzend (C)
    - reizend (Xi)

    - sensibilisierend
    - krebserzeugend
    - fortpflanzungsgefährdend
    - erbgutverändernd
    - umweltgefährdend (N)

- Diese Stoffe unterliegen dem Chemikaliengesetz (ChemG) und den dazugehörigen Verordnungen, wie z.B. der Gefahrstoffverordnung (GefStoffV).

- Diese Vorschriften haben das Ziel,
    - Menschen und Umwelt vor schädlichen Einwirkungen zu schützen,
    - das Erkennen solcher Stoffe zu erleichtern und sie entsprechend zu kennzeichnen,
    - Menschen, die mit diesen Stoffen arbeiten, zu schützen.

Die **GefStoffV** regelt somit die Einstufung, Kennzeichnung, Lagerung, Verpackung, den Umgang und die Verarbeitung.

Am 03.09.2008 verabschiedete das Europäische Parlament die neue Verordnung zur Einstufung, Kennzeichnung und Verpackung chemischer Produkte, die sogenannte GHS-Verordnung. Dies ist eine neue, weltweit harmonisierte Einstufung und Kennzeichnung von Chemikalien. Damit ändern sich auch künftig die Einstufungsregelungen sowie die Kennzeichen.

(Globally Harmonized System of Classification and Labelling of Chemicals)

Übergangsfristen:
- für technisch reine Stoffe bis 01.12.2010
- für Stoffgemische/Zubereitungen bis 01.06.2015

Neue Kennzeichen nach GHS		Bisherige Kennzeichen GefStoffV	
	explosionsgefährlich	E	explosionsgefährlich
	brandfördernd	O	brandfördernd

Matthes – Mitarbeiterschulung Gefahrgut – 7. Aufl. 2009

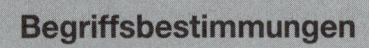

Allgemeines Grundlagenwissen
Begriffsbestimmungen

Neue Kennzeichen nach GHS		Bisherige Kennzeichen GefStoffV	
⬥ Flamme	extrem oder hoch entzündlich, entzündlich	🔥 F+ / F	hoch und leicht entzündlich
⬥ Totenkopf	sehr giftig und giftig	☠ T+ / T	sehr giftig und giftig
⬥ Ätzwirkung	ätzend	🧪 C	ätzend
⬥ Umwelt	umweltgefährlich	🌳🐟 N	umweltgefährlich
		✖ Xi / ✖ Xn	reizend, gesundheitsschädlich
⬥ Gasflasche	unter Druck stehende Gase		
⬥ Gesundheitsgefahr	verschiedene starke Gesundheitsgefährdungen		
⬥ Ausrufezeichen	verschiedene sonstige Gefahren		

Allgemeines Grundlagenwissen
Begriffsbestimmungen

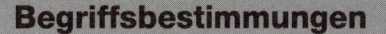

Gefährliche Güter – Beförderungsrecht

Werden Stoffe, die eine Gefahr für Menschen, Tiere, Umwelt, öffentliche Sicherheit und Ordnung darstellen, im öffentlichen Verkehrsraum (Straße, Schiene, Binnenschifffahrt, See- und Luftverkehr) befördert, sind die internationalen Beförderungsvorschriften zu beachten. Es ist also zu prüfen, ob ein Gefahrstoff aus dem Umgangsrecht auch ein Gefahrgut darstellt und ob Stoffe, die keine Gefahrstoffe sind, ein Gefahrgut sein können.

Für die Kennzeichnung von Gefahrgütern werden weltweit andere Kennzeichen verwendet.

Beispiele:

![3]	entzündbare flüssige Stoffe	![5.1]	brandfördernde Stoffe
![6]	giftige Stoffe	![8]	ätzende Stoffe
![4]	entzündbare feste Stoffe	![9]	verschiedene gefährliche Stoffe/ Gegenstände

Bemerkung:
Das Umgangsrecht ist nicht identisch mit dem Beförderungsrecht. Es gibt demnach also Gefahrstoffe, die keine Gefahrgüter sind und umgekehrt.

Beispiele:
1. Magnetische Stoffe sind keine Gefahrstoffe, jedoch bei der Beförderung im Luftverkehr ein Gefahrgut.
2. Zinksulfat ist ein Gefahrstoff (reizend), jedoch kein Gefahrgut.

Abgrenzung der Kennzeichnung eines Behälters nach Umgangsrecht und Beförderungsrecht am Beispiel von Benzin (Ottokraftstoff) und Dieselkraftstoff (siehe Abb. nächste Seite)

▶ Der Gefahrzettel für den Transport muss mindestens 10 x 10 cm groß sein, ausgenommen die Größe des Behälters erfordert einen kleineren Zettel.

▶ Auf das Gefahrstoffsymbol „hoch entzündlich" darf auch verzichtet werden, weil die Entzündbarkeit bereits durch den Gefahrzettel Nr. 3 dargestellt wird.

▶ Werden Einzelbehälter wie Fässer, Kanister oder IBC sowohl für die Lagerung als auch für den Transport verwendet, so müssen die vorgeschriebenen Kennzeichnungen nach Umgangs- und Beförderungsrecht angebracht sein.

▶ Es gelten künftig neue Symbole nach GHS für das Umgangsrecht.

▶ Nach Umgangsrecht wird Benzin auch als giftig und Dieselkraftstoff als gesundheitsschädlich eingestuft. Nach Beförderungsrecht sind Benzin und Diesel lediglich brennbare Flüssigkeiten der Gefahr-

Allgemeines Grundlagenwissen
Begriffsbestimmungen

Nach Gefahrstoffverordnung (GefStoffV)	Nach ADR/RID/IMDG-Code
Ottokraftstoff (Benzin) F+ — hoch entzündlich T — giftig N — umweltgefährlich – Sicherheitsratschläge (S-Sätze)... – Gefahrenhinweise (R-Sätze)... – TRbF-Klasse: A I – WGK: 2 Name, Anschrift des Herstellers:	UN 1203 (FLAMMABLE LIQUID, Klasse 2, 10 cm × 10 cm) (umweltgefährlich-Kennzeichen) (Bauartzugelassener Behälter erforderlich; im Seeverkehr zusätzlich der technische Name)
Dieselkraftstoff (oder Heizöl, leicht) Xn — gesundheitsschädlich N — umweltgefährlich – Sicherheitsratschläge (S-Sätze)... – Gefahrenhinweise (R-Sätze)... – TRbF-Klasse: A III – WGK: 2 Name, Anschrift des Herstellers:	UN 1202 (FLAMMABLE LIQUID, Klasse 2, 10 cm × 10 cm) (umweltgefährlich-Kennzeichen) (Bauartzugelassener Behälter erforderlich; im Seeverkehr zusätzlich der technische Name)

klasse 3 und erfüllen noch nicht die Kriterien für die Einstufung als giftiger oder gesundheitsschädlicher Stoff.

▶ Sind gefährliche Güter nach Absatz 2.2.9.1.10 ADR/RID oder Kapitel 2.10 IMDG-Code auch als umweltgefährlich eingestuft, dann werden die Gefahrgutumschließungen zusätzlich mit folgendem Kennzeichen versehen.

Allgemeines Grundlagenwissen
Begriffsbestimmungen

bis Seite 26   Folie 30, 31, 32, 33

1.3.2 Beförderung oder Lagerung?

Beförderung

Das Gefahrgutbeförderungsgesetz definiert die Beförderung wie folgt:

> **§ 2 (2) GGBefG**
>
> „Die Beförderung im Sinne dieses Gesetzes umfasst nicht nur den Vorgang der Ortsveränderung, sondern auch die Übernahme und die Ablieferung des Gutes sowie zeitweilige Aufenthalte im Verlauf der Beförderung, Vorbereitungs- und Abschlusshandlungen (Verpacken und Auspacken der Güter, Be- und Entladen), auch wenn diese Handlungen nicht vom Beförderer ausgeführt werden.
>
> Ein zeitweiliger Aufenthalt im Verlauf der Beförderung liegt vor, wenn dabei gefährliche Güter für den Wechsel der Beförderungsart oder des Beförderungsmittels (Umschlag) oder aus sonstigen transportbedingten Gründen zeitweilig abgestellt werden. (...)"

- **Güter** sind Ladungen, die aufgeladen oder eingeladen werden, mit dem Zweck der späteren Entladung. Demnach sind Reservebehälter, die in Fahrzeugen zum Betrieb des Fahrzeugs oder eines Gerätes mitgeführt werden, keine Ladungen und ihr Transport somit auch keine Gefahrgutbeförderung.

- Die **Beförderung** gefährlicher Güter beginnt nicht erst mit dem Verlassen des Werksgeländes, sondern bereits mit der Vorbereitung der Versendung über den öffentlichen Verkehrsraum.

- **Öffentlicher Verkehrsraum** ist jede Fläche, die jedermann jederzeit zugänglich ist.

- **Innerbetriebliche Transporte** in einem abgeschlossenen Betriebsgelände stellen keine Beförderungen im Sinne des GGBefG dar. Unabhängig davon sind jedoch die anderen umweltrelevanten Vorschriften (Umgangsrecht) zu beachten.

- Das Gesetz unterscheidet nicht zwischen **gewerblichen und privaten Transporten.**
  Für Privattransporte auf der Straße/Schiene gibt es jedoch Freistellungsregelungen nach Abschnitt 1.1.3 ADR/RID *(vgl. Kapitel 1.9).*

1 Allgemeines Grundlagenwissen
Beteiligte

> **Eine Beförderung im Sinne des GGBefG schließt folgende Tätigkeiten ein:**
> - Vorbereitung zum Versand, wie Klassifizieren der gefährlichen Güter, Beachten der Beförderungsverbote, Freistellungsregelungen, Erstellen der erforderlichen Begleitdokumente für den Transport
> - Verpacken der gefährlichen Güter, Befüllen von Tanks, Fahrzeugen, Containern
> - Beladung der Fahrzeuge/Container
> - Fahrzeugkontrollen vor und nach der Beladung/Ladungssicherung usw.
> - Transport im öffentlichen Verkehrsraum
> - Transportunterbrechungen, zeitweilige Aufenthalte, Zwischenlagerungen
> - Entladen beim Empfänger
> - Auspacken/Entleeren

▶ Eine Beförderung unterliegt nicht erst dann den geltenden Gefahrgutvorschriften, wenn sich das Gut auf dem Beförderungsmittel befindet, sondern bereits beim ursächlichen Auslöser einer Beförderung, nämlich beim Absender oder Auftraggeber des Absenders.

▶ Die Beförderung endet mit der Abgabe beim Empfänger, einschließlich Entladen oder Auspacken.

▶ Zeitweilige Aufenthalte während der Beförderung sind ebenfalls noch Gefahrgutbeförderung, es sei denn, die betreffenden Güter werden über einen längeren Zeitraum abgestellt. Dann handelt es sich um eine aktive **Lagerung.**

▶ Eine Lagerung von Gefahrgütern beginnt, wenn
  a) der Beförderungsvorgang beendet ist (entladen, ausgepackt),
  b) das Gefahrgut in den Umschließungen für einen längeren Zeitraum abgestellt wird (die Weiterbeförderung ist nicht geplant; der eigentliche Beförderungswille ist nicht mehr gegeben),
  c) während des zeitweiligen Aufenthaltes Gefahrgutumschließungen geöffnet und Entladungen oder Teilentladungen durchgeführt werden oder
  d) Güter länger als 24 h bzw. 72 h an Sonn- und Feiertagen gelagert werden, ausgenommen bei zeitweiligem Aufenthalt nach § 2 Abs. 2 GGBefG; siehe auch § 3 (4) GefStoffV.

1.4 Beteiligte an der Beförderung

1.4.1 Beteiligte nach GGVSEB

An einer Gefahrgutbeförderung können unter Umständen sehr viele Personen (juristische und natürliche Personen) beteiligt sein. Jede von ihnen hat nach den Gefahrgutvorschriften spezielle Pflichten zu erfüllen *(vgl. Übersicht S. 27)*. Nur durch genaue Kenntnis der einzelnen Pflichten und Verantwortlichkeiten und konsequente Umsetzung in der Praxis kann eine sichere Gefahrgutbeförderung vom Absender bis zum Empfänger gewährleistet werden. Deshalb sind innerbetriebliche organisatorische, technische und personelle Forderungen zu erfüllen.

- Organisatorische Maßnahmen: z.B. Überwachung, Kontrollen, Bestellung von beauftragten Personen und Gefahrgutbeauftragten
- Technische Maßnahmen: z.B. Verpackungen, Tankanforderungen, Fahrzeuganforderungen, Be- und Entladeeinrichtungen, Ladungssicherungsmittel
- Personelle Maßnahmen: Schulungen, Unterweisungen der Mitarbeiter

Allgemeines Grundlagenwissen
Beteiligte

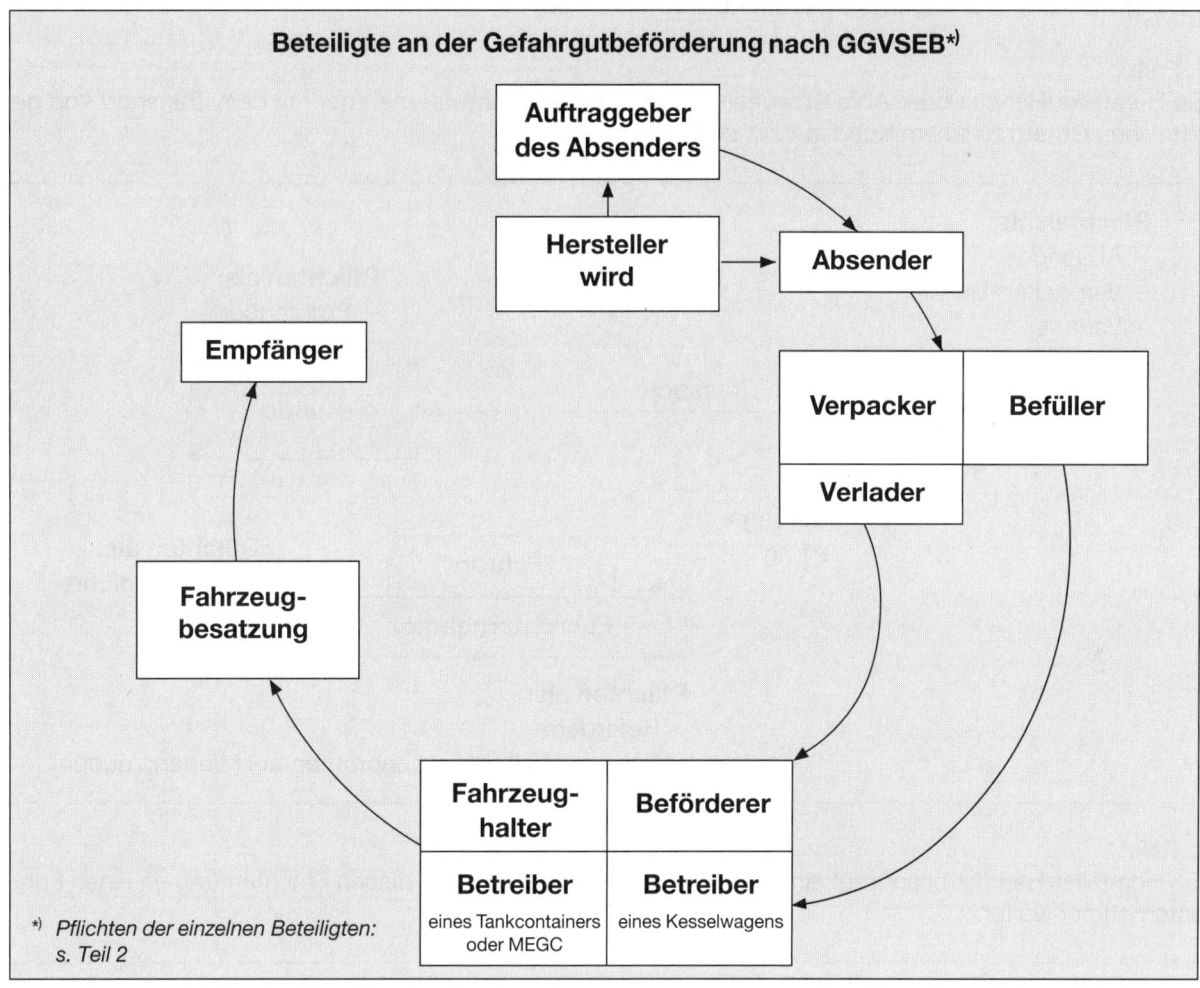

- Die gesamten Pflichten und Verantwortlichkeiten der einzelnen Beteiligten sind jeweils im § 9 der GGVSee bzw. in den §§ 18–35 GGVSEB aufgeführt.

- Bei den benannten Beteiligten handelt es sich um juristische Personen, ausgenommen die Fahrzeugbesatzung (= natürliche Person). Für die Übertragung der Pflichten auf innerbetriebliche natürliche Personen, siehe Seite 14, 15.

Allgemeines Grundlagenwissen
Beteiligte

- **Beförderungsvertrag im gewerblichen Güterverkehr**

1. Fall:
Ein Hersteller/Händler oder Abfallerzeuger beauftragt einen Fuhrunternehmer mit dem Transport von gefährlichen Gütern zu einem Kunden bzw. zur Entsorgung.

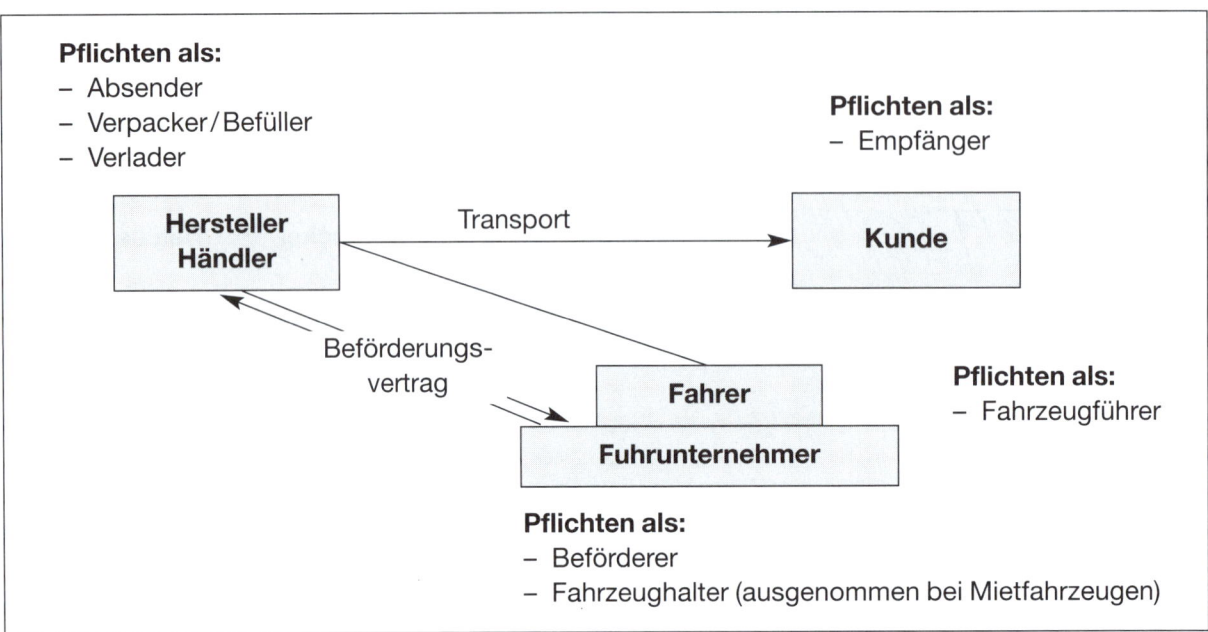

2. Fall:
Ein Hersteller/Händler beauftragt einen Spediteur. Der Spediteur gibt diesen Frachtauftrag an einen Fuhrunternehmer weiter.

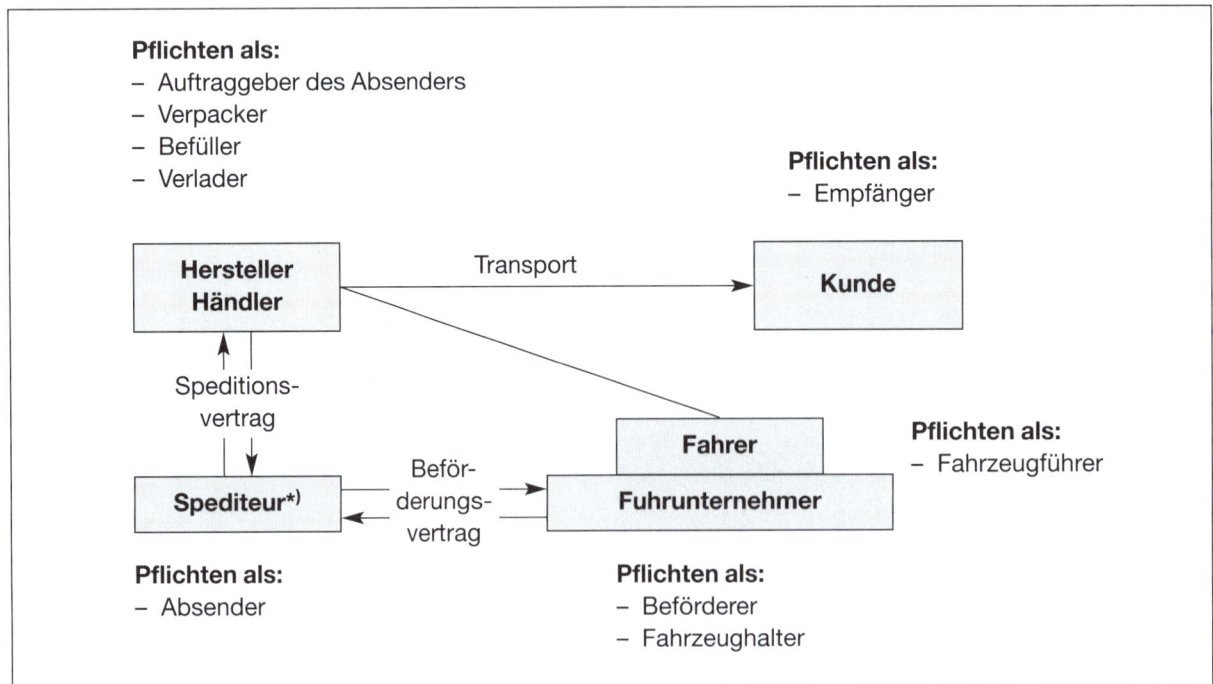

*) Der Spediteur im **Selbsteintritt** ist jedoch Absender und Beförderer.

= Spediteur führt die Beförderung selbst aus (= Selbsteintritt) § 458 HGB

Allgemeines Grundlagenwissen
Beteiligte

Weitere Beteiligte sind:

- der Hersteller von Gefahrgutumschließungen,
- das Eisenbahninfrastrukturunternehmen,
- der Reisende im Eisenbahnverkehr.

• **Begriffsdefinitionen für Beteiligte an einer Gefahrgutbeförderung nach § 2 GGVSEB**

Absender
ist das Unternehmen, das selbst oder für einen Dritten gefährliche Güter versendet. Erfolgt die Beförderung auf Grund eines Beförderungsvertrages, gilt als Absender der Absender gemäß diesem Vertrag.

Verpacker
ist das Unternehmen, das die gefährlichen Güter in Verpackungen, in Großverpackungen oder in Großpackmittel einfüllt und ggf. die Versandstücke zur Beförderung vorbereitet. Verpacker ist auch das Unternehmen, das gefährliche Güter verpacken lässt oder die Versandstücke oder deren Kennzeichnung ändert oder ändern lässt.

Befüller
ist das Unternehmen, das gefährliche Güter in einen Tank (Kesselwagen, Tankfahrzeug, Aufsetztank, ortsbeweglicher Tank, Tankcontainer, MEGC, Batterie-Fahrzeug/-Wagen) oder in einen Wagen/ein Fahrzeug, einen Container für Güter in loser Schüttung einfüllt.

Verlader
ist das Unternehmen, das die Versandstücke in ein Fahrzeug, einen Wagen oder einen Großcontainer verlädt. Verlader ist auch das Unternehmen, das als unmittelbarer Besitzer das gefährliche Gut dem Beförderer zur Beförderung übergibt oder selbst befördert.

Beförderer
ist das Unternehmen, das die Beförderung mit oder ohne Beförderungsvertrag durchführt.

Empfänger
ist der laut Beförderungsvertrag bestimmte Empfänger. Wird durch den Empfänger ein Dritter mit der Annahme der Sendung beauftragt, so gilt dieser als Empfänger; erfolgt eine Beförderung ohne Beförderungsvertrag, so ist der Empfänger das Unternehmen, das die gefährlichen Güter bei Ankunft übernimmt.

> **Bemerkung:**
> Der Auftraggeber des Absenders wird im § 2 GGVSEB nicht definiert, jedoch nach § 18 GGVSEB mit Pflichten benannt, siehe Teil 2, Kapitel 2.1 dieses Schulungsheftes.

Übungsaufgabe

Stellen Sie fest, in welcher(n) Rolle(n) Ihr Unternehmen auftritt:

_____
_____
_____
_____

Allgemeines Grundlagenwissen
Gefahrklassen

1.5 Gefahrklassenübersicht

Weltweit werden gefährliche Güter in folgende Gefahrklassen eingeteilt.

Klasse	Bezeichnung	Beispiele
1	**Explosive Stoffe und Gegenstände mit Explosivstoff** Unterklassen: 1.1 massenexplosionsfähige Explosivstoffe 1.2 nicht massenexplosionsfähige Sprengstoffe 1.3 feuergefährliche, nicht massenexplosionsfähige Explosivstoffe 1.4 nicht massenexplosionsfähige Explosionsstoffe mit geringer Gefahr 1.5 sehr unempfindliche massenexplosionsfähige Stoffe 1.6 extrem unempfindliche, nicht massenexplosionsfähige Stoffe ** Angabe der Unterklasse * Angabe der Verträglichkeitsgruppe	– Treibladungspulver 1.1 – Schwarzpulver 1.1 – Sprengstoffe Typ A, B, C, D 1.1 – Patronen für Waffen 1.2 – Bomben mit Sprengladung 1.2 – Feuerwerkskörper 1.2 – Blitzlichtpulver 1.3 – Leuchtkörper 1.3 – Feuerwerkskörper 1.4 – Kartuschen 1.4 – Sprengstoff Typ B, E 1.5
2 2.1 2.2 2.3	**Gase** – verdichtete Gase – unter Druck verflüssigte Gase – tiefkalt verflüssigte Gase – unter Druck gelöste Gase – Druckgaspackungen (Spraydosen) – Gegenstände, die Gase unter Druck enthalten 2.1 brennbare Gase 2.2 nicht brennbare und nicht giftige Gase 2.3 giftige Gase	– Stickstoff – Sauerstoff – Propan – Butan – Wasserstoff – Acetylen – Feuerzeuge für Zigaretten – Schwefelwasserstoff – Phosgen
3	**Entzündbare flüssige Stoffe** – Flüssigkeiten mit einem Flammpunkt bis max. + 60 °C – Flüssigkeiten mit einem Flammpunkt über 60 °C, wenn sie erwärmt auf oder über ihrem Flammpunkt befördert werden – desensibilisierte explosive flüssige Stoffe	– Benzin – Diesel, Heizöl – Farben, Lacke, Klebstoffe – Alkohole – Aceton – Kerosin – Methanol

Allgemeines Grundlagenwissen
Gefahrklassen

Klasse	Bezeichnung	Beispiele
4.1	**Entzündbare feste Stoffe, selbstzersetzliche Stoffe und desensibilisierte explosive feste Stoffe** – Stoffe, die sich relativ leicht entzünden lassen – hohe Abbrandgeschwindigkeit haben – hohe Verbrennungstemperatur aufweisen	– Schwefel – Putzlappen, die mit brennbaren Flüssigkeiten getränkt sind – Öl-, Benzin- und Dieselfilter – Nitrocellulose – Magnesium-, Aluminiumpulver – Explosivstoffe in nichtexplosivem Zustand für den Transport
4.2	**Selbstentzündliche Stoffe** – Stoffe, die bei Berührung mit Luft sich selbst entzünden können oder selbsterhitzungsfähig sind	– Phosphor – pyrophore organische Stoffe – Kaliumsulfid – Staub (pulverförmige selbstentzündliche Metalle)
4.3	**Stoffe, die in Berührung mit Wasser entzündbare Gase entwickeln** – Stoffe, die bei Kontakt mit Wasser entzündbare Gase entwickeln können, welche mit Luft explosionsfähige Gemische bilden können	– Natrium – Kalium – Zinkpulver oder Zinkstaub – Chlorsilane, wie Ethyldichlorsilan – metallorganische Verbindungen – Calciumcarbid
5.1	**Entzündend (oxidierend) wirkende Stoffe** – Stoffe, die obwohl selbst nicht brennbar, im Allgemeinen durch Abgabe von Sauerstoff einen Brand verursachen können oder einen Brand anderer Stoffe fördern können	– Wasserstoffperoxid – Chlorate, Perchlorate – Permanganate – Persulfate – Ammoniumnitrat, flüssig – Nitrate
5.2	**Organische Peroxide** – hoch aktive, teilweise selbstzersetzungsfähige und temperaturempfindliche sowie reibungs- und stoßempfindliche Stoffe Hinweis: Der „alte" Gefahrzettel darf bis zum 31.12.2010 weiter verwendet werden.	– organische Peroxide der Typen A–G, sowohl flüssig als auch fest
6.1	**Giftige Stoffe** – Stoffe, von denen aus der Erfahrung bekannt oder nach tierexperimentellen Untersuchungen anzunehmen ist, dass sie zu Gesundheitsschäden oder zum Tod eines Menschen führen können	– Cyanwasserstoff – Blausäure – Schädlingsbekämpfungsmittel (Pestizide) – giftige Schwermetalle wie Blei, Quecksilber, Cadmium – Isocyanate
6.2	**Ansteckungsgefährliche Stoffe** – Stoffe, von denen bekannt oder anzunehmen ist, dass sie bei Tieren oder Menschen infektiöse Krankheiten verursachen können	– Krankenhausabfälle – Viren/Bakterien aus Laborversuchen – infizierte tote Tiere – genetisch veränderte Mikroorganismen
7	**Radioaktive Stoffe** – Stoffe, die Radionuklide enthalten, bei denen sowohl die Aktivitätskonzentration als auch die Gesamtaktivität je Sendung die im ADR/RID aufgeführten Werte nach Tab. 2.2.7.2.2.1 überschreitet	– Messgeräte, Sonden – Uran, Plutonium – Caesium – oberflächenkontaminierte Gegenstände

Allgemeines Grundlagenwissen
Gefahrklassen

Klasse	Bezeichnung	Beispiele
8	**Ätzende Stoffe** – Stoffe, die durch chemische Einwirkung die Haut oder Schleimhäute angreifen können oder beim Freiwerden Schäden an anderen Gütern oder Transportmitteln verursachen können	– Schwefelsäure – Salzsäure – Ameisensäure – Natronlauge (Natriumhydroxydlösung) – Kalilauge (Kaliumhydroxydlösung) – Salpetersäure
9	**Verschiedene gefährliche Stoffe und Gegenstände** – Stoffe, die auf Grund ihrer Gefahreigenschaften nicht den Klassen 1–8 zugeordnet werden können, aber gefährliche Eigenschaften besitzen, z.T. auch nur auf einen bestimmten Verkehrsträger begrenzt	– Asbest – polychlorierte Biphenyle (PCB) – Airbag-Module und Gurtstraffer – sonstige umweltgefährdende/ wasserverunreinigende Stoffe – erwärmte flüssige Stoffe über 100 °C (z.B. Heißbitumen) – erwärmte feste Stoffe > 240 °C

▶ Gefährliche Güter können sowohl technisch reine Produkte als auch Abfälle oder Lösungen/Gemische sein, soweit sie gefährliche Eigenschaften der Klassen 1–9 besitzen.

▶ Innerhalb der einzelnen Klassen werden die gefährlichen Güter entsprechend ihren Eigenschaften Großbuchstaben und ggf. einer Ziffer zugeordnet, die den Klassifizierungscode bilden. Der Klassifizierungscode für jeden Stoff bzw. Gegenstand ist aus der Tabelle A im Kapitel 3.2 ADR/RID zu entnehmen. Der Klassifizierungscode kann aus einem oder mehreren Buchstaben bestehen, siehe nachfolgende Auswahl.

A	erstickend wirkende Stoffe (Gase der Klasse 2), asphyxiant
C	ätzende Stoffe (corrosive)
D	desensibilisierter explosiver Stoff (desensitized)
F	entzündbarer Stoff, brennbarer Stoff (flammable)
I	ansteckungsgefährlicher Stoff (infectious)
M	verschiedene gefährliche Stoffe und Gegenstände (miscellaneous)
O	oxidierend wirkender (brandfördernder) Stoff (oxidizing)
P	organisches Peroxid (organic Peroxide)
S/SR	selbstentzündlicher Stoff/selbstzersetzlicher Stoff (self reactive)
T	giftiger Stoff (toxic)
W	Stoffe, die in Berührung mit Wasser entzündbare Gase entwickeln (water reactive)

▶ Diese Klassifizierungsbuchstaben sind nicht unbedingt auf die Klassen zu beziehen.

▶ Die Klassifizierungsbuchstaben spielen überwiegend in der Handhabung und Anwendung der Vorschriften eine Rolle (nur ADR/RID).

▶ Der Klassifizierungscode dient auch zur Kontrolle der Tankzulassung für den jeweiligen Stoff und ist deshalb für Befüller von Tanks wichtig.

▶ Zum Beispiel bedeutet FTC: entzündbarer Stoff, giftig, ätzend.

Allgemeines Grundlagenwissen
Gefahren und Maßnahmen

1.6 Gefahren für Mensch und Umwelt – Vorsorge- und Notfallmaßnahmen

1.6.1 Gefahreigenschaften – physikalische Grundlagen

Aggregatzustände von Stoffen

Fest sind feste Stoffe und Stoffe, die auf Grund ihrer Viskosität (Fließverhalten) als fest eingestuft sind. Viskosität ist das Fließverhalten eines zäh- oder dünnflüssigen Stoffes (zähflüssig = hohe Viskosität, dünnflüssig = niedrige Viskosität).

Flüssig sind Stoffe, die unter normalen atmosphärischen Bedingungen flüssig sind und bei 20 °C nicht vollständig gasförmig sind, sowie Stoffe, die auf Grund ihrer Viskosität als flüssig eingestuft sind.

Gasförmig sind Stoffe, die unter normalen atmosphärischen Bedingungen vollständig gasförmig sind.

Benzin ist leicht flüchtig, d.h. die Flüssigkeit verdampft und geht in den gasförmigen Zustand über, auch noch bei Minustemperaturen. Trotzdem ist Benzin eine Flüssigkeit und kein gasförmiger Stoff, weil die Flüssigkeit bei 20 °C nicht sofort vollständig gasförmig ist.

Schlämme oder pastöse Stoffe können entweder als Flüssigkeit oder als Feststoff eingestuft sein. Durch eine spezielle Prüfmethode „Penetrometerverfahren" wird die Grenze fest/flüssig bestimmt.

Dampfdruck ist der Druck, den eine Flüssigkeit oder ein gasförmiger Stoff in einem geschlossenen Behältnis entsprechend der Außentemperatur entwickelt.

Der Druck wird nach dem SI-Einheitensystem in Pascal angegeben.
(Alte Einheit: „Bar"; 1 bar = 100000 Pascal oder 100 Kilopascal [kPa].)

Drücke von Gefäßen, Behältnissen und Tanks werden immer als Überdruck (über dem atmosphärischen Druck liegender Druck) angegeben. Der Druck von Stoffen wird dagegen immer als absoluter Druck angegeben.
Es ist darauf zu achten, dass ein Behältnis/Gefäß dem Druck, den ein Stoff bei 55 °C entwickelt, standhält, dafür zugelassen und geprüft ist.

Die Kenntnis des Dampfdruckes bei Flüssigkeiten spielt für die Beförderung, insbesondere bei der Auswahl der geeigneten und zugelassenen Verpackungen und Tanks, eine bedeutende Rolle (siehe Sondervorschrift Nr. 640 ADR/RID). Das ADR/RID unterscheidet in folgenden zwei Stufen:

- Dampfdruck bei 50 °C bis 110 kPa (1,1 bar)
- Dampfdruck bei 50 °C über 110 kPa (1,1 bar)

Schmelzpunkt ist die Temperatur/der Punkt, bei der/dem ein fester Stoff in den flüssigen Zustand übergeht.

Siedepunkt ist die Temperatur/der Punkt, bei der/dem eine Flüssigkeit unter innerer Blasenbildung in den gasförmigen Zustand übergeht. Der Siedepunkt ist vom Druck abhängig.

Allgemeines Grundlagenwissen
Gefahren und Maßnahmen

- **Übergänge zwischen den Aggregatzuständen**

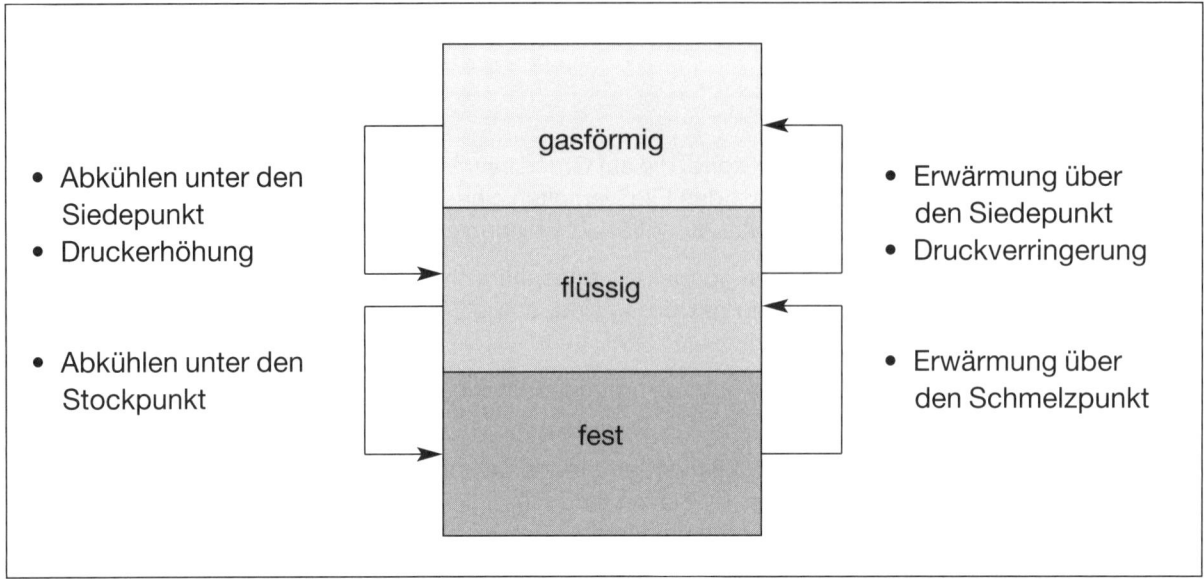

Beispiele:

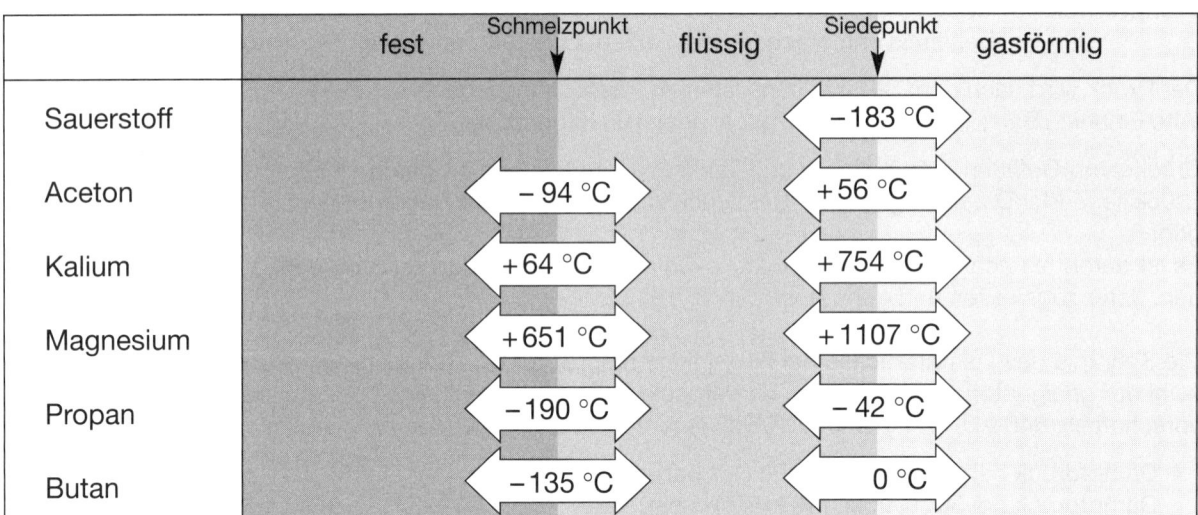

Der Übergang von fest nach flüssig nach gasförmig ist in der Regel mit erheblicher Volumenvergrößerung verbunden, so dass in einem geschlossenen Behältnis ein Überdruck entsteht. Kann der Überdruck nicht abgebaut werden, z.B. durch Überdruckventile oder durch Kühlen, kann der Behälter bersten.

Umgekehrt erfolgt beim Übergang von gasförmig nach flüssig eine Volumenreduzierung, z.B. bei Propan um das 260fache. Nur diesem Umstand ist es zu verdanken, dass unter Druck verflüssigte Gase in großen Mengen in einem Behälter gelagert oder transportiert werden können.

Spezifisches Gewicht

Beim Befüllen von Tanks, Behältern, Fässern, Kanistern usw. mit Flüssigkeiten oder Feststoffen ist das spezifische Gewicht zu berücksichtigen, damit die Verpackung, der Tank oder das Fahrzeug nicht überladen bzw. überfüllt werden.

Allgemeines Grundlagenwissen
Gefahren und Maßnahmen

Überladen ist das Überschreiten des höchstzulässigen Gesamtgewichtes eines Fahrzeugs oder eines Versandstückes in kg.

Überfüllen ist das Überschreiten des höchstzulässigen Füllungsgrades bei Flüssigkeiten (auch verflüssigte Gase) in einem Behälter, Tank oder einer Verpackung.

Spezifisches Gewicht ist die Dichte eines Stoffes in kg/dm^3.
l x spez. Gewicht = Gewicht in kg.

Bei 20 °C wiegt 1 l Wasser genau 1 kg und hat somit ein spezifisches Gewicht von 1.
1 l Flüssigkeit mit einem spezifischen Gewicht größer 1 ist demnach schwerer als 1 l Wasser, 1 l Flüssigkeit mit einem spezifischen Gewicht kleiner als 1 ist leichter als 1 l Wasser.
Benzin hat z.B. ein spezifisches Gewicht von 0,72, d.h., dass 1 l Benzin 0,72 kg wiegt. Perchlorethylen hat ein spezifisches Gewicht von 1,65 und 1 l davon wiegt demnach 1,65 kg.
Wird also ein Stoff mit einem hohen spezifischen Gewicht z.B. in einen Tank gefüllt, kann es leichter zu einer Überladung kommen.

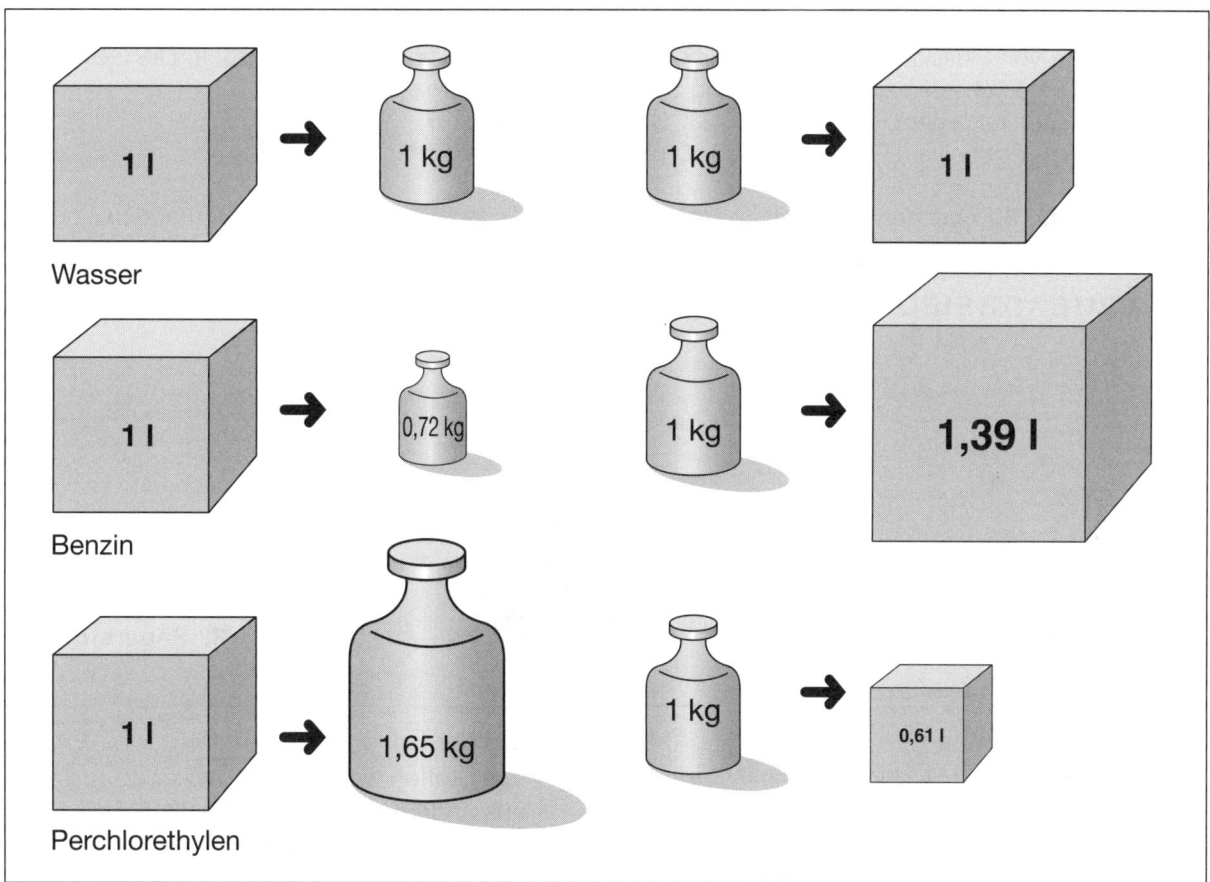

Oxidation – Verbrennung – Feuer

Oxidation ist eine chemische Reaktion mit Sauerstoff. Man unterscheidet:

- **langsam verlaufende** Oxidation ohne Licht- und Wärmeerscheinung
  (z.B. das Rosten von Metall oder die Zerstörung von offenen Lebensmitteln),
- **schnell verlaufende** Oxidation mit Licht- und Wärmeerscheinung (Feuer),
- **sehr schnell verlaufende** Oxidation mit Licht- und Wärmeerscheinung sowie zusätzlicher Druckwirkung (Explosion).

Allgemeines Grundlagenwissen
Gefahren und Maßnahmen

Die **Verbrennungsgeschwindigkeit** ist ein wesentliches Maß für die Unterteilung von brennbaren Stoffen in „Explosivstoffe" und „brennbare Stoffe". Eine Sprengschnur kann z.B. eine Verbrennungsgeschwindigkeit von bis zu 8000 m/s erreichen.

Da **Sauerstoff** zu 21 % in der Atmosphäre vorhanden ist, finden ständig Oxidationen statt. Aber auch ohne Sauerstoff aus der Atmosphäre können Verbrennungen stattfinden, wenn z.B. dafür der Sauerstoff aus einem anderen Stoff „geliefert" wird, wie z.B. bei Stoffen der Gefahrklassen 5.1, 5.2 oder anderen Stoffen, die brandfördernde Eigenschaften haben.

Für die Verbrennung und für die Einstufung der Gefährlichkeit brennbarer Flüssigkeiten ist neben anderen Größen auch der **Flammpunkt** der Flüssigkeit ein wichtiges Kriterium.

Flammpunkt ist die Temperatur, bei der sich auf der Oberfläche von brennbaren Flüssigkeiten erstmals Gase/Dämpfe bilden, die bei Annäherung einer Zündquelle gezündet werden können.

Der Flammpunkt darf nicht mit der Zündtemperatur verwechselt werden, bei der sich die Flüssigkeit in Berührung mit Luft oder einer heißen Wand selbst entzündet und dauernd weiterbrennt.

Flammpunkte von Flüssigkeiten werden durch vorgeschriebene Prüfmethoden ermittelt. Die Gefahrgutvorschriften unterscheiden zur Klassifizierung zwei Flammpunktbereiche:
1. Flüssigkeiten mit einem Flammpunkt < 23 °C (leicht entzündbar)
2. Flüssigkeiten mit einem Flammpunkt 23 °C bis 60 °C (entzündbar)

Voraussetzung für eine Verbrennung ist, dass **drei** wesentliche **Dinge gleichzeitig** vorhanden sind:

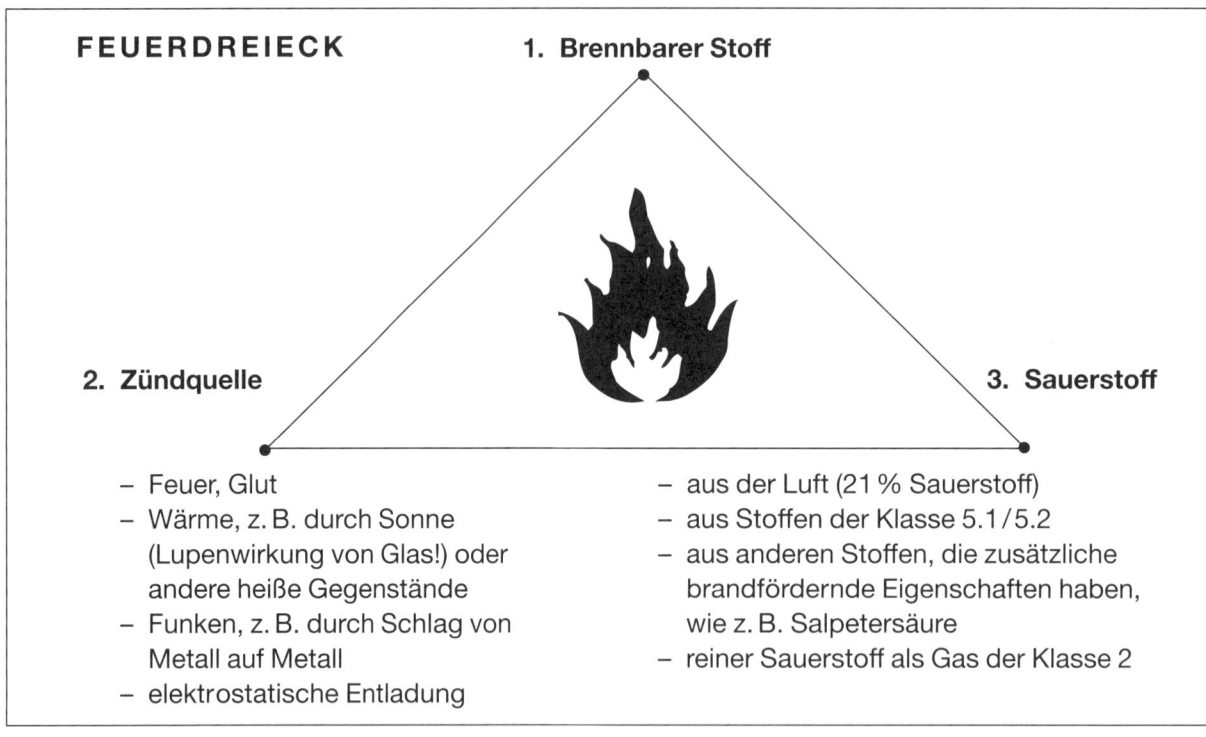

Um ein Feuer zum Stillstand zu bringen, muss man ihm eine der drei Voraussetzungen entziehen *(vgl. S. 43, 44 – Brandbekämpfung, Notfallmaßnahmen)*.

Elektrostatische Auf-/Entladungen
sind Ladungen, die durch Reibung, Fließen oder Strömen von schlecht oder nicht leitenden Stoffen (z.B. beim Füllen oder Entleeren eines Benzintanks) entstehen.

Allgemeines Grundlagenwissen
Gefahren und Maßnahmen

Bei Annäherung dieser aufgeladenen Stoffe an einen leitenden Gegenstand oder Kontakt mit diesem erfolgt die elektrostatische Entladung. Diese Entladung kann in Form einer Funkenbildung ein eventuell vorliegendes explosionsfähiges Gas-Luft-Gemisch zünden → deshalb **vorher Erdung** anschließen!

Ein zündfähiges Gemisch von Gas bzw. Dampf mit Luft besitzt ein bestimmtes Mischungsverhältnis. Ein optimales zündfähiges Gas-Luft-Gemisch entsteht z.B., wenn in ein leeres 200-l-Fass 2 cl (also ein Schnapsglas voll) Benzin hineingekippt werden. Da Benzin relativ schnell in den gasförmigen Zustand übergeht, liegt nun in diesem Raum in Verbindung mit Luft ein hochexplosives Gas-Luft-Gemisch vor. Da diese Dämpfe schwerer als Luft sind, bleiben sie auch in einem offenen Fass darin enthalten.

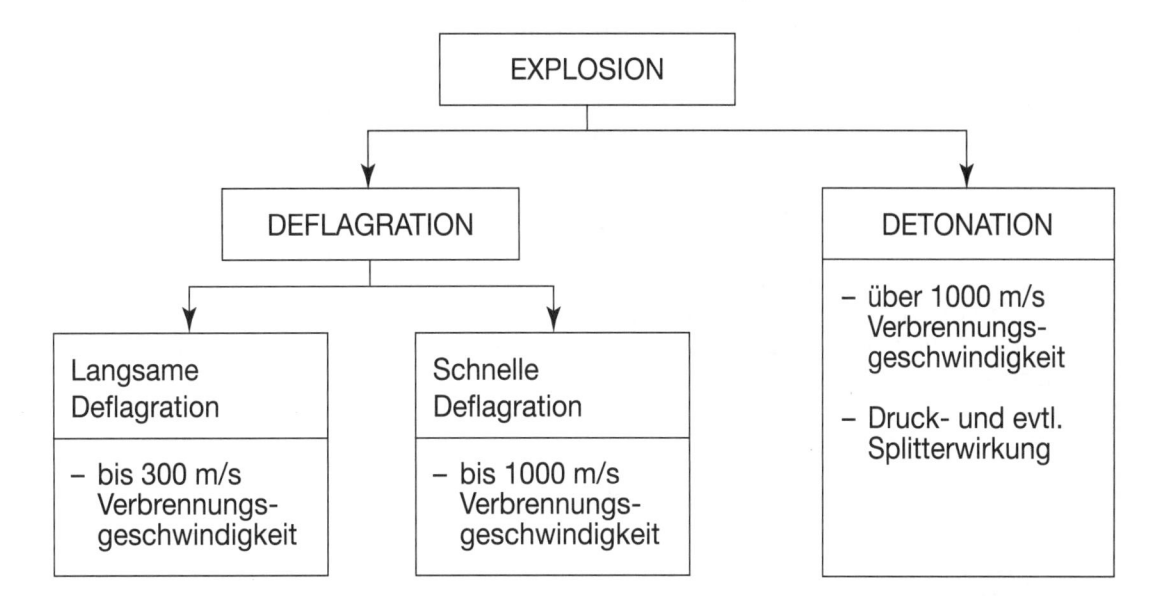

```
                        EXPLOSION
                       /         \
                      /           \
              DEFLAGRATION      DETONATION
              /         \       - über 1000 m/s
             /           \        Verbrennungs-
       Langsame      Schnelle     geschwindigkeit
       Deflagration  Deflagration
                                - Druck- und evtl.
       - bis 300 m/s  - bis 1000 m/s  Splitterwirkung
         Verbrennungs-  Verbrennungs-
         geschwindigkeit geschwindigkeit
```

- Findet eine Detonation in einem geschlossenen Raum/Behältnis statt, ist durch die Verdämmung mit einer Druck- und Splitterwirkung zu rechnen.
- Findet eine Explosion in einem offenen Raum/Behältnis statt und kann der entstehende Verbrennungsdruck entweichen, spricht man von einer **Verpuffung**.

Achtung:

Das Betreten eines gedeckten Containers, Wagens oder Straßenfahrzeugs (vollwandig geschlossen) mit Beleuchtungsgeräten, in dem brennbare Flüssigkeiten oder brennbare Gase befördert werden, ist **nur mit zugelassenen Beleuchtungsgeräten** erlaubt. Diese Beleuchtungsgeräte müssen **EX-geschützt** sein. Es kann sich durch Undichtigkeiten der Behältnisse oder sonstige Transportschäden ein explosionsfähiges Gas-Luft-Gemisch gebildet haben!

Verhalten von Gasen und Dämpfen

- **Eigenschaften**

- Gase und Dämpfe können **schwerer oder leichter als Luft** sein.
- Gase und Dämpfe können **sauerstoffverdrängend** sein (Erstickungsgefahr).
- Gase und Dämpfe können **giftig** sein (Vergiftungsgefahr).
- Gase und Dämpfe können **geruchsneutral** sein (Erstickungsgefahr, Explosionsgefahr).
- Gase und Dämpfe können **brennbar** sein (Explosionsgefahr).
- Gase und Dämpfe können **ätzend/reizend** sein (Verätzungsgefahr).
- Gase und Dämpfe können **brandfördernde** Eigenschaften haben (Brand-, Explosionsgefahr).
- Gase können sich und ihre Umgebung durch Entspannung beim Freiwerden **stark abkühlen** (Erfrierungsgefahr).

Matthes – Mitarbeiterschulung Gefahrgut – 7. Aufl. 2009

Allgemeines Grundlagenwissen
Gefahren und Maßnahmen

- **Verhalten**

Gase und Dämpfe, die schwerer als Luft sind, wie z.B. Propan, Butan, Kohlendioxid oder auch Benzindämpfe und Benzoldämpfe, fließen beim Freiwerden nach unten in tiefergelegene Räume und können dort durch ihre sauerstoffverdrängende Wirkung beim Betreten der Räume Erstickungsgefahr bewirken. Handelt es sich dabei um brennbare Gase oder Dämpfe, können sich explosionsfähige Gas-Luft-Gemische bilden, wie z.B. bei Benzin oder Propan.

Es gibt Gase/Dämpfe, die man riechen kann, wie z.B. Butan oder Benzol- und Benzindämpfe oder Chlorgas, aber auch solche, die man nicht riechen kann, wie z.B. Kohlendioxid, Stickstoff, Propan oder Edelgase wie Argon, Helium, Neon usw. Hier besteht primär auch die Erstickungsgefahr ohne vorherige bemerkbare Anzeichen.

Mechanisch wirkende Stickgase wie Kohlendioxid, Stickstoff, Argon, Propan, Butan verdrängen Sauerstoff. Dadurch werden die Stickgase und die Luft ohne Sauerstoff eingeatmet. Es besteht Erstickungsgefahr ohne vorherige bemerkbare Anzeichen.

Chemisch wirkende Giftgase/Dämpfe wie Arsenwasserstoff, Kohlenmonoxid, Schwefeldioxid, Chlorgas bewirken im Körper (Lunge) eine Blockierung der Sauerstoffaufnahme in das Blut oder eine Muskellähmung/Atemlähmung. Bei einigen giftigen Gasen/Dämpfen werden die roten Blutkörperchen zerstört und somit die Versorgung der Zellen mit Sauerstoff verhindert. Die chemisch wirkenden giftigen Gase/Dämpfe haben häufig eine verzögerte Wirkung, so dass erst nach Stunden oder Tagen Vergiftungserscheinungen auftreten können.

1.6.2 Gefahren für den Menschen

Merke

Die schädliche Wirkung eines Gefahrstoffs auf den Menschen wird erheblich durch die Einnahme-/Kontakt**zeit** und die Einnahme-/Inhalations**menge** bestimmt.

Beispiele:

- Der kurzfristige Kontakt der Haut mit Dieselkraftstoff ist relativ ungefährlich. Wird dagegen der Kontakt über einen langen Zeitraum aufrechterhalten, können Hautschäden, Bildung von Hautausschlägen die Folge sein.
- Der kurzfristige Kontakt mit einer sehr giftigen Substanz kann dagegen relativ schnell zum Tod führen.
- Ein Kontakt mit einer schwach ätzenden Säure kann bei sofortiger Behandlung mit Wasser folgenlos für die Haut sein. Dagegen kann der längere Kontakt Verätzungen hervorrufen.
- Eine stark ätzende Säure kann sehr schnell starke Verätzungen mit bleibenden Schäden hervorrufen.
- Ein schwach giftiger Stoff kann bei längerer Kontakt-/Inhalationszeit ebenfalls lebensgefährliche Auswirkungen haben.
- Das Einatmen von Asbestfasern führt vorerst zu keiner Gesundheitsbeeinträchtigung, aber nach Jahren kann dadurch ein Lungenkrebs ausgelöst werden.
- Jahrelanges Arbeiten ohne Atemschutz mit chlororganischen Lösungsmitteln kann teilweise erst sehr spät zu erheblichen Gesundheitsschäden – wie z.B. Leukämie – führen.
- Eine hohe Dosis (Menge) aufgenommener radioaktiver Strahlung kann relativ schnell zu Strahlenschäden – Lebensgefahr – führen.

Allgemeines Grundlagenwissen
Gefahren und Maßnahmen

- Ein radioaktiver Stoff mit geringer Aktivität kann bei Aufnahme über einen langen Zeitraum ebenfalls zu Strahlenschäden führen. (Die vom Körper aufgenommene Dosisleistung [mSv/h] ist abhängig von der Aktivität des Strahlers [Bq] und der Zeitdauer, in der man der Strahlenquelle ausgesetzt war.)

Art der Gefahr	Verursacht durch
Ersticken	– Gase, Dämpfe – bei Bränden durch entstehende Gase (Rauch)
Vergiftung	– giftige Stoffe – beim Freiwerden, Verbrennen oder anderen Reaktionen gefährlicher Güter entstehende giftige Stoffe
Verbrennung	– brennbare und selbstentzündliche Stoffe – Stoffe, die bei hoher Temperatur befördert werden (z.B. flüssiges Aluminium)
Erfrierung	– tiefgekühlt verflüssigte Gase – Gase, die sich durch Entspannung stark abkühlen
Verätzung – der Haut (u. Kleidung) – der Augen und Atemwege	– ätzende Stoffe – ätzende Gase oder Dämpfe
Verletzungen durch Gegenstände	– explosive Stoffe und Gegenstände – explosive Dampf-Luft-Gemische oder Gas-Luft-Gemische brennbarer Flüssigkeiten oder Gase – Stoffe, deren Druck sich in Gefäßen (Tanks, Gasflaschen usw.) erhöhen und diese zum Zerknall bringen kann
Druckverletzungen	– explosive Stoffe und Gegenstände – explosive Dampf-Luft-Gemische oder Gas-Luft-Gemische brennbarer Flüssigkeiten oder Gase – Stoffe, deren Druck sich in Gefäßen (Tanks, Gasflaschen usw.) erhöhen und diese zum Zerknall bringen kann
Verstrahlung	– radioaktive Stoffe – unsichtbare Strahlung!
Infektion	– ansteckungsgefährliche Stoffe

Allgemeines Grundlagenwissen
Gefahren und Maßnahmen

▶ Auch feste ätzende Stoffe, die aber im trockenen Zustand nicht ätzend sind und erst bei Kontakt mit Wasser oder Luftfeuchtigkeit ätzende Wirkung erzeugen, werden als gefährliche Güter der Klasse 8 eingestuft, soweit nicht eine andere Gefahr als Hauptgefahr dominiert.

1.6.3 Gefahren für die Umwelt

Die Wirkungen auf die Umwelt können sehr vielfältig sein:

- Luftverunreinigungen
- Bodenverunreinigungen
- Wasserverunreinigungen
- schädliche Wirkungen auf die Pflanzen- und Tierwelt (Teilweise können ganze ökologische Gebiete über einen sehr langen Zeitraum zerstört werden.)

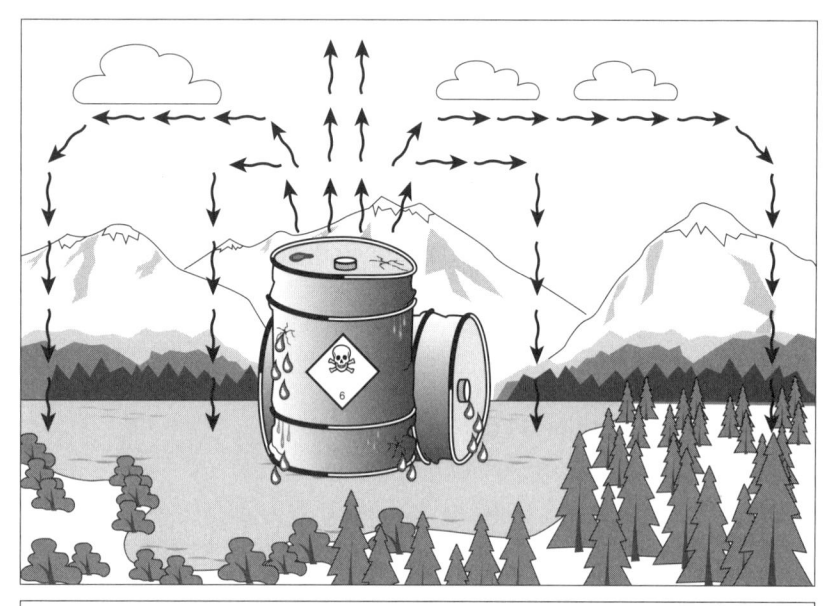

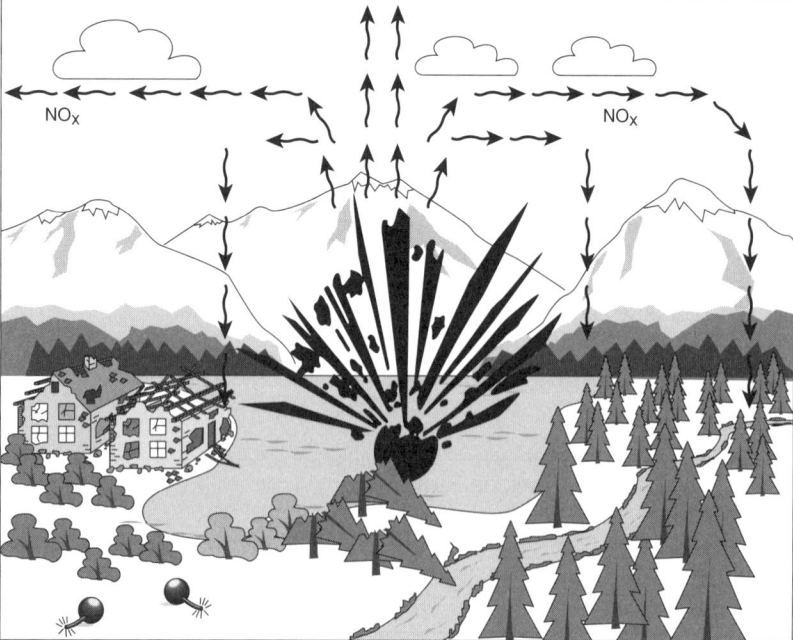

Zum **Schutz der ökologischen Lebensgrundlagen** sind sehr viele Gesetze und Verordnungen erlassen worden, die ständig den neuen Erkenntnissen angepasst werden. Ein Teil davon betrifft auch die sichere und schadensfreie Beförderung gefährlicher Güter.

Viele gefährliche Güter bergen gleichzeitig mehrere **Gefahren für die Umwelt** in sich. So können z.B. aus Stoffen mit wassergefährdenden Eigenschaften bei einem Unfall mit Feuer gleichzeitig giftige Gase entstehen, die dann in die Atmosphäre gelangen.

Allgemeines Grundlagenwissen
Gefahren und Maßnahmen

- Leichtflüchtige Flüssigkeiten, wie Benzin, Benzol, Nitroverdünnung, und auch andere giftige Flüssigkeiten müssen in geschlossenen Behältern aufbewahrt und transportiert werden, damit die Dämpfe nicht an die Außenluft gelangen. Daraus folgt, dass z.B. Benzin im geschlossenen System umzufüllen ist (Gaspendelverfahren) – Forderung aus dem Bundes-Immissionsschutzgesetz (BImSchG).
- Beschädigte oder undichte Verpackungen und sonstige Gefahrgutumschließungen dürfen generell nicht zur Beförderung gefährlicher Güter verwendet werden.

Die meisten gefährlichen Güter, die befördert werden, haben auch wassergefährdende Eigenschaften, so z.B.:

- Mineralölprodukte
- Säuren und Laugen
- giftige Stoffe (auch giftige Gase)

Nach dem Wasserhaushaltsgesetz (WHG) werden solche Stoffe einer Wassergefährdungsklasse (WGK) zugeordnet:

WGK 3	stark wassergefährdender Stoff
WGK 2	wassergefährdender Stoff
WGK 1	schwach wassergefährdender Stoff

Wassergefährdende Stoffe nach WHG können auch Stoffe sein, die keine gefährlichen Güter nach ADR/RID sind, wie z.B. reines Motoröl oder Getriebe- und Hydrauliköle.

- Wassergefährdende Stoffe dürfen nicht in das Erdreich, in ein Gewässer oder in die Kanalisation gelangen! **(1 Liter Dieselöl verunreinigt 1 000 000 Liter Trinkwasser!)**
- Wassergefährdende Stoffe dürfen in Wasserschutzgebieten nicht gelagert oder umgeschlagen werden.

Umweltgefährliche Stoffe der Klassen 1–9 werden zusätzlich mit folgendem Kennzeichen versehen:

1.6.4 Vorsorge- und Notfallmaßnahmen

Nach der Gefahrgutverordnung Straße/Eisenbahn sowie GGVSee (§ 4 Abs.1) und nach Unterabschnitt 1.4.1.1 ADR/RID gelten für die Beteiligten an der Gefahrgutbeförderung **„Allgemeine Sicherheitspflichten"**:

Alle Beteiligten an einer Gefahrgutbeförderung – Absender, Verpacker, Verlader, Befüller, Beförderer, Fahrzeughalter, Fahrzeugführer und Empfänger – „... haben nach Unterabschnitt 1.4.1.1 die nach Art und Ausmaß der vorhersehbaren Gefahren erforderlichen Vorkehrungen zu treffen, um Schadensfälle zu verhindern und bei Eintritt eines Schadens dessen Umfang so gering wie möglich zu halten."

Allgemeines Grundlagenwissen
Gefahren und Maßnahmen

Allgemeine Maßnahmen bei Unfällen und Zwischenfällen

Notruf 110 112

Hilfskräfte (Polizei, Feuerwehr), Behörden, Firma verständigen
Wo? Verletzte?
Was? Kennzeichnungsnummern?

Selbstschutz beachten!

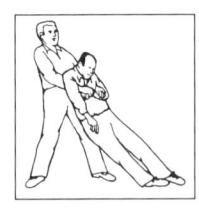

Verletzte bergen, Erste Hilfe leisten
Ärztliche Hilfe ist unbedingt erforderlich bei Symptomen, die offensichtlich auf Einatmen von Verbrennungsgasen (Rauch, Nebel) oder giftigen oder ätzenden Stoffen zurückzuführen sind.

Rauchverbot einhalten!
Keine Zündquellen!
Bei Fahrzeugen ggf. Batterietrennschalter betätigen.

Unfall- bzw. Gefahrenstelle sichern

Im Freien: auf der windzugewandten Seite bleiben

Ausbreitung des Gefahrguts eindämmen (Auslaufen verhindern, Gullis abdecken, Barrieren errichten, Bindemittel einsetzen)
Ggf. Fenster und Türen umliegender Gebäude schließen; Keller schützen.

Darauf achten, dass **keine gefährlichen Güter abhanden kommen.**
Bergung ausgetretener Gefahrgüter nur durch Fachpersonal!

Allgemeines Grundlagenwissen
Gefahren und Maßnahmen

Feuer löschen (mit dem Wind im Rücken!)
Achtung: Explosionsgefahr bei leeren ungereinigten Tanks oder Behältern (Dampf-Luft-Gemisch)!
Nur Brände, die auf die Ladung übergreifen können, löschen. Keine Ladungsbrände löschen! Sicherheitsabstand!

Eine einmal verlassene Brandstelle darf erst wieder betreten werden, wenn das zuständige Fachpersonal die Brandstelle überprüft und freigegeben hat.

- Immer auf **Selbstschutz** achten!
- Die Reihenfolge der Maßnahmen kann – abhängig vom Einzelfall – unterschiedlich sein.
- Bergung verletzter Personen und Erste Hilfe haben Vorrang vor Benachrichtigung der zuständigen Behörden.

Brandbekämpfung

Merke

Feuerlöscher sind Hilfsmittel zur **Bekämpfung von Entstehungsbränden** und haben somit auch nur eine begrenzte Wirksamkeit.

Wasser ist nicht immer das geeignete Löschmittel!

Viele Brände von gefährlichen Gütern können nur mit speziellen Löschmitteln bekämpft werden, weil

- Stoffe teilweise gefährlich mit Wasser reagieren oder

- es durch die hohe Verbrennungstemperatur beim Einsatz von Wasser zu einer Explosion kommen kann oder

- bei Bränden von Flüssigkeiten, die leichter sind als Wasser, wie z.B. Mineralölprodukte, die Flüssigkeiten auf dem Wasser schwimmen und so weiterbrennen.

Stoffe mit dem Gefahrzettel Nr. 4.3 und Tanks mit einem **X** vor der Gefahrnummer auf einer orangefarbenen Tafel X333 dürfen **nicht mit Wasser in Berührung** kommen!

Ein Feuer kann durch vier verschiedene Methoden zum Stillstand gebracht werden:

1. **Sauerstoffentzug:**

    - spezielle Löschmittel (z.B. Pulverlöscher)

    - Abdecken des Brandes (Plane, Decken, Sand, Erde usw.)

Allgemeines Grundlagenwissen
Gefahren und Maßnahmen

2. **Abkühlen** des Brandes unter die Zündtemperatur:
   - mit Wasser (soweit technisch und physikalisch möglich)
   - spezielle Löschmittel mit Kältewirkung, wie Kohlendioxidlöscher (das Gas tritt mit – 78 °C aus dem Schneerohr des Feuerlöschers)

3. **Brennbaren Stoff entziehen:**

   noch nicht brennende Stoffe/Gegenstände entfernen (Das Feuer erlischt, wenn kein brennbarer Stoff mehr vorhanden ist.)

4. **Abfackeln:**

   Ausbrennen lassen, soweit dies umweltphysikalisch möglich ist und keine weitere anschließende Gefahr besteht.

Feuerlöscherarten

Die Feuerwehr unterteilt die Brände in **vier Brandklassen**, die für die Auswahl des Feuerlöschers entscheidend sind.

Brandklasse	Bezeichnung	Stoffbeispiele
A	brennbare feste Stoffe, ohne brennbare Leichtmetalle	Holz, Kohle, Papier, Kartonagen, Phosphor, Schwefel, mit brennbaren Flüssigkeiten getränkte Putzlappen
B	brennbare Flüssigkeiten	Benzin, Diesel, Lacke, Klebstoffe, Kerosin, Alkohole, Petroleum, Aceton
C	brennbare Gase	Propan, Butan, Methan, Wasserstoff, Acetylen
D	brennbare Leichtmetalle	Aluminium, Magnesium, Natrium, Kalium
F	für Fettbrände	Frittierfette aus Großküchen

Für die Beförderung gefährlicher Güter auf der Straße werden nach Abschnitt 8.1.4 ADR in der Regel ABC-Pulverlöscher gefordert, die geeignet sind, einen Brand des Motors oder des Fahrerhauses der Beförderungseinheit zu bekämpfen.

Reine Ladungsbrände sollen/dürfen nicht bekämpft werden (Hinweise in den schriftlichen Weisungen).

Feuerlöscherart	Geeignet für	Nicht geeignet für
Wasserlöscher	brennbare Feststoffe	– Klasse 4.3 und – andere Stoffe, die mit Wasser gefährlich reagieren – D
ABC-Pulverlöscher	A B C	D
BC-Pulverlöscher	B C	A D
CO_2	A B C besonders in Großküchenanlagen, Computerzentralen Vorsicht: Erstickungsgefahr!	D
Pulverlöscher mit Metallbrandpulver	brennbare Leichtmetalle (D)	A B C
Light-Water/Schaumlöscher	brennbare Flüssigkeiten	D C

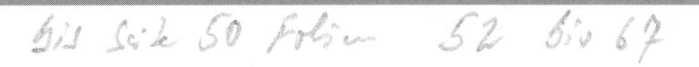

Allgemeines Grundlagenwissen
Klassifizierung

1.7 Klassifizieren von Stoffen und Gegenständen

1.7.1 Was bedeutet „Klassifizieren"?

Damit ein Stoff, eine Lösung oder ein Gegenstand mit gefährlichen Eigenschaften nach den Gefahrgutbeförderungsvorschriften identifiziert werden kann, bzw. die Bedingungen für einen Transport festgelegt werden können, wie Beförderungsverbote, Freistellungen, erlaubte Beförderungsarten usw., sind bestimmte Informationen über den Stoff erforderlich. Diese Informationen liefert die Klassifizierung.

▶ Für eine korrekte Klassifizierung ist der Absender, Auftraggeber des Absenders (im Seeverkehr: der Hersteller oder Vertreiber) verantwortlich.

▶ Sind die chemischen und physikalischen Eigenschaften bekannt, muss der Stoff nach den entsprechenden Prüfkriterien für die einzelnen Klassen eingestuft werden.

▶ Bei Lösungen und Gemischen, wie z.B. Abfällen, kann es u.U. erforderlich werden, chemische Analysen durchführen zu lassen.

Hilfsmittel für das Klassifizieren können sein:
- Sicherheitsdatenblätter der Hersteller von Gefahrstoffen
- Erkenntnisse aus den chemischen Analysen
- Einstufungs- und Klassifizierungskriterien der einzelnen Klassen im ADR/RID
- Kenntnis der einzelnen Inhaltsstoffe

Eine exakte Klassifizierung von gefährlichen Gütern muss folgende Angaben enthalten:

1. UN-Nummer des Stoffes
2. Korrekte chemisch-technische Bezeichnung
3. Gefahrzettelnummer für die Hauptgefahr und, soweit zutreffend, in Klammern zusätzlich die Nebengefahr(en) als Gefahrzettelnummer, z.B. „3 (6.1)"
4. Verpackungsgruppe (I, II oder III), soweit zutreffend
5. Zusätzliche Angaben für die Klassen 1, 2, 5.2, 6.2 und 7
6. Zusätzliche Angaben entsprechend der Beförderungsart
7. Im Eisenbahnverkehr bei Beförderung in Tanks oder loser Schüttung zusätzlich die Gefahrnummer auf der orangefarbenen Tafel (vor der UN-Nummer)
8. Bei bestimmten Flüssigkeiten, soweit in der Spalte 6 der Tabelle A gefordert, muss im Beförderungspapier bei der Beförderung in ADR-Tanks der Vermerk „Sondervorschrift 640X" erscheinen (anstelle des „X" wird der tatsächlich in Spalte 6 aufgeführte Buchstabe eingesetzt).

1.7.2 UN-Nummer

Weltweit werden Stoffe, Lösungen oder Gemische zur Identifizierung einer vierstelligen Zahl zugeordnet, die bei der UNO vergeben wird. Diese UN-Nummer oder Stoffnummer erscheint im gesamten Beförderungskreislauf *(siehe S 46)*.
Stoffe mit UN-Nummern unter 1000 sind Stoffe der Klasse 1.

Zurzeit gibt es die UN 0004 bis UN 3481. Nicht alle Nummern sind jedoch belegt.

Die UN-Nummer gibt **keine** Auskunft über die Gefahrklasse (ausgenommen Klasse 1) oder über die Gefährlichkeit eines Stoffes!

Allgemeines Grundlagenwissen
Klassifizierung

Die UN-Nummer im Beförderungskreislauf

1. Im Beförderungspapier (Auszug)

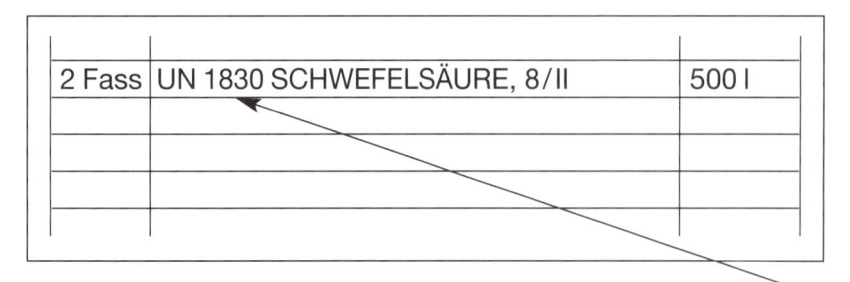

2 Fass	UN 1830 SCHWEFELSÄURE, 8/II	500 l

2. Auf dem Versandstück

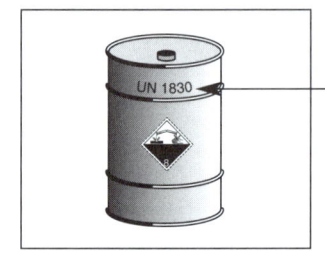

Beispiel:
UN 1830
(Schwefelsäure)

3. Auf der Warntafel bei Beförderung im Tank oder in loser Schüttung

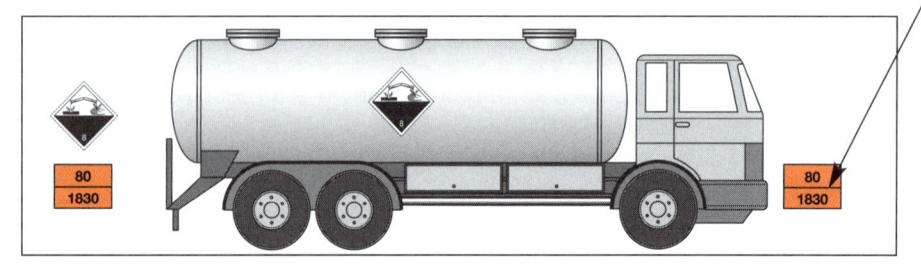

Die UN-Nummern lassen sich in vier verschiedene Kategorien einteilen *(vgl. Tabelle)*. Die Kategorie hängt davon ab, wie konkret die Zuordnung eines Stoffes, eines Gemisches oder einer Lösung erfolgen kann. Sie lässt sich jedoch nicht aus der UN-Nummer erkennen.

Kategorie der UN-Nummer		Beispiele
1	Stoffspezifisch für einen namentlich genannten speziellen Stoff oder Gegenstand	UN 1547 ANILIN, 6.1/II UN 1716 ACETYLBROMID, 8/II UN 0335 FEUERWERKSKÖRPER, 1.3G
2	Für eine namentlich genannte Stoffgruppe (Gattungseintragung)	UN 1263 FARBE UN 1133 KLEBSTOFFE
3	Stoffgruppenspezifische N.A.G.	UN 2206 ISOCYANATE, GIFTIG, N.A.G. (...) UN 1986 ALKOHOLE, ENTZÜNDBAR, GIFTIG, N.A.G. (...)
4	Allgemeine N.A.G.	UN 3264 ÄTZENDER SAURER ANORGANISCHER FLÜSSIGER STOFF, N.A.G. (.../...) UN 3286 ENTZÜNDBARER FLÜSSIGER STOFF, GIFTIG, ÄTZEND, N.A.G. (.../...)

(N.A.G. = nicht anderweitig genannt. 2, 3 und 4 werden als Sammeleintragungen bezeichnet.)

Allgemeines Grundlagenwissen
Klassifizierung

▶ Bei der Klassifizierung ist jeweils in der Reihenfolge von 1 bis 4 vorzugehen. Insbesondere bei Lösungen und Gemischen ist jeweils die konkreteste Möglichkeit der Zuordnung zu wählen.

▶ Eine UN-Nummer gibt nicht den Gefährlichkeitsgrad eines Stoffes an. Ein Stoff mit ein und derselben UN-Nummer kann sowohl der Verpackungsgruppe I, II oder III zugeordnet sein.

▶ Die UN-Nummer muss auf jeder Gefahrgutumschließung angebracht werden.

1.7.3 Bedeutung der Verpackungsgruppen

I = hohe Gefahr (sehr gefährlicher Stoff) Leistungsbuchstabe auf der Verpackung = X
II = mittlere Gefahr (gefährlicher Stoff) Leistungsbuchstabe auf der Verpackung = Y
III = geringe Gefahr (weniger gefährlicher Stoff) Leistungsbuchstabe auf der Verpackung = Z

z.B. UN 1777 FLUORSULFONSÄURE 8/**I** verpackt in Kanister aus Kunststoff UN 3H1/**X**../.../...)

Gefahrklasse \ Verpackungsgruppe	I (= X)	II (= Y)	III (= Z)
3	sehr gefährlicher Stoff	gefährlicher Stoff	weniger gefährlicher Stoff
4.1*)	sehr gefährlicher Stoff	gefährlicher Stoff	weniger gefährlicher Stoff
4.2	selbstentzündlich (pyrophor)	selbsterhitzungsfähig	weniger selbsterhitzungsfähig
4.3	sehr gefährlicher Stoff	gefährlicher Stoff	weniger gefährlicher Stoff
5.1	stark entzündend (oxidierend) wirkender Stoff	entzündend (oxidierend) wirkender Stoff	schwach entzündend (oxidierend) wirkender Stoff
6.1	sehr giftige Stoffe	giftige Stoffe	schwach giftige Stoffe
6.2	—	gefährlicher Stoff; nur für UN 3291	—
8	stark ätzende Stoffe	ätzende Stoffe	schwach ätzende Stoffe
9	—	gefährlicher Stoff	weniger gefährlicher Stoff

*) ausgenommen selbstzersetzliche Stoffe

▶ Sonderregelungen für die Verpackung bestehen für Stoffe der Klassen 1, 2, 4.1 selbstzersetzliche Stoffe, 5.2, 6.2 (ausgenommen UN 3291) und Klasse 7.

Allgemeines Grundlagenwissen
Klassifizierung

▶ Folgende Klassen bzw. Einträge sind keiner Verpackungsgruppe zugeordnet:

Klasse	Stoffe
1	Alle Stoffe und Gegenstände
2	Alle Stoffe und Gegenstände
3	UN 3343, 3473
4.1	Selbstzersetzliche Stoffe
4.3	UN 3476 Brennstoffzellen-Kartuschen
5.1	UN 2426
5.2	Alle Stoffe
6.2	Alle Stoffe, ausgenommen UN 3291
7	Alle Stoffe und Gegenstände
8	UN 2794, 2795 und 2800
9	UN 2990, 3072, 3245, 3359

Im Seeverkehr sind die Stoffe der Klasse 8 jedoch der Verpackungsgruppe III zugeordnet.

1.7.4 Klassifizierungsbeispiele

Die Angaben aus der Klassifizierung sind in das **Beförderungspapier** einzutragen (Benennung des Gutes). Dabei müssen die **kompletten Angaben** – wie in den nachfolgenden Beispielen dargestellt – eingetragen werden.

Benennung nach erfolgter richtiger Klassifizierung

UN 0102	Sprengschnur	1.2	D
①	②	③	④

① = UN-Nummer dieses Stoffes, unter der dieser Stoff weltweit geführt wird
   (UN-Nummer unter 1000 bedeutet immer: Stoff der Klasse 1)
② = Richtige technische Benennung
   (so wie dieser Stoff in Großbuchstaben in Kapitel 3.2 Tabelle A des ADR/RID bzw. in der Gefahrgutliste des IMDG-Codes genannt ist)
③ = Gefahrklasse (bei Klasse 1 mit Unterklasse, hier Unterklasse 1.2)
④ = Verträglichkeitsgruppe (Verträglichkeitsgruppen gibt es nur bei der Klasse 1. Sie geben eine wichtige Information, mittels der man über spezielle Tabellen etwaige Zusammenladeverbote bestimmen kann.)

UN 1978	Propan	2.1
①	②	③

① = UN-Nummer des Stoffes
② = Richtige technische Benennung
③ = Gefahrzettelnummer 2.1 für brennbare Gase

Allgemeines Grundlagenwissen
Klassifizierung

UN 1170	Ethanol	3	II
①	②	③	④

① = UN-Nummer des Stoffes
② = Richtige technische Benennung
   (Es kann sowohl „Ethanol" als auch „Ethylalkohol" verwendet werden.)
③ = Gefahrzettelnummer 3 (entzündbare Flüssigkeiten)
④ = Verpackungsgruppe II

UN 3275	Nitrile, giftig, entzündbar, n.a.g.	(Acrylnitril und Chloracetonitril)	6.1	(3)	I
①	②	③	④	⑤	⑥

① = UN-Nummer des Stoffes
② = Richtige technische Benennung
③ = Sammelbezeichnungen ... n.a.g. werden mit mindestens zwei namentlich genannten technischen Bezeichnungen in Klammern ergänzt, die im Wesentlichen für die Zuordnung zu dieser Bezeichnung verantwortlich sind
④ = Gefahrzettelnummer 6.1 (giftige Stoffe)
⑤ = Zusatzgefahr in Klammern (Gefahrzettelnummer 3)
⑥ = Verpackungsgruppe I

UN 3118 Organisches Peroxid Typ E, fest, temperaturkontrolliert (Peroxylaurinsäure) 5.2
Kontrolltemperatur: + 35 °C
Notfalltemperatur: + 40 °C

Bezeichnung von Abfällen, z.B.

Abfall, UN 1993 entzündbarer flüssiger Stoff, n.a.g. (Xylene und Aceton), 3 / II

oder:

UN 1993 entzündbarer flüssiger Stoff, n.a.g, 3/II, Abfall nach Absatz 2.1.3.5.5

Bezeichnung bei leeren ungereinigten Verpackungen und für leere Gefäße der Klasse 2 bis 1000 l Fassungsvermögen, z.B.

Leeres Großpackmittel, 8 (3)

– Für leere Verpackungen gibt es keine UN-Nummer und keine Verpackungsgruppe.

Bezeichnung für leere ungereinigte Gefäße der Klasse 2 mit mehr als 1000 l Fassungsvermögen, z.B.

Leeres Gefäß, letztes Ladegut: UN 1053 Schwefelwasserstoff, 2.3 (2.1)

Allgemeines Grundlagenwissen
Klassifizierung

Bezeichnung für die Beförderung in Tanks oder in loser Schüttung im Eisenbahnverkehr (RID), z.B.

66 / UN 2642 Fluoressigsäure, 6.1 / I

66 = die Gefahrnummer auf der orangefarbenen Tafel (obere Hälfte der Tafel) aus der Spalte 20 Kapitel 3.2 Tabelle A im RID

Bezeichnung für leere ungereinigte Tanks, z.B.

Leerer Tankcontainer, letztes Ladegut: UN 1296 Triethylamin, 3 (8), II

- im RID: ...338/UN 1296 Triethylamin, 3 (8), II
- Bei n.a.g.-Stoffen muss in Klammern auch die technische Benennung angegeben werden.

Bezeichnung für Lösungen, Gemische, die nur einen gefährlichen Stoff enthalten, z.B.

UN 1090 Aceton, Lösung, 3 / II

Für die Angabe der Verpackungsgruppe dürfen folgende Varianten gewählt werden:
1. UN 3/II
2. UN ...   . 3/VG II oder auch PG II (Verpackungsgruppe, Packing Group)

Allgemeines Grundlagenwissen
Gefahrklassen

1.8 Die einzelnen Gefahrklassen und Verpackungsgruppen

1.8.1 Klasse 1

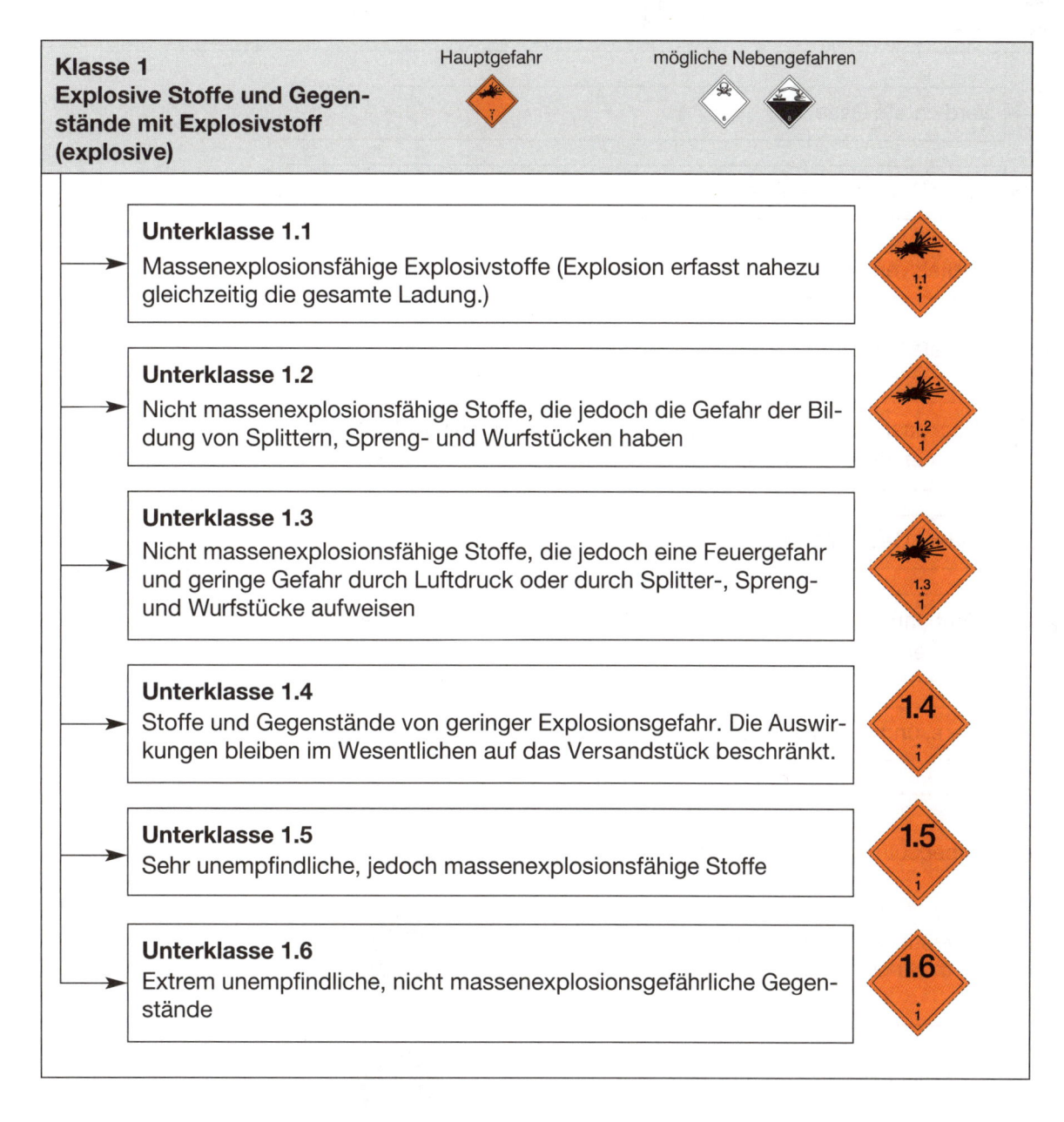

Klasse 1 – Explosive Stoffe und Gegenstände mit Explosivstoff (explosive)

Hauptgefahr / mögliche Nebengefahren

Unterklasse 1.1
Massenexplosionsfähige Explosivstoffe (Explosion erfasst nahezu gleichzeitig die gesamte Ladung.)

Unterklasse 1.2
Nicht massenexplosionsfähige Stoffe, die jedoch die Gefahr der Bildung von Splittern, Spreng- und Wurfstücken haben

Unterklasse 1.3
Nicht massenexplosionsfähige Stoffe, die jedoch eine Feuergefahr und geringe Gefahr durch Luftdruck oder durch Splitter-, Spreng- und Wurfstücke aufweisen

Unterklasse 1.4
Stoffe und Gegenstände von geringer Explosionsgefahr. Die Auswirkungen bleiben im Wesentlichen auf das Versandstück beschränkt.

Unterklasse 1.5
Sehr unempfindliche, jedoch massenexplosionsfähige Stoffe

Unterklasse 1.6
Extrem unempfindliche, nicht massenexplosionsgefährliche Gegenstände

▶ Stoffe und Gegenstände der Klasse 1 werden zusätzlich einer **Verträglichkeitsgruppe** (große Buchstaben, Absatz 2.2.1.1.6 ADR/RID) zugeordnet. Dieser Buchstabe erscheint zusätzlich zu der Angabe der Unterklasse im Gefahrzettel (das Sternchen im Zettel-Muster).
Dieser Buchstabe ist ein wichtiger Hinweis auf eventuelle **Zusammenladeverbote** solcher Stoffe in einem Fahrzeug oder Container (Abschnitt 7.5.2 ADR/RID).

▶ Stoffbeispiele

UN 0283 ZÜNDVERSTÄRKER, ohne Detonator, 1.2 D

UN 0323 KARTUSCHEN FÜR TECHNISCHE ZWECKE, 1.4 S

Allgemeines Grundlagenwissen
Gefahrklassen

1.8.2 Klasse 2

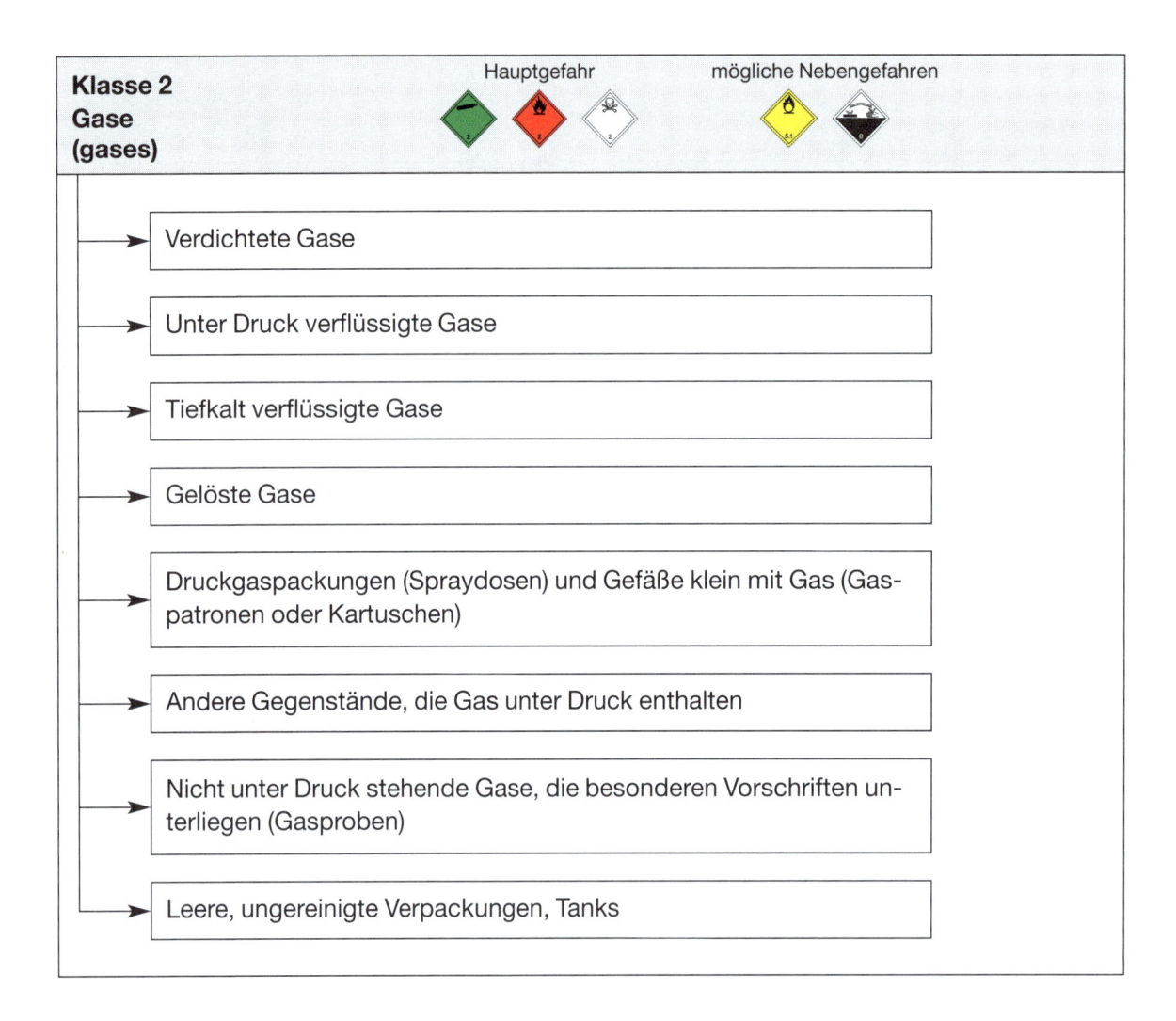

Klasse 2 Gase (gases)

Hauptgefahr | mögliche Nebengefahren

- Verdichtete Gase
- Unter Druck verflüssigte Gase
- Tiefkalt verflüssigte Gase
- Gelöste Gase
- Druckgaspackungen (Spraydosen) und Gefäße klein mit Gas (Gaspatronen oder Kartuschen)
- Andere Gegenstände, die Gas unter Druck enthalten
- Nicht unter Druck stehende Gase, die besonderen Vorschriften unterliegen (Gasproben)
- Leere, ungereinigte Verpackungen, Tanks

▶ Gefahrenbedeutung der Klassifizierungscodes

A – erstickende Wirkung (asphyxiant) (nicht brennbare, nicht giftige Gase)

F – brennbares Gas (flammable)

O – oxidierend wirkendes Gas (brandfördernd) (oxidizing)

T – giftiges Gas (toxic)

Allgemeines Grundlagenwissen
Gefahrklassen

TF – giftiges, brennbares Gas

TO – giftiges, oxidierend wirkendes Gas

TC – giftiges, ätzendes Gas

TFC – giftiges, brennbares, ätzendes Gas

TOC – giftiges, brandförderndes, ätzendes Gas

Für Druckgaspackungen zusätzlich:

C – ätzendes Gas (corrosive)

CO – ätzendes, oxidierend wirkendes Gas

FC – entzündbares, ätzendes Gas

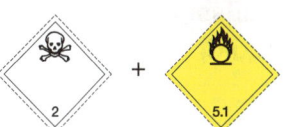

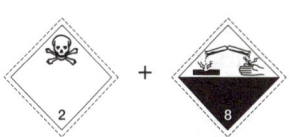

Klassen (IMDG-Code), Gefahrzettelnummern (ADR/RID)

2.1 = brennbare Gase

2.2 = nicht brennbare und nicht giftige Gase

2.3 = giftige Gase

▶ Stoffbeispiele

UN 1005 AMMONIAK, WASSERFREI, 2.3 (8)

UN 1073 SAUERSTOFF, TIEFGEKÜHLT, FLÜSSIG, 2.2 (5.1)

UN 1950 DRUCKGASPACKUNGEN, 2.1

UN 2534 METHYLCHLORSILAN, 2.3 (2.1 + 8)

Allgemeines Grundlagenwissen
Gefahrklassen

1.8.3 Klasse 3

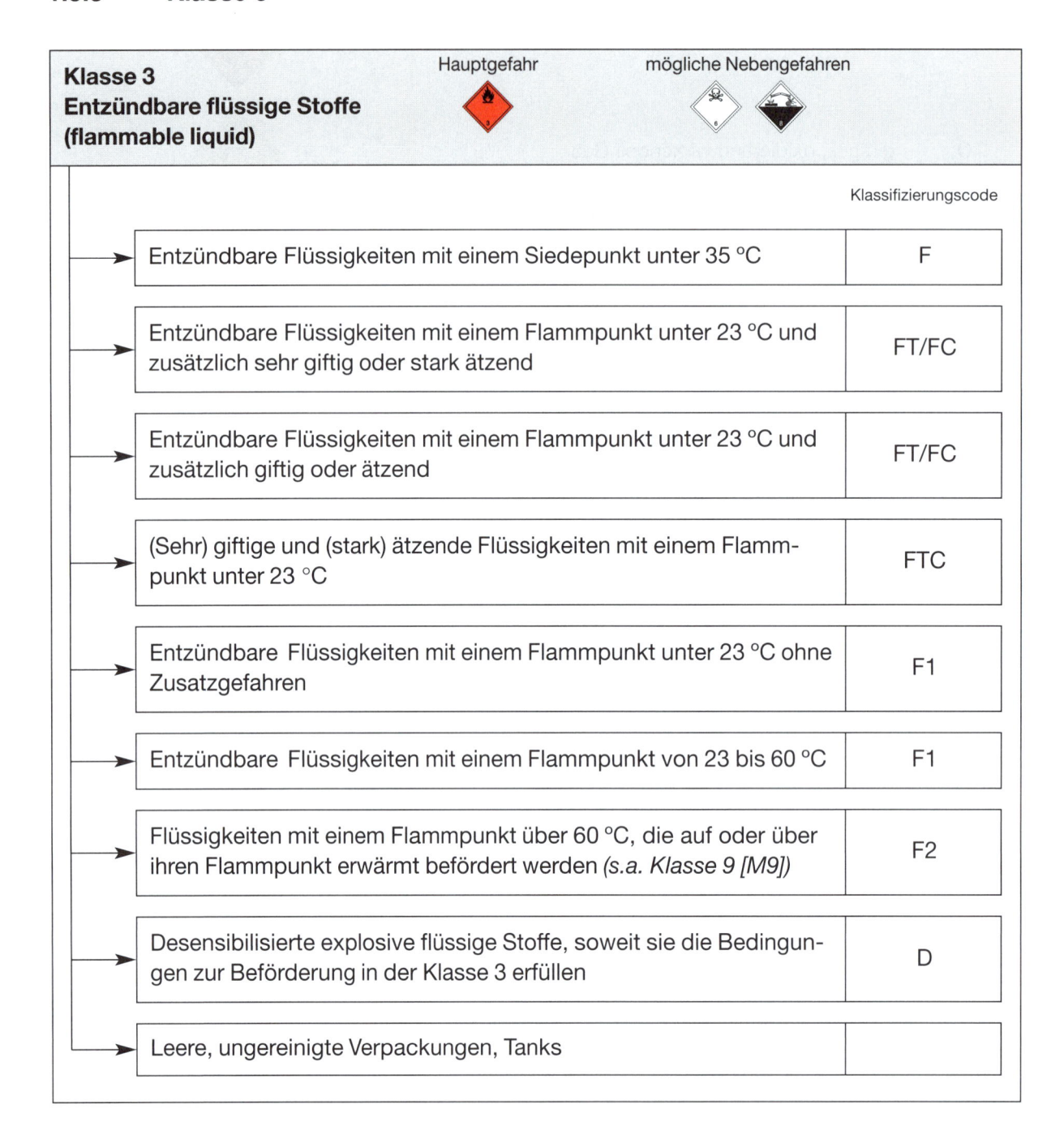

Klasse 3 Entzündbare flüssige Stoffe (flammable liquid)	Hauptgefahr	mögliche Nebengefahren

Beschreibung	Klassifizierungscode
Entzündbare Flüssigkeiten mit einem Siedepunkt unter 35 °C	F
Entzündbare Flüssigkeiten mit einem Flammpunkt unter 23 °C und zusätzlich sehr giftig oder stark ätzend	FT/FC
Entzündbare Flüssigkeiten mit einem Flammpunkt unter 23 °C und zusätzlich giftig oder ätzend	FT/FC
(Sehr) giftige und (stark) ätzende Flüssigkeiten mit einem Flammpunkt unter 23 °C	FTC
Entzündbare Flüssigkeiten mit einem Flammpunkt unter 23 °C ohne Zusatzgefahren	F1
Entzündbare Flüssigkeiten mit einem Flammpunkt von 23 bis 60 °C	F1
Flüssigkeiten mit einem Flammpunkt über 60 °C, die auf oder über ihren Flammpunkt erwärmt befördert werden *(s.a. Klasse 9 [M9])*	F2
Desensibilisierte explosive flüssige Stoffe, soweit sie die Bedingungen zur Beförderung in der Klasse 3 erfüllen	D
Leere, ungereinigte Verpackungen, Tanks	

▶ Giftige Flüssigkeiten mit einem Flammpunkt unter 23 °C, die Dämpfe abgeben, welche als sehr giftig beim Einatmen (Inhalation) eingestuft sind, werden der Klasse 6.1 zugeordnet.

▶ Zuordnung der Stoffe der Klasse 3 nach ihrem Gefährlichkeitsgrad zu den Verpackungsgruppen *(vgl. Kapitel 1.7)*

- **I = Stoffe mit hoher Gefahr**
    - Flammpunkt unter 23 °C und zusätzlich sehr giftig (oral, dermal)
    - brennbare Flüssigkeiten mit einem Siedepunkt unter 35 °C

Allgemeines Grundlagenwissen
Gefahrklassen

II = Stoffe mit mittlerer Gefahr
- Flammpunkt unter 23 °C und zusätzlich giftig und/oder ätzend
- Flammpunkt unter 23 °C, Siedepunkt über 35 °C, ohne Zusatzgefahren

III = Stoffe mit geringer Gefahr
- Flüssigkeiten mit einem Flammpunkt von 23 bis 60 °C, die evtl. auch schwach giftig oder schwach ätzend sein können
- Flüssigkeiten mit einem Flammpunkt über 60 °C, die auf oder über ihren Flammpunkt erwärmt befördert werden

▶ Stoffbeispiele

UN 1989 ALDEHYDE, N.A.G. (.../...), 3/I

UN 1986 ALKOHOLE, ENTZÜNDBAR, GIFTIG, N.A.G. (.../...), 3 (6.1), VG II

UN 1203 BENZIN, 3, VG II

UN 1133 KLEBSTOFFE, 3/III

Beispiel: Varianten bei der Gattungseintragung UN 1263 FARBE und UN 1210 DRUCKFARBE:

UN-Nr.	Siedepunkt	Dampfdruck bei 50 °C	Flammpunkt	Klasse	VG
1210 und 1263	≤ 35 °C	> 110 kPa	< 23 °C	3	I
1210 und 1263	> 35 °C	> 110 kPa	< 23 °C	3	II
1210 und 1263	> 35 °C	bis 110 kPa	< 23 °C	3	II
1210 und 1263	> 35 °C	- - - - - - - - - - -	≥ 23 °C bis 60 °C	3	III
1210 und 1263 **(1)**	≤ 35 °C	> 110 kPa	< 23 °C	3	III
1210 und 1263 **(1)**	> 35 °C	> 110 kPa	< 23 °C	3	III
1210 und 1263 **(1)**	> 35 °C	bis 110 kPa	< 23 °C	3	III

(1) Bedingungen nach Absatz 2.2.3.1.4 ADR/RID bzw. 2.3.2.3 IMDG-Code (viskose Stoffe) Lösemitteltrennprüfung werden erfüllt.

▶ Der Dampfdruck spielt eine wesentliche Rolle für die Verwendung der richtigen Gefahrgutumschließung (Verpackungen, IBC oder Tanks).

Allgemeines Grundlagenwissen
Gefahrklassen

1.8.4 Klassen 4.1, 4.2 und 4.3

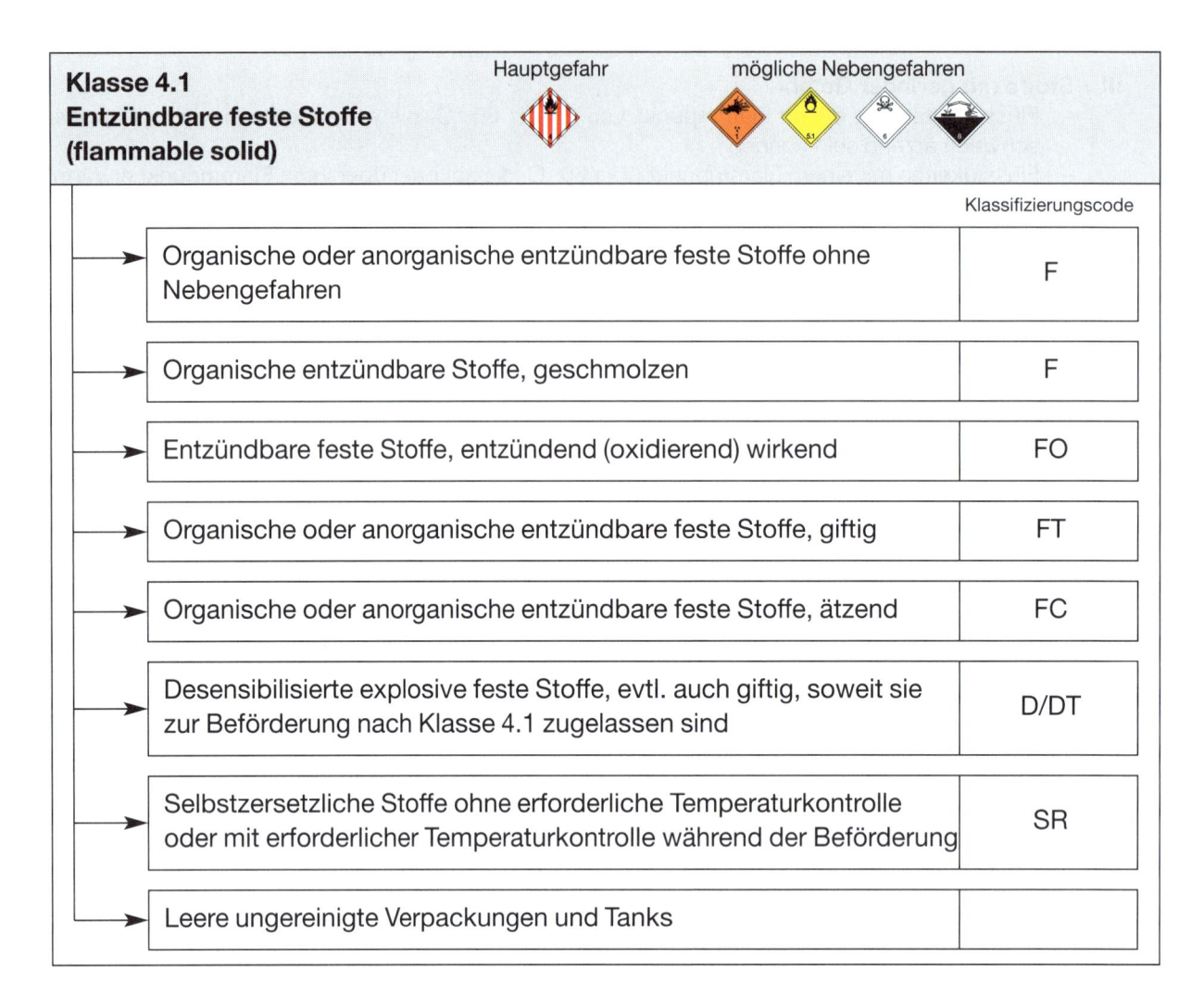

Klasse 4.1 Entzündbare feste Stoffe (flammable solid)	Klassifizierungscode
Organische oder anorganische entzündbare feste Stoffe ohne Nebengefahren	F
Organische entzündbare Stoffe, geschmolzen	F
Entzündbare feste Stoffe, entzündend (oxidierend) wirkend	FO
Organische oder anorganische entzündbare feste Stoffe, giftig	FT
Organische oder anorganische entzündbare feste Stoffe, ätzend	FC
Desensibilisierte explosive feste Stoffe, evtl. auch giftig, soweit sie zur Beförderung nach Klasse 4.1 zugelassen sind	D/DT
Selbstzersetzliche Stoffe ohne erforderliche Temperaturkontrolle oder mit erforderlicher Temperaturkontrolle während der Beförderung	SR
Leere ungereinigte Verpackungen und Tanks	

Hauptgefahr / mögliche Nebengefahren

▶ **Entzündbare feste Stoffe** sind leicht brennbare feste Stoffe und feste Stoffe, die durch Reibung in Brand geraten können. Die Zuordnungs- und Prüfkriterien sind im Unterabschnitt 2.2.41.1 ADR/RID bzw. Unterabschnitt 2.4.2.2 IMDG-Code festgelegt.

  I = **Stoffe mit hoher Gefahr**
  II = **Stoffe mit mittlerer Gefahr**
  III = **Stoffe mit geringer Gefahr**

Selbstzersetzliche Stoffe sind thermisch instabile Stoffe, die sich auch ohne Beteiligung von Sauerstoff (Luft) stark exotherm zersetzen können. Diese Stoffe werden keiner Verpackungsgruppe zugeordnet.

Desensibilisierte explosive feste Stoffe sind Stoffe, die mit Wasser oder mit Alkoholen angefeuchtet oder mit anderen Stoffen verdünnt sind, um ihre explosive Eigenschaft zu unterdrücken.

▶ Selbstzersetzliche Stoffe der UN 3231 bis 3240 unter Temperaturkontrolle sind im RID nicht zur Beförderung zugelassen.

▶ Stoffbeispiele
  UN 1312 BORNEOL, 4.1/III
  UN 1320 DINITROPHENOL, 4.1 (6.1)/I
  UN 3175 FESTE STOFFE, DIE ENTZÜNDBARE FLÜSSIGE STOFFE ENTHALTEN, N.A.G., (...), 4.1/VG II
  UN 3232 SELBSTZERSETZLICHER STOFF, TYP B, FEST, TEMPERATURKONTROLLIERT, (...), 4.1 (1),
         Kontrolltemperatur: .... °C, Notfalltemperatur: .... °C

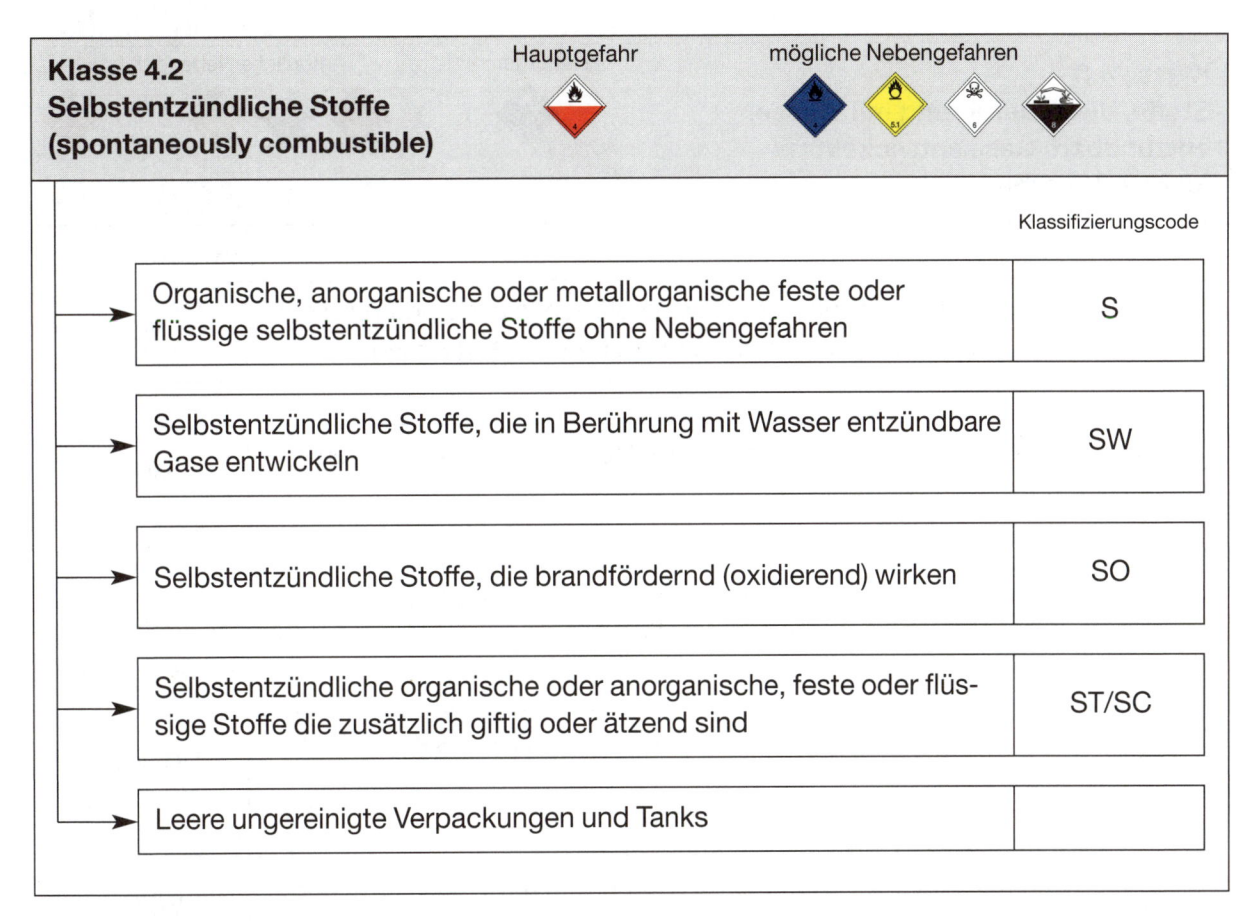

Allgemeines Grundlagenwissen
Gefahrklassen

Klasse 4.2
Selbstentzündliche Stoffe
(spontaneously combustible)

Hauptgefahr | mögliche Nebengefahren

	Klassifizierungscode
Organische, anorganische oder metallorganische feste oder flüssige selbstentzündliche Stoffe ohne Nebengefahren	S
Selbstentzündliche Stoffe, die in Berührung mit Wasser entzündbare Gase entwickeln	SW
Selbstentzündliche Stoffe, die brandfördernd (oxidierend) wirken	SO
Selbstentzündliche organische oder anorganische, feste oder flüssige Stoffe die zusätzlich giftig oder ätzend sind	ST/SC
Leere ungereinigte Verpackungen und Tanks	

▶ Zuordnung der Stoffe der Klasse 4.2 nach ihrem Gefährlichkeitsgrad zu den Verpackungsgruppen *(vgl. Kap. 1.7)*:

  I = Stoffe mit hoher Gefahr (selbstentzündliche [pyrophore] Stoffe)
  – Stoffe, die sich relativ schnell bei Kontakt mit Luft oder Sauerstoff selbst entzünden

  II = Stoffe mit mittlerer Gefahr (selbsterhitzungsfähige Stoffe)
  – Stoffe, die sich innerhalb einer festgelegten Zeit so stark erhitzen können, dass sie sich bei Kontakt mit Luft oder Sauerstoff selbst entzünden können

  III = Stoffe mit geringer Gefahr (weniger selbsterhitzungsfähige Stoffe)
  – Stoffe, die sich innerhalb einer festgelegten Zeit selbst erhitzen können und bei Kontakt mit Luft oder Sauerstoff selbst entzünden können

▶ Stoffbeispiele

UN 2447 PHOSPHOR WEISS, 4.2 (6.1)/I

UN 2009 ZIRKONIUM, TROCKEN, 4.2/III

UN 2210 MANEB, 4.2 (4.3)/III

Allgemeines Grundlagenwissen
Gefahrklassen

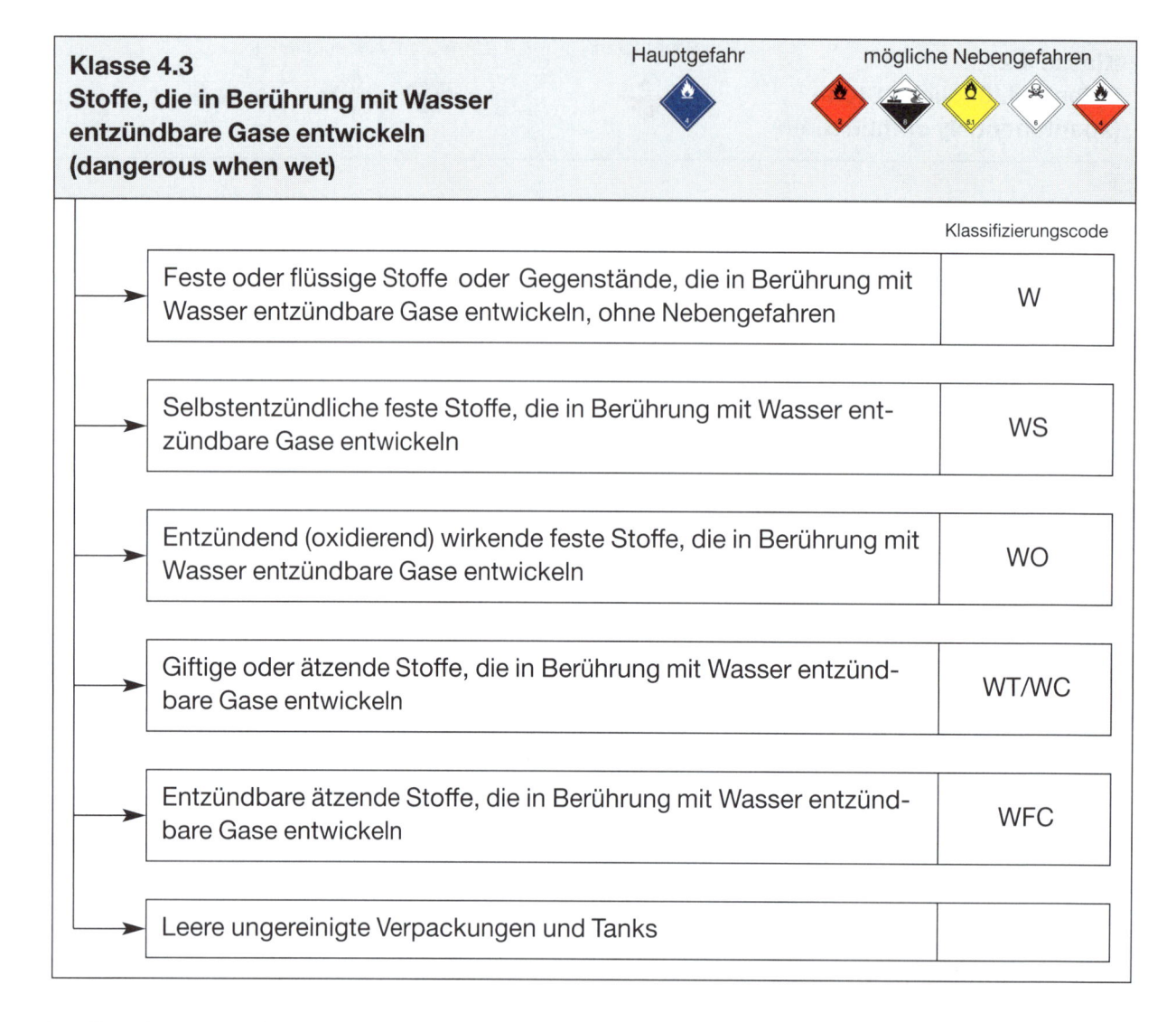

Klasse 4.3
Stoffe, die in Berührung mit Wasser entzündbare Gase entwickeln
(dangerous when wet)

Hauptgefahr — mögliche Nebengefahren

Beschreibung	Klassifizierungscode
Feste oder flüssige Stoffe oder Gegenstände, die in Berührung mit Wasser entzündbare Gase entwickeln, ohne Nebengefahren	W
Selbstentzündliche feste Stoffe, die in Berührung mit Wasser entzündbare Gase entwickeln	WS
Entzündend (oxidierend) wirkende feste Stoffe, die in Berührung mit Wasser entzündbare Gase entwickeln	WO
Giftige oder ätzende Stoffe, die in Berührung mit Wasser entzündbare Gase entwickeln	WT/WC
Entzündbare ätzende Stoffe, die in Berührung mit Wasser entzündbare Gase entwickeln	WFC
Leere ungereinigte Verpackungen und Tanks	

▶ Zuordnung der Stoffe der Klasse 4.3 nach ihrem Gefährlichkeitsgrad zu den Verpackungsgruppen *(vgl. Kap. 1.7)*:

Die Stoffe der Klasse 4.3 werden entsprechend der ermittelten Gefährlichkeitsgrade innerhalb der Klasse folgenden Verpackungsgruppen zugeordnet:

I = Stoffe mit hoher Gefahr (sehr gefährlicher Stoff)
- Stoffe, die bei Raumtemperatur heftig mit Wasser reagieren und dabei entzündbare Gase entwickeln, die sich selbst entzünden können

II = Stoffe mit mittlerer Gefahr (gefährlicher Stoff)
- Stoffe, die bei Raumtemperatur leicht mit Wasser reagieren und innerhalb einer festgelegten Zeit eine ausreichende Menge an entzündbaren Gasen entwickeln

III = Stoffe mit geringer Gefahr (weniger gefährlicher Stoff)
- Stoffe, die bei Raumtemperatur langsam mit Wasser reagieren und innerhalb einer festgelegten Zeit eine größere Menge an entzündbaren Gasen entwickeln

▶ Stoffbeispiele

UN 2010 MAGNESIUMHYDRID, 4.3/I

UN 2012 KALIUMPHOSPHID, 4.3 (6.1)/I

UN 2624 MAGNESIUMSILICID, 4.3/II

Allgemeines Grundlagenwissen
Gefahrklassen

1.8.5 Klassen 5.1 und 5.2

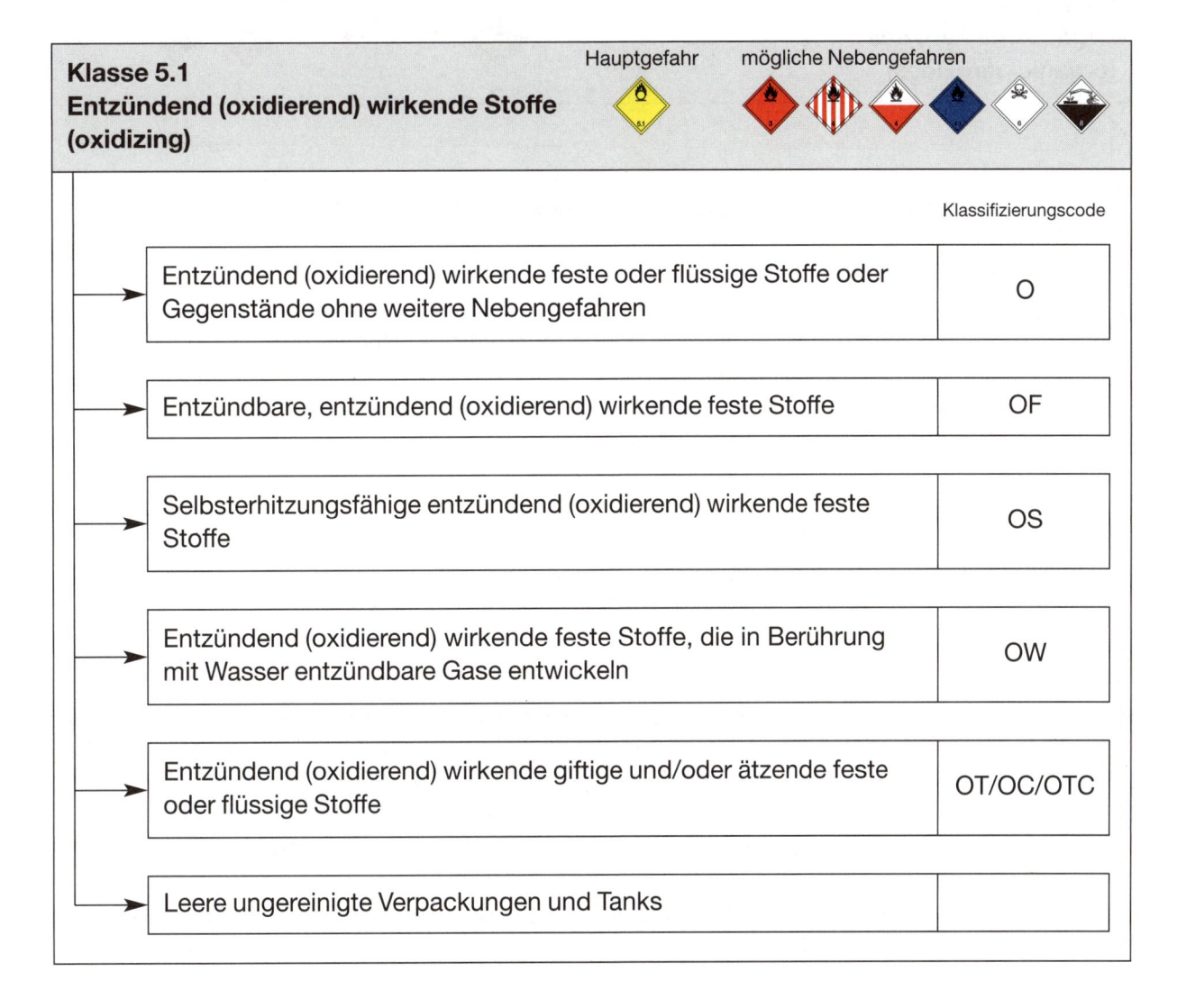

Klasse 5.1 Entzündend (oxidierend) wirkende Stoffe (oxidizing)	Klassifizierungscode
Entzündend (oxidierend) wirkende feste oder flüssige Stoffe oder Gegenstände ohne weitere Nebengefahren	O
Entzündbare, entzündend (oxidierend) wirkende feste Stoffe	OF
Selbsterhitzungsfähige entzündend (oxidierend) wirkende feste Stoffe	OS
Entzündend (oxidierend) wirkende feste Stoffe, die in Berührung mit Wasser entzündbare Gase entwickeln	OW
Entzündend (oxidierend) wirkende giftige und/oder ätzende feste oder flüssige Stoffe	OT/OC/OTC
Leere ungereinigte Verpackungen und Tanks	

▶ Diese Klasse enthält Stoffe, die eine Verbrennung fördern können oder bei Kontakt mit brennbaren Stoffen diese zur Entzündung bringen können. Es handelt sich hierbei um sogenannte Sauerstoffträger, die bei Kontakt durch Abgabe von Sauerstoff brandfördernde Eigenschaften aufweisen.

▶ Die Stoffe der Klasse 5.1 werden entsprechend den ermittelten Gefährlichkeitsgraden innerhalb der Klasse folgenden Verpackungsgruppen zugeordnet:

I = Stoffe mit hoher Gefahr
 – stark entzündend, oxidierend wirkend

II = Stoffe mit mittlerer Gefahr
 – entzündend, oxidierend wirkend

III = Stoffe mit geringer Gefahr
 – schwach entzündend, oxidierend wirkend

▶ Stoffbeispiele

UN 2015 WASSERSTOFFPEROXID, WÄSSERIGE LÖSUNG, STABILISIERT, 5.1 (8)/I

UN 3210 CHLORATE, ANORGANISCHE, WÄSSERIGE LÖSUNG, N.A.G. (.../...) 5.1/II

Allgemeines Grundlagenwissen
Gefahrklassen

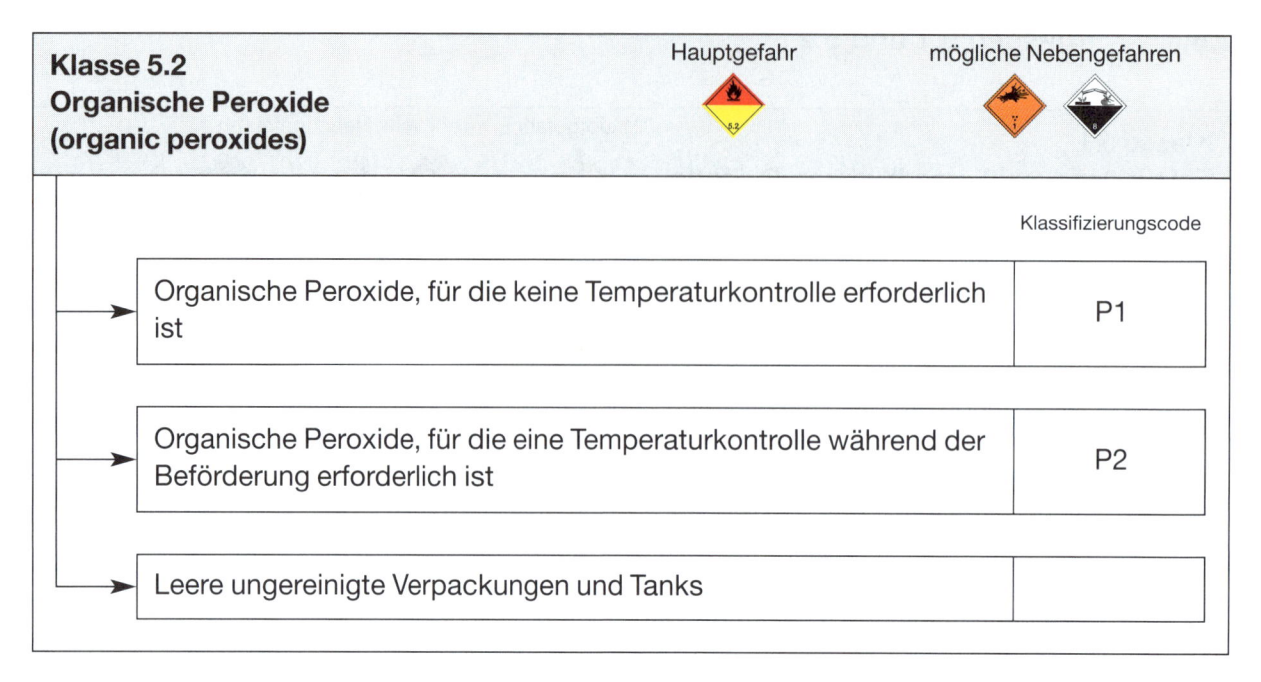

Klasse 5.2 Organische Peroxide (organic peroxides)	Hauptgefahr	mögliche Nebengefahren

	Klassifizierungscode
Organische Peroxide, für die keine Temperaturkontrolle erforderlich ist	P1
Organische Peroxide, für die eine Temperaturkontrolle während der Beförderung erforderlich ist	P2
Leere ungereinigte Verpackungen und Tanks	

▶ Organische Peroxide werden **nicht Verpackungsgruppen zugeordnet.** Es bestehen spezielle Einstufungskriterien und daraus resultierende Anforderungen an die Verpackung/Tanks und die Beförderung.

▶ Organische Peroxide werden auf Grund ihres Gefahrengrades in sieben Typen (A–G) eingeteilt.

▶ Organische Peroxide können sich bei normalen oder erhöhten Temperaturen exotherm zersetzen. Die Zersetzung kann durch Verunreinigungen (z.B. Säuren oder Schwermetalle), Reibung oder Stoß ausgelöst werden. Bestimmte organische Peroxide können sich explosionsartig zersetzen. Viele organische Peroxide brennen heftig. Die Zersetzungsgeschwindigkeit nimmt mit der Temperatur zu.

▶ Für bestimmte organische Peroxide ist während der Beförderung eine Temperaturkontrolle erforderlich.

▶ Organische Peroxide unter Temperaturkontrolle (UN 3111 bis 3120) sind im **Eisenbahnverkehr** (RID) zur Beförderung **nicht zugelassen**.

▶ Stoffbeispiele

UN 3101 ORGANISCHES PEROXID, TYP B, FLÜSSIG (tert-Butylperoxyacetat), 5.2 (1)

UN 3114 ORGANISCHES PEROXID, TYP C, FEST, TEMPERATURKONTROLLIERT (Dicyclohexylperoxydicarbonat), 5.2, Kontrolltemperatur: + 10 °C, Notfalltemperatur: + 15 °C

Hinweis: Der alte Gefahrzettel Nr. 5.2 darf noch bis zum 31.12.2010 weiter verwendet werden.

Allgemeines Grundlagenwissen
Gefahrklassen

1.8.6 Klassen 6.1 und 6.2

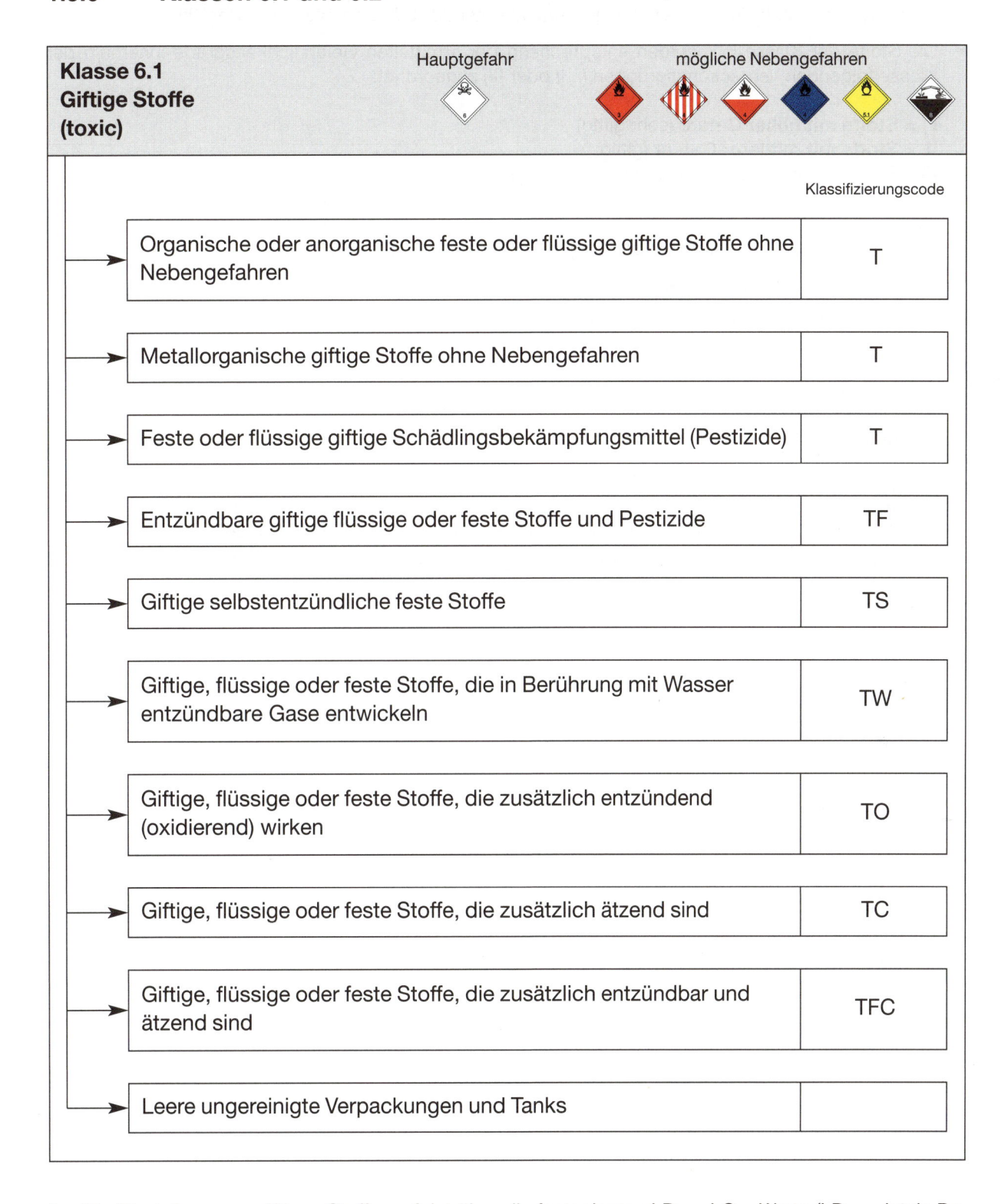

Klasse 6.1 Giftige Stoffe (toxic)		Klassifizierungscode
	Organische oder anorganische feste oder flüssige giftige Stoffe ohne Nebengefahren	T
	Metallorganische giftige Stoffe ohne Nebengefahren	T
	Feste oder flüssige giftige Schädlingsbekämpfungsmittel (Pestizide)	T
	Entzündbare giftige flüssige oder feste Stoffe und Pestizide	TF
	Giftige selbstentzündliche feste Stoffe	TS
	Giftige, flüssige oder feste Stoffe, die in Berührung mit Wasser entzündbare Gase entwickeln	TW
	Giftige, flüssige oder feste Stoffe, die zusätzlich entzündend (oxidierend) wirken	TO
	Giftige, flüssige oder feste Stoffe, die zusätzlich ätzend sind	TC
	Giftige, flüssige oder feste Stoffe, die zusätzlich entzündbar und ätzend sind	TFC
	Leere ungereinigte Verpackungen und Tanks	

▶ Die Einstufung von giftigen Stoffen erfolgt über die festgelegten LD_{50}-, LC_{50}-Werte (LD_{50} = letale Dosis 50 %, LC_{50} = letale Konzentration 50 %).

▶ Giftige und schwach giftige entzündbare flüssige Stoffe mit einem Flammpunkt unter 23 °C werden der Klasse 3 zugeordnet.

Allgemeines Grundlagenwissen
Gefahrklassen

▶ Sehr giftige entzündbare flüssige Stoffe, die beim Einatmen (Inhalation) als sehr giftig nach den Werten (LC_{50}) eingestuft sind und einen Flammpunkt unter 23 °C haben, bleiben in der Klasse 6.1.

▶ Die Stoffe der Klasse 6.1 werden entsprechend der ermittelten Gefährlichkeitsgrade innerhalb der Klasse folgenden Verpackungsgruppen (I, II oder III) zugeordnet:

I = **Stoffe mit hoher Gefahr** (sehr giftig)
II = **Stoffe mit mittlerer Gefahr** (giftig)
III = **Stoffe mit geringer Gefahr** (schwach giftig)

Es gibt:
- orale Aufnahme von Giftstoffen (über Magen-Darm-Trakt durch Verschlucken)
- dermale Aufnahme über die Haut
- inhalative Aufnahme über die Atemwege

Merke

„Menge und Zeit machen das Gift!"

▶ Stoffbeispiele

UN 2993 ARSENHALTIGES PESTIZID, FLÜSSIG, GIFTIG, ENTZÜNDBAR, 6.1 (3)/I

UN 3361 CHLORSILANE, GIFTIG, ÄTZEND, N.A.G. (.../...), 6.1 (8)/II

UN 2656 CHINOLIN, 6.1/III

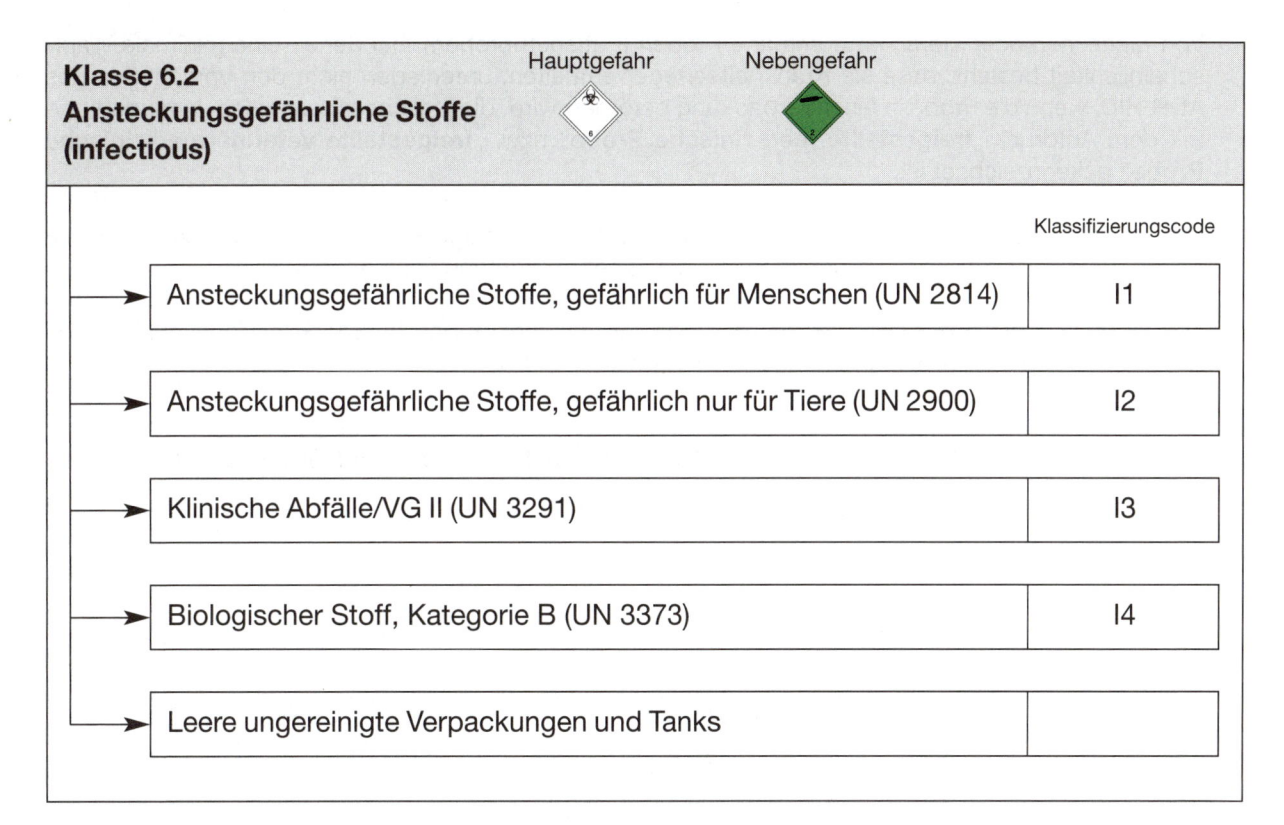

Allgemeines Grundlagenwissen
Gefahrklassen

Klasse 6.2
Ansteckungsgefährliche Stoffe (infectious)

Hauptgefahr — Nebengefahr

	Klassifizierungscode
Ansteckungsgefährliche Stoffe, gefährlich für Menschen (UN 2814)	I1
Ansteckungsgefährliche Stoffe, gefährlich nur für Tiere (UN 2900)	I2
Klinische Abfälle/VG II (UN 3291)	I3
Biologischer Stoff, Kategorie B (UN 3373)	I4
Leere ungereinigte Verpackungen und Tanks	

▶ Ansteckungsgefährliche Stoffe für Menschen oder Tiere werden in Kategorien unterteilt:

Kategorie A:
Ein ansteckungsgefährlicher Stoff, der in einer solchen Form befördert wird, dass er bei einer Exposition bei Menschen oder Tieren eine dauerhafte Behinderung oder eine lebensbedrohende oder tödliche Krankheit hervorrufen kann. Beispiele für diese Stoffe sind in der Tabelle 2.2.62.1.4.1 des ADR/RID bzw. im Kapitel 2.6 IMDG-Code aufgeführt.

Biologische Stoffe, die ansteckungsgefährliche Stoffe der Kategorie A enthalten, werden auch der UN 2814 bzw. UN 2900 zugeordnet.

Kulturen sind nicht mehr automatisch Stoffe der Kategorie A. Enthalten Kulturen keine Stoffe der Kategorie A, werden diese der UN 3373 zugeordnet.

Zur Kategorie A gehören auch medizinische oder klinische Abfälle, die ansteckungsgefährliche Stoffe der Kategorie A enthalten.

Exposition erfolgt, wenn ein ansteckungsgefährlicher Stoff aus der Schutzverpackung austritt und zu einem physischen Kontakt mit Menschen oder Tieren führt.

Ansteckungsgefährliche Stoffe, die sowohl bei Menschen als auch bei Tieren Krankheiten hervorrufen können, sind der UN 2814 zuzuordnen. Stoffe, die nur bei Tieren diese Wirkungen aufweisen, sind der UN 2900 zuzuordnen.

Zusätzlich zur offiziellen Benennung für die Beförderung sind/ist in Klammern die/der technische/n Name/n zu ergänzen.

Kategorie B:
Ansteckungsgefährliche Stoffe, die die Kriterien der Kategorie A nicht erfüllen. Diese Stoffe sind der UN 3373 zuzuordnen.

Medizinische oder klinische Abfälle, die ansteckungsgefährliche Stoffe der Kategorie B enthalten, sind der UN 3291 zuzuordnen.

Allgemeines Grundlagenwissen
Gefahrklassen

Von Menschen oder Tieren entnommene Proben (Patientenproben), bei denen eine minimale Wahrscheinlichkeit besteht, dass sie Krankheitserreger enthalten, unterliegen nicht den Vorschriften des ADR/RID, wenn die Probe in einer Verpackung befördert wird, die jegliches Freiwerden verhindert und mit dem Aufdruck **„freigestellte medizinische Probe"** bzw. **„freigestellte veterinärmedizinische Probe"** gekennzeichnet ist.

▶ Die Zuordnung zu den Kategorien erfolgt i.d.R. durch sachkundige Personen, z.B. Mediziner. Zurzeit bekannte Stoffe sind in den Vorschriften in einer Tabelle aufgeführt (Kategorie A).

▶ Nur klinische Abfälle der UN 3291 werden der Verpackungsgruppe II zugeordnet. Für die anderen Stoffe bestehen spezielle Verpackungsvorschriften.

▶ Stoffbeispiele

UN 2814 ANSTECKUNGSGEFÄHRLICHER STOFF, GEFÄHRLICH FÜR MENSCHEN (...), 6.2

UN 3291 KLINISCHER ABFALL, UNSPEZIFIZIERT, N.A.G., 6.2/II

1.8.7 Klasse 7

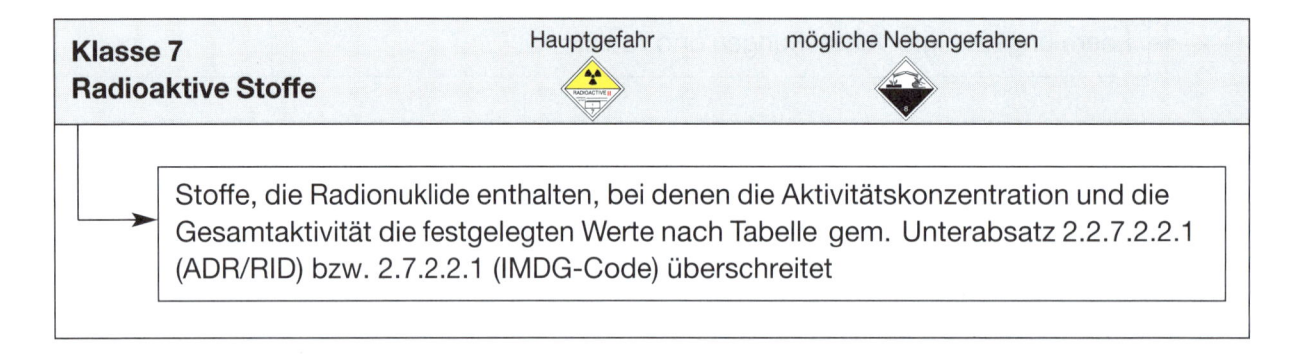

Klasse 7 Radioaktive Stoffe	Hauptgefahr	mögliche Nebengefahren

Stoffe, die Radionuklide enthalten, bei denen die Aktivitätskonzentration und die Gesamtaktivität die festgelegten Werte nach Tabelle gem. Unterabsatz 2.2.7.2.2.1 (ADR/RID) bzw. 2.7.2.2.1 (IMDG-Code) überschreitet

Einzelheiten zu Klasse 7
→ Teil 4

Allgemeines Grundlagenwissen
Gefahrklassen

1.8.8 Klasse 8

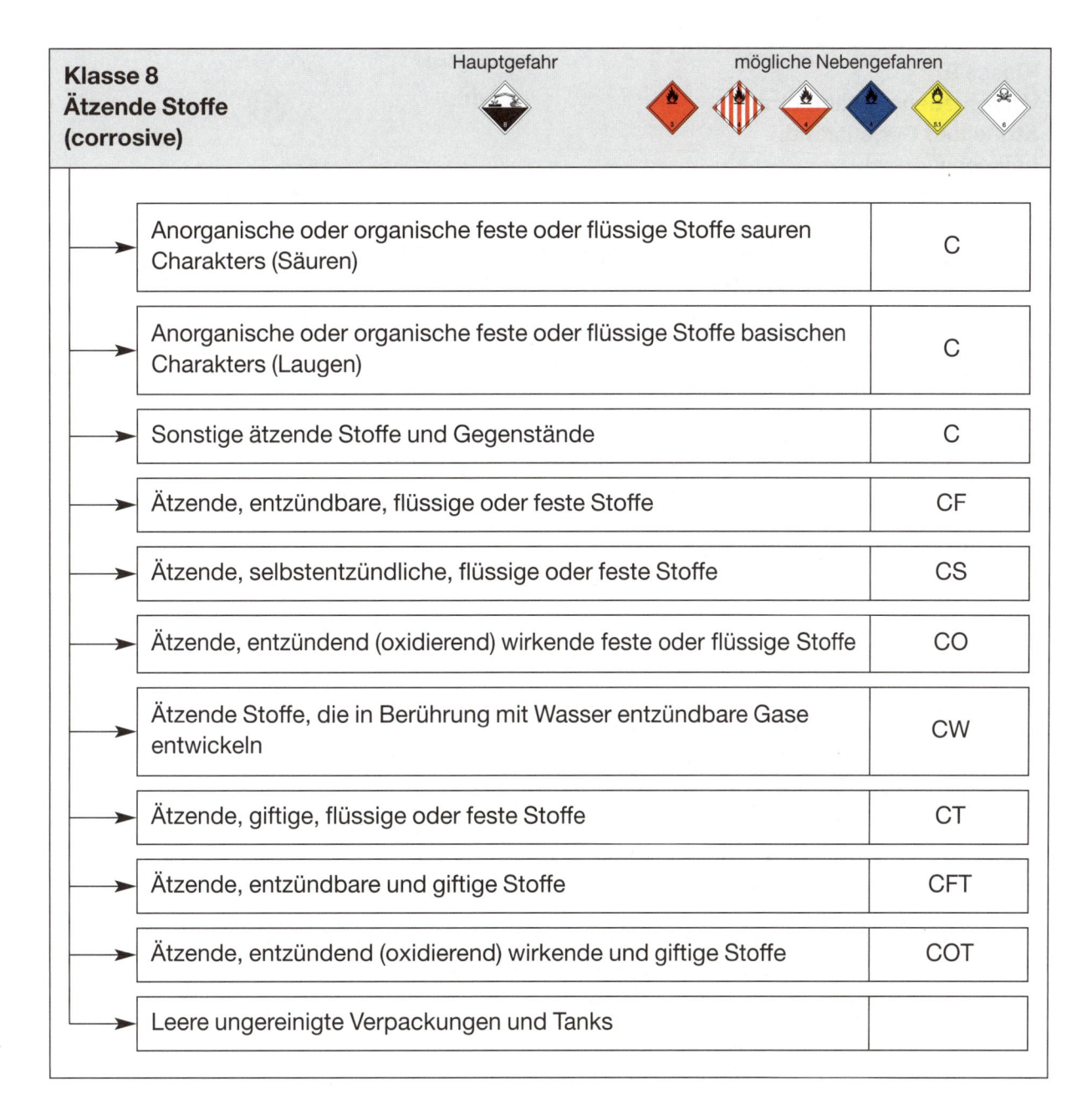

Klasse 8 Ätzende Stoffe (corrosive)	Hauptgefahr	mögliche Nebengefahren

Beschreibung	Code
Anorganische oder organische feste oder flüssige Stoffe sauren Charakters (Säuren)	C
Anorganische oder organische feste oder flüssige Stoffe basischen Charakters (Laugen)	C
Sonstige ätzende Stoffe und Gegenstände	C
Ätzende, entzündbare, flüssige oder feste Stoffe	CF
Ätzende, selbstentzündliche, flüssige oder feste Stoffe	CS
Ätzende, entzündend (oxidierend) wirkende feste oder flüssige Stoffe	CO
Ätzende Stoffe, die in Berührung mit Wasser entzündbare Gase entwickeln	CW
Ätzende, giftige, flüssige oder feste Stoffe	CT
Ätzende, entzündbare und giftige Stoffe	CFT
Ätzende, entzündend (oxidierend) wirkende und giftige Stoffe	COT
Leere ungereinigte Verpackungen und Tanks	

▶ Zuordnung der Stoffe und Gegenstände der Klasse 8 nach ihrem Gefährlichkeitsgrad *(vgl. Kapitel 1.7)*:

 I = **Stoffe mit hoher Gefahr (stark ätzend)**
 II = **Stoffe mit mittlerer Gefahr (ätzend)**
 III = **Stoffe mit geringer Gefahr (schwach ätzend)**

Die Stoffe der UN 2794, 2795 und 2800 sind im ADR/RID keiner Verpackungsgruppe zugeordnet.

▶ Stoffbeispiele

UN 3301 ÄTZENDER FLÜSSIGER STOFF, SELBSTERHITZUNGSFÄHIG, N.A.G. (.../...), 8 (4.2)/II

UN 1790 FLUORWASSERSTOFFSÄURE, 8 (6.1)/I

Allgemeines Grundlagenwissen
Gefahrklassen

1.8.9 Klasse 9

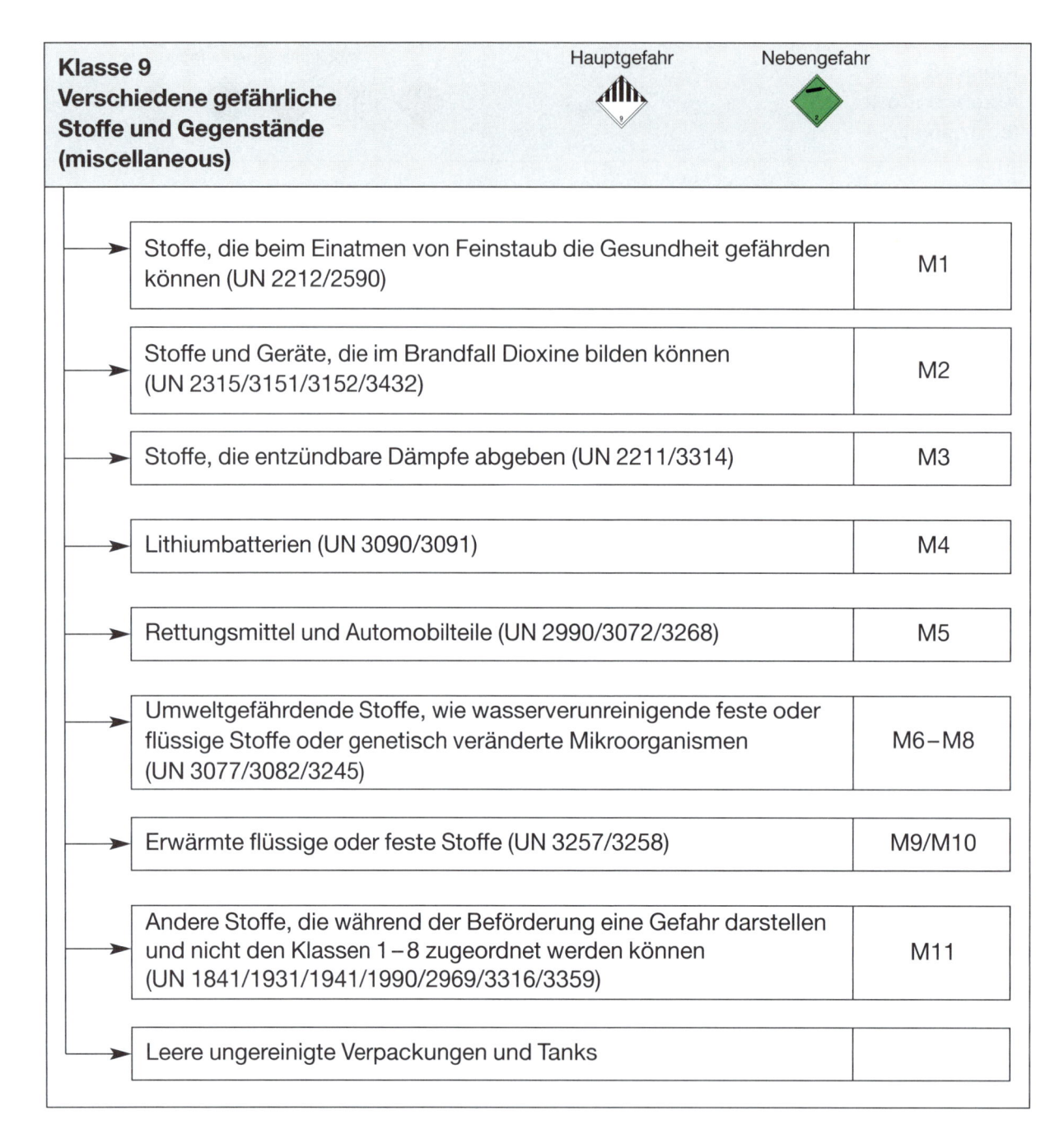

Klasse 9 Verschiedene gefährliche Stoffe und Gegenstände (miscellaneous)	Hauptgefahr	Nebengefahr

Beschreibung	Code
Stoffe, die beim Einatmen von Feinstaub die Gesundheit gefährden können (UN 2212/2590)	M1
Stoffe und Geräte, die im Brandfall Dioxine bilden können (UN 2315/3151/3152/3432)	M2
Stoffe, die entzündbare Dämpfe abgeben (UN 2211/3314)	M3
Lithiumbatterien (UN 3090/3091)	M4
Rettungsmittel und Automobilteile (UN 2990/3072/3268)	M5
Umweltgefährdende Stoffe, wie wasserverunreinigende feste oder flüssige Stoffe oder genetisch veränderte Mikroorganismen (UN 3077/3082/3245)	M6–M8
Erwärmte flüssige oder feste Stoffe (UN 3257/3258)	M9/M10
Andere Stoffe, die während der Beförderung eine Gefahr darstellen und nicht den Klassen 1–8 zugeordnet werden können (UN 1841/1931/1941/1990/2969/3316/3359)	M11
Leere ungereinigte Verpackungen und Tanks	

▶ Zu den erwärmten Stoffen gehören Stoffe, die in flüssigem Zustand bei oder über 100 °C, und sofern diese einen Flammpunkt haben, bei einer Temperatur unter ihrem Flammpunkt, befördert werden, oder feste Stoffe die bei oder über 240 °C befördert werden.

▶ Zu den Rettungsmitteln und Automobilteilen gehören selbstaufblasende und nicht selbstaufblasende Systeme, wie Seenotrettungsgeräte oder Flugzeug-Überlebensausrüstungen, sowie Airbag-Gasgeneratoren, Airbag-Module und pyrotechnische Gurtstraffer. Airbagsysteme entsprechen zwar den Bedingungen der Klasse 1, können aber durch die Zulassung der BAM in die Klasse 9 eingestuft werden.

▶ Gemäß 2.2.9.1.10 ADR/RID müssen Stoffe, Gemische und Lösungen der Klasse 9 der UN-Nummern 3077 oder 3082 zugeordnet werden, wenn sie gemäß RL 67/548/EWG den Buchstaben „N" tragen.

Allgemeines Grundlagenwissen
Gefahrklassen

Bemerkung:
Spätestens bis 31.12.2010 müssen auch Stoffe der Klassen 1–9, ausgenommen UN 3077, 3082 der Klasse 9, nach Absatz 2.2.9.1.10 ADR/RID und Kapitel 2.10 IMDG-Code auf ihre Umweltgefährlichkeit hin geprüft werden. Sind diese Stoffe umweltgefährdend, werden die Gefahrgutumschließungen zusätzlich mit folgendem Kennzeichen versehen:

▶ Abfälle, die nicht die Kriterien der Klassen 1–9 erfüllen, jedoch unter das „**Basler Übereinkommen über die grenzüberschreitende Verbringung gefährlicher Abfälle**" fallen, dürfen der **UN 3077 Umweltgefährdender Stoff, fest, n.a.g. (...)** oder **UN 3082 Umweltgefährdender Stoff, flüssig, n.a.g. (...)** zugeordnet werden.

▶ Die Stoffe und Gegenstände der Klasse 9 werden nach ihrem Gefährlichkeitsgrad den folgenden Verpackungsgruppen zugeordnet:

II = gefährlicher Stoff
III = weniger gefährlicher Stoff

Die Gegenstände der UN 2990 / 3072 (Rettungsmittel selbstaufblasend und nicht selbstaufblasend), UN 3245 (genetisch veränderte Mikroorganismen oder genetisch veränderte Organismen) und UN 3359 (begaste Einheit) sind keiner Verpackungsgruppe zugeordnet.

▶ Stoffbeispiele

UN 2212 ASBEST, BLAU, 9 / II

UN 3268 AIRBAG-MODULE, 9 / III

UN 3082 UMWELTGEFÄHRDENDER STOFF, FLÜSSIG, N.A.G. (.../...), 9, VG III

UN 3257 ERWÄRMTER FLÜSSIGER STOFF, N.A.G. (Aluminium, geschmolzen, heiß), 9 / III

Im UN-Modellvorschriftenwerk werden noch Gefahrgüter genannt, die jedoch im Straßen- und Schienenverkehr nicht den Gefahrgutvorschriften unterliegen, lediglich im See- und Luftverkehr, wie z. B.:

- UN 1845   KOHLENDIOXID, FEST (TROCKENEIS) zu Kühlzwecken
- UN 2071   AMMONIUMNITRATHALTIGE DÜNGEMITTEL
- UN 2807   MAGNETISIERTE STOFFE
- UN 3166   VERBRENNUNGSMOTOR oder FAHRZEUG MIT ANTRIEB DURCH ENTZÜNDBARES GAS oder FAHRZEUG MIT ANTRIEB DURCH ENTZÜNDBARE FLÜSSIGKEIT
- UN 3171   BATTERIEBETRIEBENES FAHRZEUG oder GERÄT
- UN 3363   GEFÄHRLICHE GÜTER IN MASCHINEN oder GERÄTEN

Allgemeines Grundlagenwissen
Gefahrklassen

1.8.10 Gefahrgüter im eigenen Unternehmen

Tragen Sie die wichtigsten Gefahrgüter Ihres Unternehmens mit der richtigen Bezeichnung und Klassifizierung in die folgenden Tabellen ein:

UN-Nummer	richtige technische Benennung	Gefahrzettel-nummer(n)	Verp.-Gr.: (soweit zutreffend)

Gefährliche Abfälle in Ihrem Unternehmen

1.8.11 Übungsaufgaben zu den Kapiteln 1.7 und 1.8

1. Ein gefährlicher Stoff hat folgende physikalische Eigenschaften:

- Flammpunkt: + 28 °C
- nicht giftig, nicht ätzend

Ordnen Sie diesen Stoff gemäß folgenden Vorschriften zu:

Gefahrstoffverordnung/GHS (Bezeichnung): _entzündlich_

Gefahrklasse und Verpackungsgruppe: _3 / III_

Allgemeines Grundlagenwissen
Gefahrklassen

2. Ein Stoff hat folgende physikalische Eigenschaften:
- Flammpunkt: – 5 °C
- sehr giftig (oral)

Ordnen Sie diesen Stoff gemäß folgenden Vorschriften zu:
Gefahrstoffverordnung/GHS (Bezeichnung): _hochentzündlich_

Gefahrklasse und Verpackungsgruppe: _3 / (6.1) I_

3. Welche Gefahr geht von einem Gas mit dem Klassifizierungscode TF aus?
giftig entzündbar

4. Zu welcher Gefahrklasse gehören giftige Stoffe (keine Gase)?
_6.1_

5. Zu welcher Gefahrklasse gehören entzündbare feste Stoffe?
_4.1_

6. Zu welcher Gefahrklasse gehören entzündend (oxidierend) wirkende Stoffe (keine Gase)?
_5.1_

7. Welche Gefahren gehen von folgendem Gas aus?
UN 1660 Stickstoffmonoxid, verdichtet, 2.3 (5.1 + 8)
giftiges, brandförderndes u. ätzendes Gas, verdichtet

8. Welche Gefahren gehen von folgendem Stoff aus?
UN 2029 Hydrazin, wasserfrei, 8 (3 + 6.1), VG I
stark ätzend (VG I), entzündbar u. giftig

9. Welchen Flammpunktbereich hat UN 1294 Toluen, 3 / II?
- ☐ A Flammpunkt von + 23 bis + 60 °C
- ☒ B Flammpunkt unter + 23 °C
- ☐ C Flammpunkt über + 60 °C

10. Welchen Flammpunktbereich hat UN 1250 Methyltrichlorsilan, 3 (8), Verpackungsgruppe I?
- ☒ A Flammpunkt unter + 23 °C
- ☐ B Flammpunkt von + 23 bis + 60 °C
- ☐ C Flammpunkt über + 60 °C

Allgemeines Grundlagenwissen
Freistellungsregelungen

1.9 Freistellungsregelungen

Für die Beförderung gefährlicher Güter gibt es in den Vorschriften auch Freistellungsregelungen. Die Art der Freistellungsregelung richtet sich u.a. nach dem Beförderungszweck, nach der Beförderungsmenge je Versandstück bzw. je Beförderungseinheit, nach klassenspezifischen Gesichtspunkten oder nach besonderen Ausnahmeregelungen (aus Gründen der sehr umfangreichen Regelungen können hier nur ansatzweise die wesentlichsten Freistellungen dargestellt werden).

1.9.1 Freistellung nach dem Beförderungszweck

1. **Beförderungen** von gefährlichen Gütern **durch Privatpersonen**, sofern die Güter einzelhandelsgerecht verpackt sind und **für den häuslichen oder persönlichen Gebrauch** oder für Freizeit und Sport bestimmt sind. (Damit sind z.B. Farben, Spraydosen usw. aus dem Baumarkt freigestellt.)
2. Beförderungen von **Maschinen oder Geräten, die in ihrem Inneren** oder in ihren Funktionselementen **gefährliche Güter enthalten,** soweit die Maschinen/Geräte nach dem Geräte- und Produktsicherheitsgesetz (GPSG) zugelassen sind. (Damit ist z.B. die Beförderung von Kettensägen, Aggregaten, Pumpen usw. freigestellt.)
3. Beförderungen von gefährlichen Gütern durch Handwerksunternehmen, die **Gefahrgut zum Verbrauch auf Baustellen für Wartungs-, Reparatur- oder Messarbeiten** oder Lieferungen für Baustellen im Hoch- und Tiefbau transportieren. Die Gesamtmenge der beförderten gefährlichen Güter auf einer Beförderungseinheit darf jedoch nicht die Tabelle 1.1.3.6.3 ADR/RID (1000 Punkte) überschreiten und die max. Größe eines Versandstückes darf 450 l nicht überschreiten. Die allgemeinen Verpackungsvorschriften nach Unterabschnitt 4.1.1.1, 4.1.1.2, 4.1.1.6 und 4.1.1.7 sowie bei Stoffen und Gegenständen der Klasse 2 der Unterabschnitt 4.1.6.8 sind zu beachten. (Damit ist z.B. die Beförderung eines IBC mit 800 l Dieselkraftstoff **nicht** freigestellt.)

▶ Weitere Einschränkungen und Auflagen zu den Punkten 1–3 sind national in der Anlage 2 der GGVSEB festgelegt.

1.9.2 Freistellungen nach Ausnahmevorschriften

1. Freistellungen können in **Sondervorschriften** des ADR/RID in Abschnitt 3.3.1 festgelegt sein (siehe Spalte 6 der Tabelle A des Kapitels 3.2 ADR/RID).
Zum Beispiel Sondervorschrift Nr. 59: „Diese Stoffe unterliegen nicht den Vorschriften des ADR, wenn sie höchstens 50 % Magnesium enthalten."
2. Freistellungen können auch in **ADR- bzw. RID-Sondervereinbarungen** (bilaterale oder multilaterale Vereinbarungen zwischen Vertragsstaaten) festgelegt sein.
3. Weitere Freistellungsregelungen nach Abschnitt 1.1.3 ADR/RID
4. Freistellungen auf Grund von Allgemeinverfügungen durch das BMVBS
5. Freistellungen von Lithiumbatterien nach Unterabschnitt 1.1.3.7

Allgemeines Grundlagenwissen
Freistellungsregelungen

1.9.3 Freistellungen als Excepted Quantities nach Kapitel 3.5 ADR

Stoffe, bei denen in der Tabelle A in der Spalte 7b ein E-Wert (E 1–E 5) eingetragen ist, können unter nachfolgenden Bedingungen als freigestellte Gefahrgüter befördert werden.
Ist in der Spalte 7b ein „E 0" angegeben, kann keine Freistellung genutzt werden.

Code	höchstzulässige Nettomenge je Innenverpackung (für feste Stoffe in g und für flüssige Stoffe und Gase in ml)	Höchstzulässige Nettomenge je Außenverpackung (für feste Stoffe in g und für flüssige Stoffe und Gase in ml oder bei Zusammenpackung die Summe aus g und ml)
E 0	nicht zugelassen	nicht zugelassen
E 1	30	1000
E 2	30	500
E 3	30	300
E 4	1	500
E 5	1	300

Auflagen:
- Die Vorschriften über die Unterweisung des Personals nach Kapitel 1.3 müssen eingehalten werden.
- Die Stoffe sind nach den Kriterien des Teil 2 der Vorschriften zu klassifizieren.
- Die allgemeinen Verpackungsauflagen gem. Unterabschnitte 4.1.1.1/4.1.1.2/4.1.1.4 und 4.1.1.6 müssen beachtet werden.
- Die Verpackungen müssen einer Freifallprüfung gem. Abschnitt 3.5.3 standhalten.
- Die Anzahl der Versandstücke darf in einem Wagen, Fahrzeug oder Container 1000 nicht überschreiten.
- Werden diese freigestellten Mengen durch ein oder mehrere Dokumente (wie Konnossement, Luftfrachtbrief oder CIM/CMR-Frachtbrief) begleitet, dann muss folgender Vermerk im Dokument enthalten sein:
  „Gefährliche Güter in freigestellten Mengen" + Anzahl der Versandstücke.
- Die Versandstücke werden mit folgendem Kennzeichen (100 × 100 mm) gekennzeichnet:

* = Angabe der ersten Gefahrzettelnummer aus der Spalte 5 der Tabelle A Kapitel 3.2

** = Name des Absenders oder des Empfängers

Allgemeines Grundlagenwissen
Freistellungsregelungen

1.9.4 Freistellung als begrenzte Menge je Versandstück (Limited Quantities)

(Freistellungsregelungen nach Kapitel 3.4.6 des ADR/RID; siehe Tabelle auf folgender Seite)

Stoffe, bei denen in den Stofflisten (Kapitel 3.2, Tabelle A) in der Spalte 7a LQ1–LQ28 enthalten ist, dürfen als begrenzte Menge in einem Versandstück als freigestelltes Gefahrgut unter nachfolgenden Bedingungen befördert werden:

- Es müssen die allgemeinen Verpackungsvorschriften beachtet werden, z.B.:
    - Es müssen zusammengesetzte Verpackungen sein.
    - keine Beschädigung
    - dichter Verschluss
    - Füllgutverträglichkeit mit dem Werkstoff
    - höchstzulässiger Füllungsgrad
    - keine chemische Reaktion mit Polster- und Saugstoffen oder dem Verpackungswerkstoff
    - Werden verschiedene gefährliche Güter zusammengepackt, so muss gewährleistet sein, dass bei Beschädigung oder Bruch es nicht zu einer chemischen Reaktion kommen kann.
    - Sie müssen bautechnisch den Vorschriften des Abschnitts 6.1.4 entsprechen.

- Es dürfen die höchstzulässigen Mengen je Innenverpackung und je Versandstück oder mit Trays (Dehn-/Schrumpffolie) nicht überschritten werden *(siehe Tabelle aus Kapitel 3.4.6 ADR/RID auf folgender Seite).* (Im IMDG-Code werden die Maximalmengen je Innenverpackung direkt in Spalte 7a der Gefahrliste angegeben.)

- Die einzelnen Versandstücke sind mit der UN-Nummer des Stoffes zu kennzeichnen. Diese Kennzeichnung muss von einem auf die Spitze gestellten Quadrat (Raute) mit mindestens 10 x 10 cm eingefasst sein (siehe Beispiele). Wenn das Versandstück kleiner ist, darf diese Abmessung auch geringer sein. Werden solche Versandstücke in einer weiteren Umverpackung zusammengeladen, muss auch die Umverpackung entsprechend gekennzeichnet sein. Die Zeichenhöhe der UN-Nummer muss mindestens 6 mm betragen.

- Werden zwei oder mehrere Gefahrgüter in ein Versandstück zusammengepackt, so muss das Versandstück entweder
    - mit jeder einzelnen UN-Nummer oder
    - mit der Abkürzung „LQ" gekennzeichnet werden.

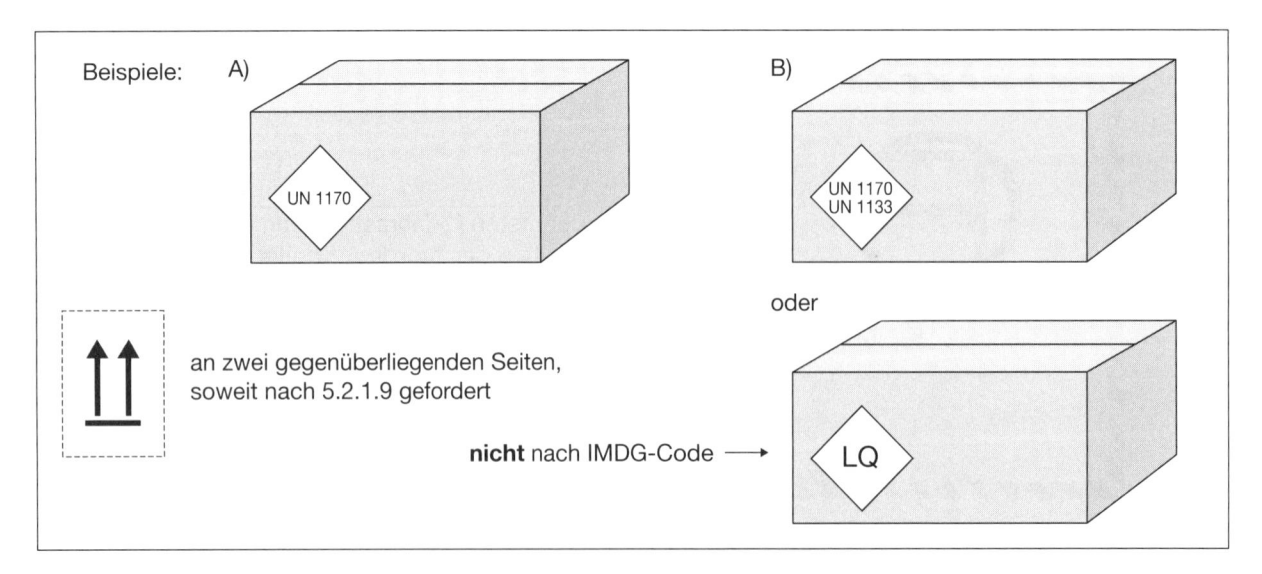

Beispiele: A) UN 1170

B) UN 1170 UN 1133

oder

↑↑ an zwei gegenüberliegenden Seiten, soweit nach 5.2.1.9 gefordert

nicht nach IMDG-Code → LQ

Die Gesamtmenge auf einer Beförderungseinheit ist bei der Beförderung solcher Versandstücke somit unbegrenzt und freigestellt.

Allgemeines Grundlagenwissen
Freistellungsregelungen

Tabelle nach Abschnitt 3.4.6 ADR/RID

Code	Zusammengesetzte Verpackungen		Innenverpackungen, die in Trays mit Dehn- oder Schrumpffolie enthalten sind	
	Innenverpackung höchstzulässige Nettomenge*)	Versandstück höchstzulässige Bruttomasse	Innenverpackung höchstzulässige Nettomenge*)	Versandstück höchstzulässige Bruttomasse
LQ 0	keine Freistellungen nach den Vorschriften des Abschnittes 3.4.2			
LQ 1	120 ml	30 kg	120 ml	20 kg
LQ 2	1 l	30 kg	1000 ml	20 kg
LQ 3 c)	500 ml	1 l (Nettomenge)	nicht zugelassen	nicht zugelassen
LQ 4 c)	3 l	30 kg	1 l	20 kg
LQ 5 c)	5 l	unbegrenzt	1 l	20 kg
LQ 6 c)	5 l	30 kg	1 l	20 kg
LQ 7 c)	5 l	30 kg	5 l	20 kg
LQ 8	3 kg	30 kg	500 g	20 kg
LQ 9	6 kg	30 kg	3 kg	20 kg
LQ 10	500 ml	30 kg	500 ml	20 kg
LQ 11	500 g	30 kg	500 g	20 kg
LQ 12	1 kg	30 kg	1 kg	20 kg
LQ 13	1 l	30 kg	1 l	20 kg
LQ 14	25 ml	30 kg	25 ml	20 kg
LQ 15	100 g	30 kg	100 g	20 kg
LQ 16	125 ml	30 kg	125 ml	20 kg
LQ 17	500 ml	2 l (Nettomenge)	100 ml	2 l (Nettomenge)
LQ 18	1 kg	4 kg (Nettomenge)	500 g	4 kg (Nettomenge)
LQ 19	5 kg	30 kg	5 kg	20 kg
LQ 20				
LQ 21				
LQ 22	1 l	30 kg	500 ml	20 kg
LQ 23	3 kg	30 kg	1 kg	20 kg
LQ 24	6 kg	30 kg	2 kg	20 kg
LQ 25 d)	1 kg	30 kg	1 kg	20 kg
LQ 26 d)	500 ml	2 l (Nettomenge)	500 ml	2 l (Nettomenge)
LQ 27	6 kg	30 kg	6 kg	20 kg
LQ 28	3 l	30 kg	3 l	20 kg

c) Bei wasserhaltigen homogenen Gemischen der Klasse 3 beziehen sich die genannten Mengen nur auf die in ihnen enthaltenen Stoffe der Klasse 3.

d) Bei der Beförderung der UN-Nummern 2315, 3151, 3152 und 3432 in Geräten dürfen in jedem einzelnen Gerät die Mengen je Innenverpackung nicht überschritten werden. Das Gerät muss in einer flüssigkeitsdichten Verpackung befördert werden, und das vollständige Versandstück muss dem Abschnitt 3.4.4 c) entsprechen. Für die Geräte dürfen keine Trays mit Dehn- oder Schrumpffolie verwendet werden.

*) Nach IMDG-Code gelten andere Mengen für die Innenverpackung (s. Spalte 7a, Kapitel 3.2, Stoffliste).

Allgemeines Grundlagenwissen
Freistellungsregelungen

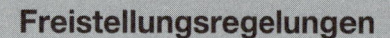

▶ Bei der Verwendung von Trays mit Dehn- oder Schrumpffolie müssen die Innenverpackungen bruchfest und durchstoßfest sein, z.B. Kunststoff oder Metall.

▶ Bei Horden (Trays) müssen die Innenverpackungen aus Metall oder Kunststoff bestehen und dürfen nicht bruchanfällig sein!

> **Beispiel:**
> UN 1263 FARBE, Klasse 3/II nach Tabelle 3.2 A Freistellung nach LQ 6
>   a) bis zu 5 l je Innenverpackung und bis zu 30 kg je Versandstück (Kiste)
>   b) auf Trays mit Dehn- oder Schrumpffolie bis zu 1 l je Innenverpackung und 20 kg je Versandstück

Übungsaufgaben

Welche Mengen der nachfolgend aufgeführten Stoffe dürfen je Versandstück befördert werden, wenn die jeweils genannte „LQ-Freistellung" in Anspruch genommen wird?

1. UN 1950 DRUCKGASPACKUNGEN Klasse 2.1 nach LQ 2

als Versandstück 30 kg
in Trays mit Dehn-Schrumpffolie 20 kg

2. UN 2796 SCHWEFELSÄURE, Klasse 8/II nach LQ 22

max. 1 L je Innenverp., als Versandstück 30 kg, in Trays 20 kg (jedoch keine zerbrechlichen Innenverpackungen)

3. UN 2487 PHENYLISOCYANAT, Klasse 6.1/I nach LQ 0

0 kg - keine Freistellung nach 3.4.2 möglich

1.9.5 Freistellung nach Beförderungsmenge je Beförderungseinheit (1000-Punkte-Regel)

(Befreiungen von bestimmten Beförderungsvorschriften für den Beförderer/Fahrzeugführer)

Die Tabelle 1.1.3.6.3 ADR/RID gilt für folgende Sachverhalte:

A) Freistellung von den Gefahrgutvorschriften für Unternehmen, die in Verbindung mit ihrer Haupttätigkeit Lieferungen zu Baustellen durchführen und dabei die Gesamtmenge an Gefahrgut auf einer Beförderungseinheit gemäß Tabelle in 1.1.3.6.3 ADR nicht überschreiten:
Auflagen:
  – Die einzelne Verpackung darf 450 l nicht überschreiten.
  – Die höchstzulässige Gesamtmenge laut Tabelle wird nicht überschritten.

B) Befreiungen von wesentlichen Beförderungsvorschriften für Beförderer und Fahrzeugführer bei der Beförderung von gefährlichen Gütern in Versandstücken (nicht für lose Schüttung und Tanks)

Allgemeines Grundlagenwissen
Freistellungsregelungen

Auflagen:
- Die einzelnen Versandstücke müssen vom Verpacker vorschriftsmäßig gekennzeichnet, beschriftet und zugelassen sein.
- Die Tabelle 1.1.3.6.3 wird nicht überschritten (max. 1000 Punkte).

Wesentliche **Erleichterungen** bei Anwendung der Tabelle im ADR-Verkehr:

- **Keine** Kennzeichnung der Beförderungseinheit mit **orangefarbenen Tafeln** erforderlich
- **Keine** schriftlichen Weisungen erforderlich
- Fahrzeugführer benötigt noch **keine ADR-Bescheinigung**
- **Keine allgemeine Ausrüstung** der Fahrzeuge, wie Warneinrichtungen, Unterlegkeile, persönliche Schutzausrüstung, Ausrüstung zum Schutz der Umwelt erforderlich
- **Kein zweiter Feuerlöscher** erforderlich
- Keine Anwendung der Tunnelbeschränkungen

Folgende Regelungen sind jedoch zu beachten:

- Eventuelle **Zusammenladeverbote**
- **Rauchverbot** beim Be- und Entladen; Verbot von Feuer und offenem Licht
- Beschaffenheit der **tragbaren Beleuchtungsgeräte** und das Betreten von Ladeflächen mit Beleuchtungsgeräten
- **Vorsichtsmaßnahmen bei Nahrungs-, Futter- und Genussmitteln**
- **Trennvorschriften bei Klasse 7**-Stoffen
- **Ladungssicherung**
- ABC-Pulverlöscher mit mindestens 2 kg Löschmittel ist mitzuführen
- Beförderungspapier ist mitzuführen, ausgenommen nach GGAV Nr. 18 bei nationalen Beförderungen ohne Übergabe an Dritte

---

Anwendung der Tabelle 1.1.3.6.3 ADR/RID

Werden zwei oder mehrere verschiedene Gefahrgüter in Versandstücken auf einer Beförderungseinheit befördert, so ist die tatsächliche Menge in Liter bzw. Kilogramm entsprechend der **Beförderungskategorie**, der der einzelne Stoff nach seinem Gefährlichkeitsgrad zugeordnet ist, mit folgenden Werten zu multiplizieren:

    Kategorie 1: x 50 bzw. x 20

    Kategorie 2: x 3

    Kategorie 3: x 1

Als Mengenangaben sind dabei für bestimmte Arten von gefährlichen Gütern bestimmte Größen wie folgt zu verwenden:

für Gegenstände mit Gefahrgut	Bruttomasse in kg
für feste Stoffe für verflüssigte Gase für tiefgekühlt verflüssigte Gase für unter Druck gelöste Gase für Explosivstoffe (die Nettoexplosivstoffmasse)	Nettomasse in kg
für flüssige Stoffe für verdichtete Gase	nominaler Fassungsraum in l (tatsächlich im Behälter enthaltene Menge)

Allgemeines Grundlagenwissen
Freistellungsregelungen

Die Summe der so ermittelten Werte darf dann zusammen den Wert von **1000** nicht überschreiten, wenn die erleichterten Beförderungsbedingungen in Anspruch genommen werden sollen.

Beispiel:
Auf einer Beförderungseinheit befinden sich folgende Stoffe:

Stoff	Kategorie	tatsächl. Menge	Multiplikator	Ergebnis
2 Gasflaschen 2.1 der Gruppe F (verflüssigtes Gas), je Gasflasche netto 33 kg	2	66 kg	x 3	= 198
1 Fass brennbare Flüssigkeit der Klasse 3/II mit einem Nenninhalt von 120 l	2	120 l	x 3	= 360
2 Kisten feste Stoffe der Klasse 8/III (netto je Kiste 35 kg)	3	70 kg	x 1	= 70
1 Kanister flüssiger Stoff der Klasse 6.1/I (Nenninhalt 10 l)	1	10 l	x 50	= 500
			Summe:	**1128**

Somit ist der höchstzulässige Gesamtwert nach Tabelle 1.1.3.6.3 ADR/RID überschritten. Die Beförderungseinheit ist nun kennzeichnungspflichtig mit neutralen orangefarbenen Tafeln. Auch alle weiteren Vorschriften zur Beförderung der gefährlichen Güter auf der Straße sind zu beachten.

Übungsbeispiel:

Berechnen Sie den Wert (Punkte) unter Anwendung der Tabelle:

Beförderung von:

5 Kanister zu je	20 l	UN 1708, 6.1, II	_100_ l	x _3_	=	_300_
1 Fass	120 kg	UN 3175, 4.1, II	_120_ kg	x _3_	=	_360_
2 Gasflaschen je	30 kg	UN 1002, 2.2 (A)	_60_ kg	x _1_	=	_60_
				Summe:		_420_

Allgemeines Grundlagenwissen
Freistellungsregelungen

Tabelle nach Absatz 1.1.3.6.3 ADR/RID

Klasse	Stoff/Gegenstand, Verpackungsgruppe oder Klassifizierungscode oder UN-Nummer*)	Höchstzulässige Gesamtmenge je Beförderungseinheit (Nettomasse in l oder kg)						Beförderungs-kategorie lt. Tab. 1.1.3.6.3 (siehe auch Kap. 3.2 Tab. A Spalte 15)
	Multiplikationsfaktor	x 0	x 50	x 20	x 3	x 1		
	Max. Menge je Stoff (l bzw. kg)	0	20	50	333	1000	unbe-grenzt	
1	UN 0081/0082/0084/0241/0331/0332/0482			x				1
	1.1A/1.1 L/1.2 L/1.3 L/1.4 L/UN 0190	x						0
	1.1B bis 1.1J/1.2B bis 1.2J/1.3C/1.3G/1.3H/1.3J und 1.5 D		x					1
	1.4 B bis 1.4 G und 1.6 N				x			2
	1.4 S						x	4
2	UN 1005 und 1017			x				1
	Druckgaspackungen: Gruppen: C, CO, FC, T, TF, TC, TO, TFC und TOC		x					1
	Druckgaspackungen: Gruppe: F				x			2
	Druckgaspackungen: Gruppen: A und O					x		3
	Gruppe F				x			2
	Gruppen A und O					x		3
	Gruppen T, TC, TO, TF, TOC, TFC			x				1
3	UN 3343	x						0
	Stoffe der Verpackungsgruppe I		x					1
	Stoffe der Verpackungsgruppe II				x			2
	UN 3473 und Stoffe der Verpackungsgruppe III					x		3
4.1	UN 1331/1345/1944/1945/2254/2623						x	4
	UN 3221 bis 3224/UN 3231 bis 3240		x					1
	UN 3225 bis 3230				x			2
	Stoffe der Verpackungsgruppe I		x					1
	Stoffe der Verpackungsgruppe II				x			2
	Stoffe der Verpackungsgruppe III					x		3
4.2	UN 1361 und 1362 der Verpackungsgruppe III						x	4
	Stoffe der Verpackungsgruppe I	x						0
	Stoffe der Verpackungsgruppe II				x			2
	Stoffe der Verpackungsgruppe III					x		3
4.3	UN 1183/1242/1295/1340/1390/1403/1928/ 2813/2965/2968/2988/3129/3130/3131/3134/ 3148/3396/3398 und 3399	x						0
	Stoffe der Verpackungsgruppe I		x					1
	Stoffe der Verpackungsgruppe II				x			2
	Stoffe der Verpackungsgruppe III/UN 3476					x		3
5.1	UN 2426	x						0
	Stoffe der Verpackungsgruppe I		x					1
	Stoffe der Verpackungsgruppe II				x			2
	Stoffe der Verpackungsgruppe III/UN 3476					x		3
5.2	UN 3101 bis 3104/3111 bis 3120		x					1
	UN 3105 bis 3110				x			2
6.1	UN 1051/1600/1613/1614/2312/3250/3294	x						0
	Stoffe der Verpackungsgruppe I		x					1
	Stoffe der Verpackungsgruppe II und III				x			2
6.2	UN 2814/2900	x						0
	UN 3291				x			2
7	UN 2912 bis 2919/2977/2978/3321 bis 3333	x						0
	UN 2908 bis 2911						x	4
8	UN 2215	x						0
	UN 2794/2795/2800/3028 und 3477					x		3
	Stoffe der Verpackungsgruppe I		x					1
	Stoffe der Verpackungsgruppe II				x			2
	Stoffe der Verpackungsgruppe III					x		3
9	UN 2315/3151/3152/3432 und Geräte, die solche Stoffe oder Gemische enthalten	x						0
	UN 2990/3072					x		3
	UN 3268						x	4
	UN 3245 und Stoffe der Verpackungsgruppe II				x			2
	Stoffe der Verpackungsgruppe III					x		3

*) für leere ungereinigte Verpackungen siehe Folgeseite

Allgemeines Grundlagenwissen
Freistellungsregelungen

- **Leere ungereinigte Verpackungen** der Beförderungskategorien 1, 2, 3 oder 4 dürfen in unbegrenzter Menge befördert werden, ausgenommen Verpackungen, die Stoffe der Beförderungskategorie 0 enthalten haben.

Beispiel eines Beförderungspapiers zur Berechnung der begrenzten Menge bei Anwendung der Tabelle 1.1.3.6.3 von max. 1000 Punkten für Fahrzeugführer ohne ADR-Bescheinigung

Absender:				Empfänger:				

Beförderungspapier nach Abschnitt 5.4.1 ADR
(Tatsächlich mitgeführtes Gefahrgut in der Tabelle ankreuzen bzw. ergänzen)

UN	Bezeichnung	Gefahr-zettel-Nr.	VG	Anzahl/Art Versand-stücke	Menge Bef. Kat. 1 x 50	Menge Bef. Kat. 2 x 3	Menge Bef. Kat. 3 x 1	Menge Bef. Kat. 4 unbegr.
UN 1066	Stickstoff, verdichtet	2.2		2 Flaschen			40 l	
UN 1965	Kohlenwasserstoffgas, Gemisch, verflüssigt, n.a.g. (Gemisch A)	2.1		3 Flaschen		99 kg		
UN 1203	Benzin	3	II	2 Kanister		40 l		
UN 1993	Entzündbarer flüssiger Stoff, n.a.g. (Ethylformiat und Heptane)	3	II	1 Kanister		20 l		
UN 1994	Eisenpentacarbonyl	6.1 (3)	I	1 Kiste	6 kg			
				Summe:	300 P	477 P	40 P	
				Gesamt: 817 Punkte				

▶ Diese Berechnung mit Angabe der Punktezahl ist vor allem für Fahrzeugführer ohne ADR-Bescheinigung wichtig, damit sie bei der Übernahme von Gefahrgütern ihre Grenzmengen nicht überschreiten.

▶ Bei Anwendung der Vorschrift in Unterabschnitt 1.1.3.6 ADR (Tabelle 1.1.3.6.3) muss die Gesamtmenge jeder einzelnen Beförderungskategorie errechnet werden (Beförderungskategorie ist die letzte Spalte in der Tabelle auf Seite 77).

▶ Hinweis zum Beförderungspapier: National in Deutschland kann nach der Gefahrgut-Ausnahmeverordnung (GGAV) Nr. 18 bei der Beförderung in Versandstücken für eigene Zwecke (ohne Übergabe an Dritte) bei weniger als 1000 Punkten nach der Tabelle 1.1.3.6.3 ADR auf das Beförderungspapier verzichtet werden, soweit nicht eine Ausnahme nach § 5 der GGVSEB oder eine multilaterale Ausnahme nach Abschnitt 1.5.1 des ADR angewendet wird.
Für Stoffe, die der Beförderungskategorie 4 (unbegrenzt) zugeordnet sind, sind für die Befreiung vom Beförderungspapier die höchstzulässigen Gesamtmengen der Beförderungskategorie 3 zugrunde zu legen.

Allgemeines Grundlagenwissen
Beförderungsdurchführung

1.10 Durchführung der Beförderung

1.10.1 Beförderungsarten

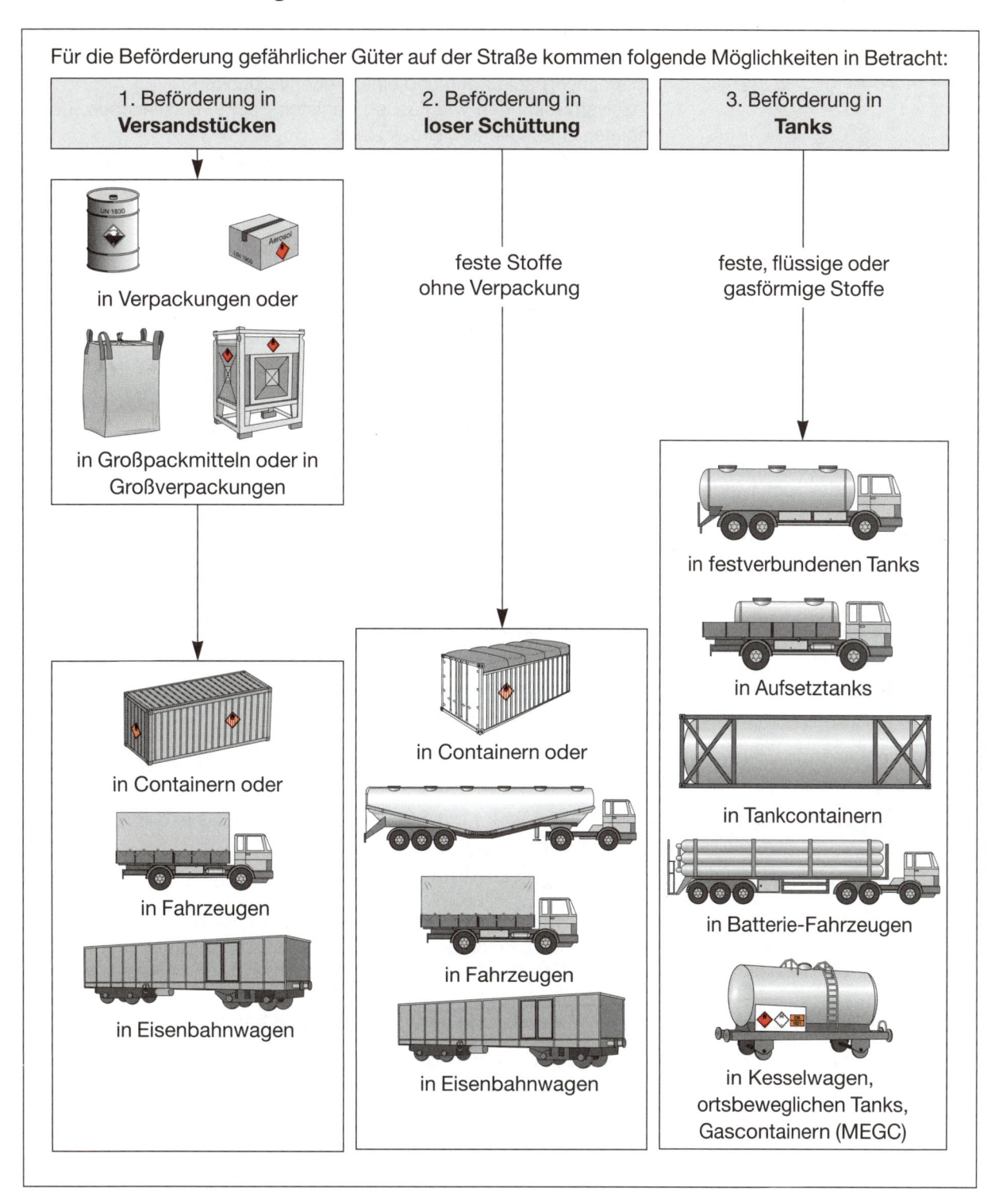

Für die Beförderung gefährlicher Güter auf der Straße kommen folgende Möglichkeiten in Betracht:

1. Beförderung in Versandstücken
- in Verpackungen oder
- in Großpackmitteln oder in Großverpackungen
- in Containern oder
- in Fahrzeugen
- in Eisenbahnwagen

2. Beförderung in loser Schüttung
- feste Stoffe ohne Verpackung
- in Containern oder
- in Fahrzeugen
- in Eisenbahnwagen

3. Beförderung in Tanks
- feste, flüssige oder gasförmige Stoffe
- in festverbundenen Tanks
- in Aufsetztanks
- in Tankcontainern
- in Batterie-Fahrzeugen
- in Kesselwagen, ortsbeweglichen Tanks, Gascontainern (MEGC)

▶ Bedingung für die Verwendung einer bestimmten Beförderungsart ist, dass der zu transportierende Stoff nach den Gefahrgutvorschriften dafür zugelassen ist.

Allgemeines Grundlagenwissen
Beförderungsdurchführung

1.10.2 Arten von Gefahrgutumschließungen

1. **Versandstücke**

Verpackungen	**max. 450 l oder 400 kg**
	– zusammengesetzte Verpackungen, bestehend aus einer oder mehreren Innenverpackungen und einer Außenverpackung
	– Einzelverpackungen wie Fässer, Kanister, Säcke, Gasflaschen, Kryobehälter, Großflaschen, Druckfässer
	– Kombinationsverpackungen (fest zusammengebaute Außen- und Innenverpackung)
Großpackmittel (IBC = Intermediate Bulk Container)	**max. 3000 l oder 3,0 m³**
	– starre IBC, flexible IBC (big bags), Kombinations-IBC
Großverpackungen	**über 400 kg bis max. 3,0 m³**
	– Großkisten für die Aufnahme von Gegenständen oder Innenverpackungen
Bergungsverpackung	Sonderverpackung für die Aufnahme von beschädigten, defekten oder undichten Versandstücken für die Weiterbeförderung

   (Die Verpackungen können aus den unterschiedlichsten Werkstoffen – von Metall bis Pappe – hergestellt sein oder auch wiederaufbereitete oder rekonditionierte Verpackungen sein.)

2. **Tanks**

Tankfahrzeug/Kesselwagen	ein Fahrzeug/Wagen mit einem oder mehreren fest verbunden Tanks zur Aufnahme von gasförmigen, flüssigen oder festen Stoffen der Klassen 2–9
Batterie-Fahrzeug/ Batterie-Wagen	Spezielle Fahrzeuge/Wagen mit festverbundenen Batterieeinheiten zur Beförderung von bestimmten verdichteten Gasen
Aufsetztank	Ein auf- und absetzbarer Tank mit einem Fassungsraum von mehr als 450 l für die Klassen 2–9
Tankcontainer	Ein auf- und absetzbarer Tank für die Klassen 2–9, bei Gasen der Klasse 2 ab 450 l Fassungsvermögen
ortsbeweglicher Tank	Ein multimodaler Tank für die Klassen 1, 3–9, bei Gasen der Klasse 2 ab 450 l Fassungsvermögen
Tankwechselaufbau	siehe Tankcontainer
MEGC	Gascontainer mit mehreren Elementen als Batterieeinheit für bestimmte Gase, wobei diese Einheiten nicht mit dem Fahrzeug/Wagen fest verbunden sind (Multiple Element Gas Container) und auf- und absetzbar sind

Zusätzliche Umschließungen, die bei der Beförderung verwendet werden können

Umverpackung (Overpack)	Eine zusätzliche Umschließung von Versandstücken, wie z.B. ein Stülpkarton, Versandstücke mit Schrumpffolie *(vgl. Abb. S. 128)*, eine weitere Kiste oder ein Holzverschlag, um mehrere Versandstücke leichter zu handhaben
Container	Ein auf- und absetzbares Beförderungsgerät zur Aufnahme von Versandstücken oder Gütern in loser Schüttung

Allgemeines Grundlagenwissen
Beförderungsdurchführung

Beispiele für Gefahrgutumschließungen

Zusammengesetzte Verpackungen/Großverpackungen

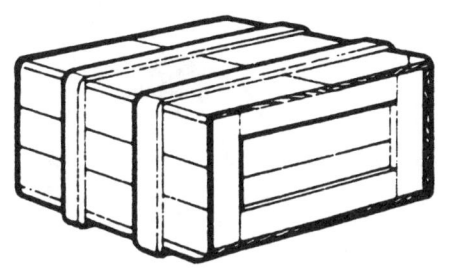

Kiste aus Naturholz (4 C 1 oder 4 C 2)

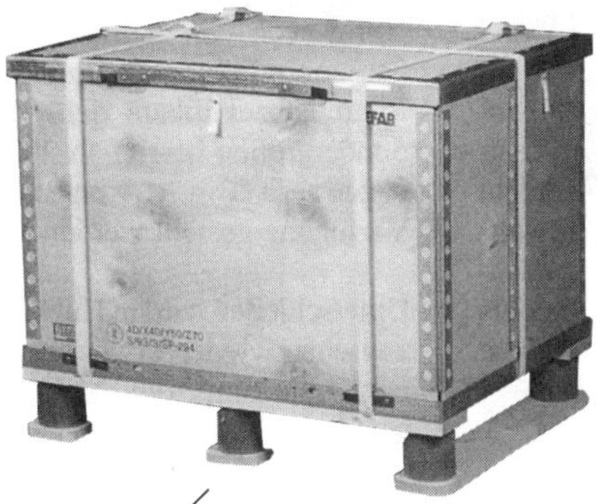

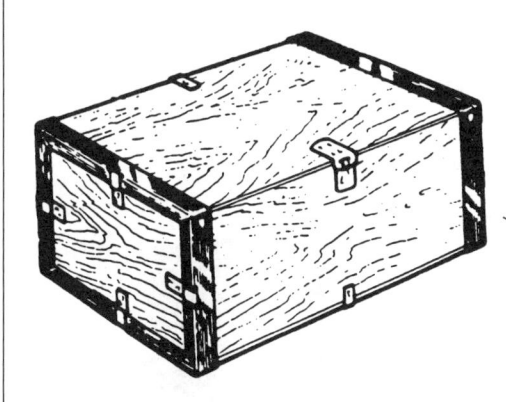

Kiste aus Sperrholz (4 D)

Kiste aus Pappe (4 G)

Kiste aus Sperrholz (aufklappbar) bis 400 kg (4 D)
oder
Großverpackungen über 400 kg (50 D)

Kiste aus Aluminium (4 B)

Allgemeines Grundlagenwissen
Beförderungsdurchführung

Einzelverpackungen (Beispiele)

Kanister aus Kunststoff (3 H 1)

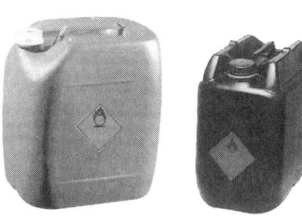

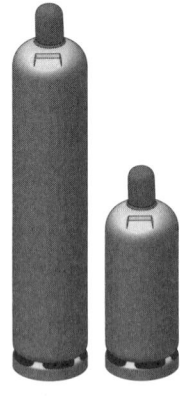

Kanister aus Stahl (3 A 1)

Kanister aus Aluminium (3 B 1)

Fass aus Kunststoff (1 H 1)

Fass aus Stahl (1 A 1)

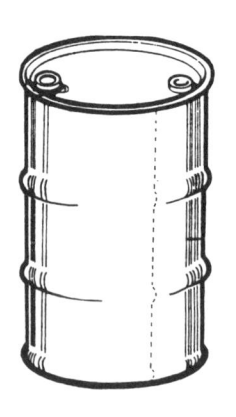

Fass aus Aluminium (1 B 1)

Gasflaschen mit Schutzkappen

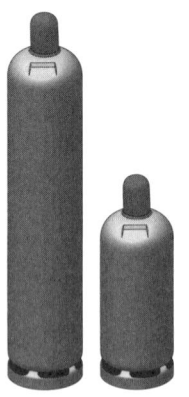

Kryo-Behälter

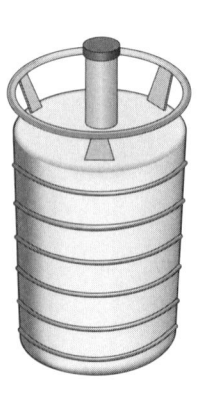

– Weitere Einzelverpackungen: z.B. Säcke, Kombinationsverpackungen, Großflaschen und Druckfässer

Allgemeines Grundlagenwissen
Beförderungsdurchführung

Großpackmittel (IBC)

Metallene IBC aus Stahl (31 A)

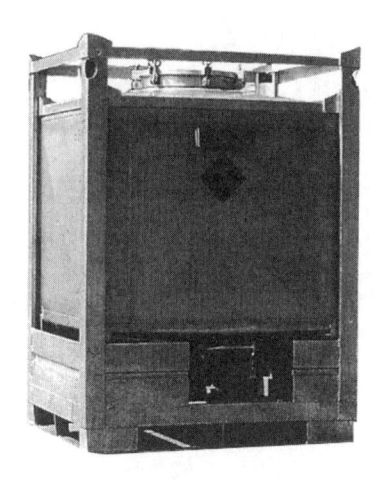

Kombinations-IBC (31 HA)

flexibler IBC aus Textilgewebe (13 L)

Kombinations-IBC (31 HB)

IBC:
- bis max. 3,0 m³ (3000 l)
- für VG I–III bei festen Stoffen
- für VG II–III bei flüssigen Stoffen
- Kombinations-IBC des Typs 31HZ2 max. 1250 l (mit flexiblem Kunststoffinnenbehälter)

Allgemeines Grundlagenwissen
Beförderungsdurchführung

Beispiele für Container

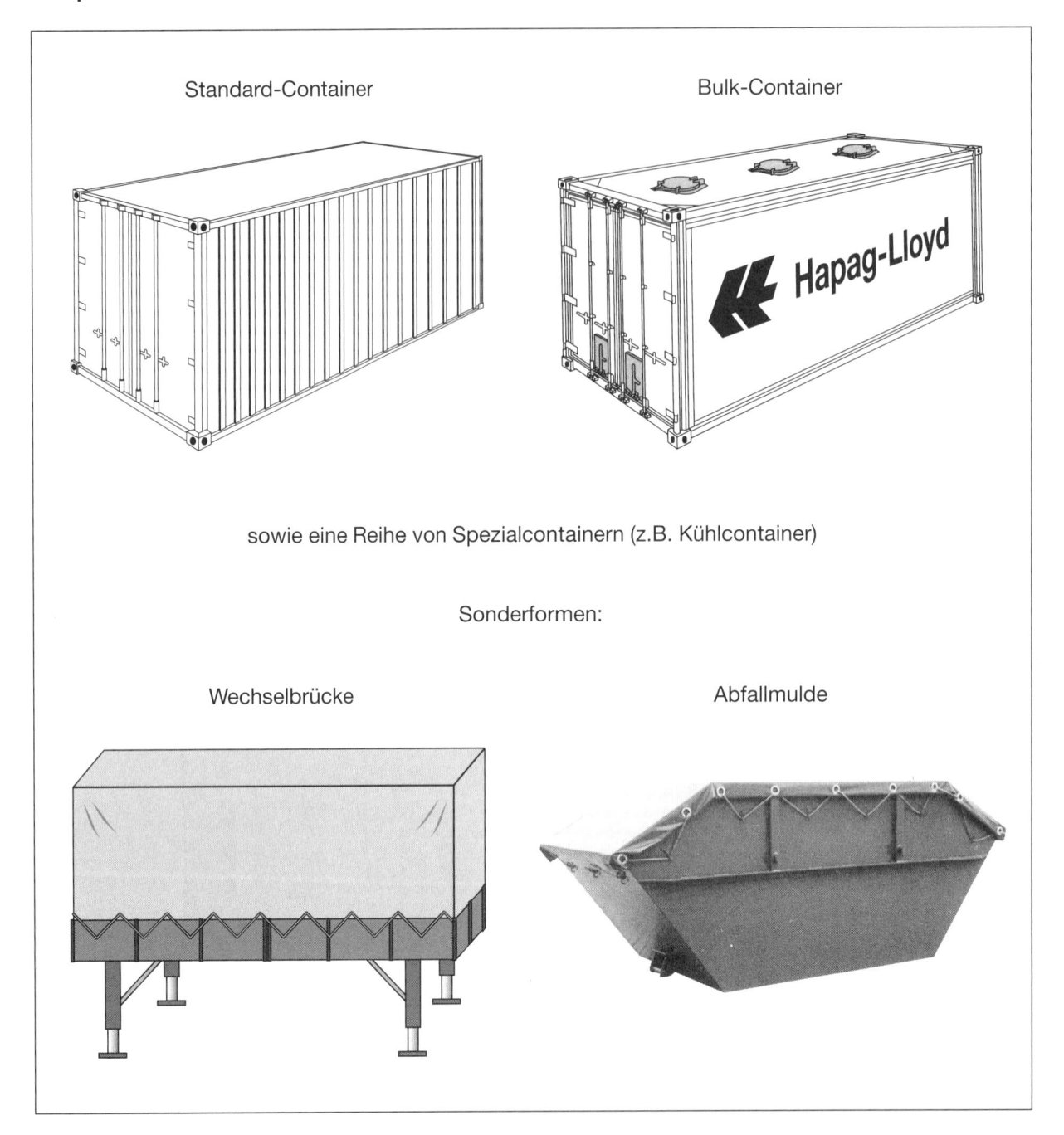

Standard-Container

Bulk-Container

sowie eine Reihe von Spezialcontainern (z.B. Kühlcontainer)

Sonderformen:

Wechselbrücke

Abfallmulde

Man unterscheidet:

- offene Container
- bedeckte Container (Plane)
- geschlossene oder gedeckte Container (vollwandig)

Allgemeines Grundlagenwissen
Beförderungsdurchführung

Fahrzeuge/Tanks

Batterie-Fahrzeug

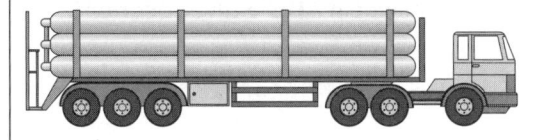

Tankfahrzeug für Mineralölprodukte (druckloser, kofferförmiger Mehrproduktentank mit 8 Kammern), z.B. für Diesel, Heizöl

Chemie-Tankfahrzeug mit Drucktank

- Tankcontainer
- ortsbeweglicher Tank

Tankfahrzeug für unter Druck verflüssigtes Gas (Flüssiggas) 2.1, UN 1965

Silosattelauflieger für Feststoffe (Drucktank)

Aufsetztank für Flüssiggas oder Tankwechselaufbau

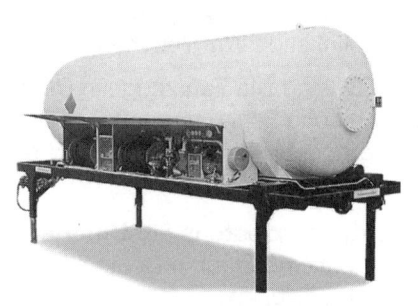

MEGC (**M**ultiple **E**lement **G**as **C**ontainer)

Zusätzlich gibt es:
- Kesselwagen RID (ohne Bild)
- Saug-Druck-Tankwagen (ohne Bild)
- Tankwechselaufbau = Tankcontainer

Allgemeines Grundlagenwissen
Beförderungsdurchführung

1.10.3 Ausrüstung der Fahrzeuge

1. Werden gefährliche Güter in Versandstücken unterhalb der Mengengrenzen nach Tabelle 1.1.3.6.3 des ADR (> 1000 Punkte) auf einer Beförderungseinheit befördert, dann ist ein **ABC-Pulverlöscher (2 kg)** mitzuführen.

2. Werden gefährliche Güter
   - oberhalb der Tabelle 1.1.3.6.3 (> 1000 Punkte) in Versandstücken,
   - in loser Schüttung,
   - in Tanks

   befördert, müssen auf der Beförderungseinheit folgende Ausrüstungen mitgeführt werden:

Fahrzeugausrüstung
1. Zwei Feuerlöscher (ABC-Pulverlöscher) Erforderliche Gesamtmenge je Beförderungseinheit: – bis 3,5 t höchstzulässige Masse: 4 kg – bis 7,5 t höchstzulässige Masse: 8 kg – über 7,5 t höchstzulässige Masse: 12 kg Feuerlöscher müssen verplombt sein und mit einem Prüfsiegel der Prüfung versehen sein. Die Prüffrist für in Deutschland zugelassene Fahrzeuge beträgt 2 Jahre (Anlage 2 Nr. 3.4 GGVSEB) 
2. Zwei selbststehende Warnzeichen – Warndreiecke und/oder – Reflektierende Warnkegel und/oder – orangeblinkende Warnleuchten Nach StVZO sind alle Fahrzeuge in Deutschland schon mit einem Warndreieck und Fahrzeuge > 3,5 t zul. Gesamtmasse zusätzlich mit einer orangeblinkenden Warnleuchte ausgerüstet. 
3. Je Fahrzeug mindestens ein Unterlegkeil Nach § 41 der StVZO für in Deutschland zugelassene Fahrzeuge u.U. zwei Unterlegkeile 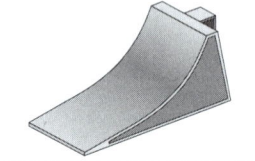
4. Schutzausrüstung für jedes Mitglied der Fahrzeugbesatzung – eine Warnweste (z.B. nach Norm EN 471) – ein tragbares Beleuchtungsgerät (Handlampe) – ein Paar Schutzhandschuhe – Augenschutzausrüstung (Schutzbrille)
5. Spezielle Ausrüstung – Augenspülflüssigkeit (nicht erforderlich für Gefahrzettelnummern 1, 1.4, 1.5, 1.6, 2.1, 2.2, 2.3) – Jedes Mitglied der Fahrzeugbesatzung eine Fluchtmaske für die Gefahrzettelnummern 2.3 oder 6.1 (Notfallfluchtmaske mit einem Gas-Staub-Kombinationsfilter des Typs A1B1E1K1-P1 oder A2B2E2K2-P2 gem. Norm EN 141) – Schaufel, Kanalisationsabdeckung und Auffangbehälter aus Kunststoff für die Gefahrzettelnummern 3, 4.1, 4.3, 8 und 9 

Allgemeines Grundlagenwissen
Beförderungsdurchführung

bis Seite 88 Folien 129 bis 133

Merke

Für die Beladung von Fahrzeugen und Containern auf dem Land- und Seeweg ist die erforderliche Ladungssicherung von größter Bedeutung!

1.10.4 Grundsätze der Ladungssicherung

Abschnitt 7.5.7 ADR: Handhabung und Verstauung

7.5.7.1 Die Fahrzeuge oder Container müssen gegebenenfalls mit Einrichtungen für die Sicherung und Handhabung der gefährlichen Güter ausgerüstet sein. Versandstücke, die gefährliche Güter enthalten, und unverpackte gefährliche Gegenstände müssen durch geeignete Mittel gesichert werden, die in der Lage sind, die Güter im Fahrzeug oder Container so zurückzuhalten (z.B. Befestigungsgurte, Schiebewände, verstellbare Halterungen), dass eine Bewegung während der Beförderung, durch die die Ausrichtung der Versandstücke verändert wird oder die zu einer Beschädigung der Versandstücke führt, verhindert wird. Wenn gefährliche Güter zusammen mit anderen Gütern (z.B. schwere Maschinen oder Kisten) befördert werden, müssen alle Güter in den Fahrzeugen oder Containern so gesichert oder verpackt werden, dass das Austreten gefährlicher Güter verhindert wird. Die Bewegung der Versandstücke kann auch durch das Auffüllen von Hohlräumen mit Hilfe von Stauhölzern oder durch Blockieren und Verspannen verhindert werden. Wenn Verspannungen wie Bänder oder Gurte verwendet werden, dürfen diese nicht überspannt werden, so dass es zu einer Beschädigung oder Verformung des Versandstücks kommt.

7.5.7.2 Versandstücke dürfen nicht gestapelt werden, es sei denn, sie sind für diesen Zweck ausgelegt. Wenn verschiedene Arten von Versandstücken, die für eine Stapelung ausgelegt sind, zusammen zu verladen sind, ist auf die gegenseitige Stapelverträglichkeit Rücksicht zu nehmen. Soweit erforderlich müssen gestapelte Versandstücke durch die Verwendung tragender Hilfsmittel gegen eine Beschädigung der unteren Versandstücke geschützt werden.

7.5.7.3 Während des Be- und Entladens müssen Versandstücke mit gefährlichen Gütern gegen Beschädigung geschützt werden.
Bem. Besondere Beachtung ist der Handhabung der Versandstücke bei der Vorbereitung zur Beförderung, der Art des Fahrzeugs oder Containers, mit dem die Versandstücke befördert werden sollen, und der Be- und Entlademethode zu schenken, so dass eine unbeabsichtigte Beschädigung durch Ziehen der Versandstücke über den Boden oder durch falsche Behandlung der Versandstücke vermieden wird.

§ 22 StVO Ladung
(1) Die Ladung einschließlich Geräte zur Ladungssicherung sowie Ladeeinrichtungen sind so zu verstauen und zu sichern, dass sie selbst bei Vollbremsung oder plötzlicher Ausweichbewegung nicht verrutschen, umfallen, hin- und herrollen, herabfallen oder vermeidbaren Lärm erzeugen können. Dabei sind die anerkannten Regeln der Technik zu beachten.

Allgemeines Grundlagenwissen
Beförderungsdurchführung

Verantwortlichkeit

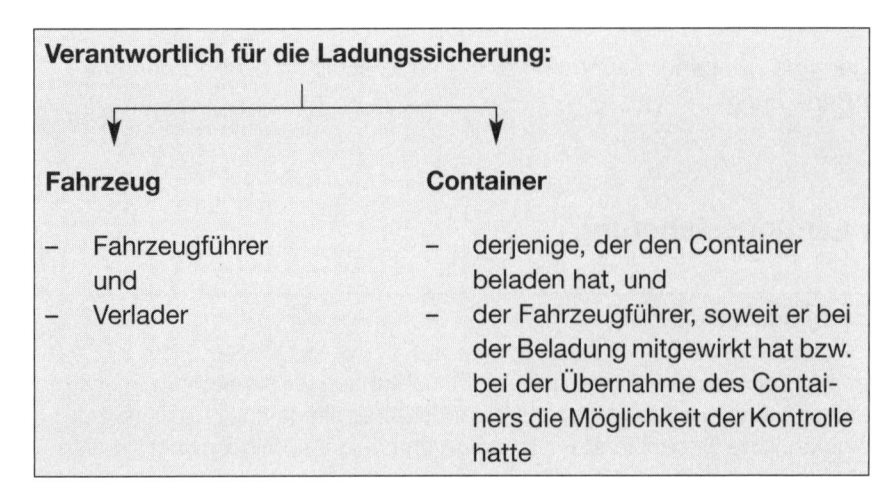

Verantwortlich für die Ladungssicherung:	
Fahrzeug	**Container**
– Fahrzeugführer und – Verlader	– derjenige, der den Container beladen hat, und – der Fahrzeugführer, soweit er bei der Beladung mitgewirkt hat bzw. bei der Übernahme des Containers die Möglichkeit der Kontrolle hatte

Für noch unkundiges und noch nicht geschultes Beladepersonal empfiehlt sich eine spezielle Schulung zum Thema „Ladungssicherung auf Fahrzeugen und Containern".

- ▶ Hilfen für die Sicherung von Ladung sowie für die Ausbildung des Personals geben die **CTU-Packrichtlinie** („Richtlinie für das Laden und Sichern von Ladungen, ausgenommen Schüttgut, auf Beförderungseinheiten [CTU] zu Lande und zu Wasser") sowie die VDI-Richtlinien 2700 ff.
- ▶ Nach § 412 Abs. 1 HGB ist verantwortlich:
  - für beförderungssichere Verladung – Absender (Verlader)
  - für betriebssichere Verladung – Frachtführer (Fahrer).

1.10.5 Vorschriften für die Sicherung nach Kapitel 1.10 ADR/RID, Kapitel 1.4 IMDG-Code

Unter Sicherung versteht man die Maßnahmen oder Vorkehrungen, die zu treffen sind, um den Diebstahl oder den Missbrauch gefährlicher Güter zu minimieren.
Für gefährliche **Güter mit hohem Gefahrenpotential** ist die Sicherung auch im Hinblick auf den Missbrauch zu terroristischen Zwecken zu berücksichtigen.

1. Allgemeine Vorschriften

- Identität des Beförderers prüfen
- Umschlagsbereiche, Abstellplätze, Rangierbahnhöfe usw. müssen gut gesichert, beleuchtet und soweit möglich für die Öffentlichkeit unzugänglich sein.
- Jedes Mitglied der Fahrzeugbesatzung muss einen Lichtbildausweis mitführen.
- Unterweisung der Beteiligten und regelmäßige Auffrischungen dieser Unterweisung über die Sicherungsmaßnahmen sollen der Sensibilisierung dienen sowie Kenntnisse über eventuelle Sicherungspläne entsprechend den Arbeits- und Verantwortungsbereichen vermitteln.

2. Zusätzliche Vorschriften für Güter mit hohem Gefahrenpotential

- Erstellen von Sicherungsplänen, die im Wesentlichen folgende Maßnahmen regeln:
  - spezifische Zuweisung der Verantwortlichkeiten an Personen
  - Aufstellung/Verzeichnis der gefährlichen Güter im Unternehmen
  - Sicherungsrisiken erkennen und geeignete Schutzmaßnahmen festlegen
  - Verfahren zur Erprobung und Bewertung der Sicherungspläne
  - Maßnahmen der physischen Sicherung
  - Zusammenarbeit aller Beteiligten mit den zuständigen Behörden
- spezieller Diebstahlschutz für Fahrzeuge
- Transportverfolgung über Telemetriesysteme oder andere Methoden

Allgemeines Grundlagenwissen
Kennzeichnung Versandstücke

Beispiele für Güter mit hohem Gefahrenpotential

- Klasse 1: alle Stoffe, Unterklassen, ausgenommen Unterklassen 1.4 und 1.6
- Klasse 1.4: nur UN 0104/0237/0255/0267/0289/0361/0365/0366/0440/0441/0455/0456/0500
- Klasse 2: brennbare Gase in Tanks > 3000 l
  giftige Gase in Tanks, unabhängig von der Menge
- Klasse 3: Stoffe der Verpackungsgruppe I und II in Tanks > 3000 l
- Klasse 4.2/4.3: Verpackungsgruppe I in Tanks > 3000 l
- Klasse 5.1: flüssige Stoffe VG I in Tanks > 3000 l
  Perchlorate, Ammoniumnitrat und ammoniumnitrathaltige Düngemittel
  – Emulsionen in Tanks oder loser Schüttung > 3000 l
- Klasse 6.1: Verpackungsgruppe I in Tanks, unabhängig von der Menge
- Klasse 8: Verpackungsgruppe I in Tanks > 3000 l.

Bemerkung: Das Kapitel 1.10 ist nicht anzuwenden bei der Beförderung nach der Tabelle 1.1.3.6.3 (bis 1000 Punkte) in Versandstücken.

1.10.6 Tunnelbeschränkungen

Laut ADR sind die Gefahrgüter bestimmten Tunnelbeschränkungscodes zugeordnet, die besagen, dass Tunnel einer bestimmten Kategorie mit dem Gut in kennzeichnungspflichtiger Menge nicht durchfahren werden dürfen. Verantwortlich für die Einhaltung dieser Bestimmung ist der Fahrzeugführer und Beförderer. Der Tunnelbeschränkungscode ist in Tabelle A Spalte 15 aufgeführt *(siehe Anhang 1)*.
Dazu gibt es fünf Tunnelkategorien von A → B → C → D → E (A = keine Beschränkung).

1.11 Kennzeichnung von Versandstücken

1.11.1 Gefahrzettel, Verwendung

Gefahrzettel sind weltweit anerkannte Symbole, die auf eine bestimmte Gefahr hinweisen.
Jede Gefahrgutumschließung mit gefährlichen Gütern ist mit den vorgeschriebenen Gefahrzetteln zu versehen.

Größe:

- An Versandstücken und Umverpackungen: mindestens 10 cm x 10 cm (Gefahrzettel)
- An Containern, Fahrzeugen außen und Tanks: mindestens 25 cm x 25 cm (Großzettel [Placards])

Im RID dürfen an Wagen/Kesselwagen die Großzettel auf 15 cm × 15 cm verkleinert werden.
Die Gefahrzettel müssen vor einem kontrastierenden Hintergrund angebracht werden oder von einer durchgezogenen oder gestrichelten Linie umrandet sein.

▶ Für einige Behältnisse, wie z.B. für Gasflaschen oder kleine Verpackungen, dürfen kleinere Gefahrzettel verwendet werden.

▶ Gefahrzettel dürfen auch eine Aufschrift in Buchstaben haben, die auf die Gefahr hinweist, z.B.:

▶ Ausrichtungspfeile *(siehe S. 92)* sind, falls sie für das vorliegende Gut gefordert sind, jeweils an zwei gegenüberliegenden Seiten des Versandstücks und an Umverpackungen anzubringen (auch bei LQ-Versandstücken).

Allgemeines Grundlagenwissen
Kennzeichnung Versandstücke

Großzettel/ Gefahrzettel	Verwendung	Gefahren
(Gefahrzettel 1, 1.4, 1.5, 1.6 – orange)	Gefahrzettel Nr. 1: – Wird verwendet bei Explosivstoffen der Unterklassen 1.1–1.3 – In der unteren Spitze ist die Unterklasse mit dem vorgeschriebenen Verträglichkeitsbuchstaben einzutragen Gefahrzettel Nr. 1.4, 1.5 und 1.6: – Wird verwendet für Explosivstoffe, die den Unterklassen 1.4, 1.5 oder 1.6 zugeordnet sind – Der jeweilige Verträglichkeitsbuchstabe des Stoffes ist im Gefahrzettel zusätzlich einzutragen	– Explosionsgefahr – Spreng- und Druckwirkung, Splitter und Wurfstücke können auftreten – Hohe Brandgefahr bei pyrotechnischen Stoffen – Starke Wärmestrahlung – Teilweise auch massenexplosionsfähig
(Gefahrzettel 2.2 – grün)	Gefahrzettel Nr. 2.2 – Wird verwendet bei nicht giftigen und nicht brennbaren Gasen	– Erstickungsgefahr – Kältewirkung bei tiefkalt verflüssigten Gasen – Druckgefäßzerknall bei Druckerhöhung im Gefäß – Kältewirkung, wenn flüssiges Gas frei wird und verdampft
(Gefahrzettel 3 und 2.1 – rot)	Gefahrzettel Nr. 3 und 2.1 – Wird verwendet bei brennbaren Flüssigkeiten mit einem Flammpunkt bis +61 °C und bei brennbaren Gasen	– Brand-/Explosionsgefahr von Dämpfen und Gasen – Feuergefahr von Flüssigkeiten
(Gefahrzettel 4.1 – weiß/rot gestreift)	Gefahrzettel Nr. 4.1 – Wird verwendet bei brennbaren festen Stoffen, selbstzersetzlichen Stoffen	– Hohe Brandgefahr durch Zündquellen – Staubexplosionen – Hohe Verbrennungstemperaturen
(Gefahrzettel 4.2 – weiß/rot)	Gefahrzettel Nr. 4.2 – Wird verwendet bei Stoffen, die zur Selbstentzündung neigen oder selbst erhitzungsfähig sind	– Selbstentzündung bei Kontakt mit Luft – Reagieren teilweise heftig mit Wasser
(Gefahrzettel 4.3 – blau)	Gefahrzettel Nr. 4.3 – Wird verwendet bei Stoffen, die in Berührung mit Wasser entzündbare Gase entwickeln	– Explosions- und Entzündungsgefahr bei Kontakt mit Wasser oder Luftfeuchtigkeit – Produktion von brennbaren Gasen bei Kontakt mit Wasser oder Luftfeuchtigkeit
(Gefahrzettel 5.1 – gelb)	Gefahrzettel Nr. 5.1 – Wird verwendet für brandfördernd (oxidierend) wirkende Stoffe der Klasse 5.1 oder brandfördernde Stoffe anderer Klassen	– Kann bei Kontakt mit brennbaren Stoffen diese zur Selbstentzündung bringen – Kann einen bestehenden Brand vergrößern und beschleunigen

Allgemeines Grundlagenwissen
Kennzeichnung Versandstücke

Großzettel/ Gefahrzettel	Verwendung	Gefahren
	Gefahrzettel Nr. 5.2 – Wird verwendet für organische Peroxide der Klasse 5.2 **Hinweis:** Der „alte" Gefahrzettel darf bis zum 31.12.2010 verwendet werden.	– Explosionsgefahr – Reibungs-, stoßempfindlich – Temperaturempfindlich – Brandfördernd wie Klasse 5.1
	Gefahrzettel Nr. 6.1 und 2.3 – Wird verwendet, wenn Stoffe giftige Eigenschaften haben – Nicht nur Stoffe der Klasse 6.1, sondern auch Stoffe anderer Klassen mit giftigen Eigenschaften werden mit diesem Gefahrzettel gekennzeichnet	– Vergiftungsgefahr bei Aufnahme über die Haut, beim Einatmen von Gasen/Dämpfen oder durch orale Aufnahme (Verschlucken)
	Gefahrzettel Nr. 6.2 – Wird verwendet für ansteckungsgefährliche Stoffe der Klasse 6.2	– Ansteckungsgefahr durch Kontakt, Einatmen oder Aufnahme in den Körper – Ansteckung – Krankheit – Tod
	Gefahrzettel Nr. 7A/7B/7C/7D/7E – Wird verwendet für radioaktive Stoffe – Gefahrzettel 7A, 7B oder 7C werden entsprechend der Aktivität des Stoffes auf dem Versandstück angebracht – Gefahrzettel Nr. 7D kennzeichnet das Fahrzeug – Gefahrzettel Nr. 7E für spaltbare Stoffe	– Aufnahme von radioaktiver Strahlung in den Körper – Strahlenschäden – Spätfolgen mit Langzeitwirkung oder Tod
	Gefahrzettel Nr. 8 – Wird verwendet, wenn Stoffe ätzende Eigenschaften haben, auch Gase der Klasse 2	– Organische Kleidungsstücke werden zerstört (z.B. Baumwollkleidung) – Haut- und Schleimhäute werden bei Kontakt oder Einatmen von Dämpfen verätzt – Metalle können angegriffen und dadurch undicht oder zerstört werden – Stark ätzende Substanzen können die totale Gewebezerstörung verursachen, bleibende Schäden – Reaktion teilweise sehr heftig mit anderen Stoffen
	Gefahrzettel Nr. 9 – Wird verwendet für Stoffe der Gefahrklasse 9	– Unterschiedliche Gefahren können auftreten
	Umweltgefährliche Stoffe der Klassen 1–9 (Zusatzkennzeichen)	– Umweltgefahr für Gewässer, Boden

Allgemeines Grundlagenwissen
Kennzeichnung Versandstücke

Großzettel/ Gefahrzettel	Verwendung	Gefahren
↑↑ / ↑↑	**Ausrichtungspfeile** zur Kennzeichnung von Versandstücken mit flüssigen Stoffen in Gefäßen, deren Verschlüsse von außen nicht sichtbar sind, sowie von Versandstücken mit Gefäßen mit Lüftungseinrichtungen oder von Gefäßen mit Lüftungseinrichtungen ohne Außenverpackung sowie für Versandstücke mit tiefgekühlt verflüssigten Gasen	– Je nach Gefahrklasse des beinhalteten Stoffes

Weitere Kennzeichnungsbestimmungen für Versandstücke:

▶ Jedes Versandstück muss zusätzlich mit der UN-Nummer und den Buchstaben „UN" vorangestellt gekennzeichnet sein.

▶ IBC und Großverpackungen werden an zwei gegenüberliegenden Seiten mit Gefahrzettel und UN-Nummer gekennzeichnet.

▶ Werden mehrere Versandstücke zusätzlich umverpackt, z.B. mit Schrumpffolie oder einem weiteren Karton, dann muss die Aufschrift „UMVERPACKUNG" angebracht werden und alle Markierungen und Kennzeichnungen müssen außen wiederholt werden, ausgenommen diese bleiben sichtbar.

▶ Bei den Klassen 1, 2 und 7 müssen auch die technischen Namen (Bezeichnungen) angebracht werden (im See- und Luftverkehr bei allen Klassen).

1.11.2 Beispiele für die Kennzeichnung von Versandstücken

1. UN 0161, Treibladungspulver der Klasse 1.3 C, 50 kg netto

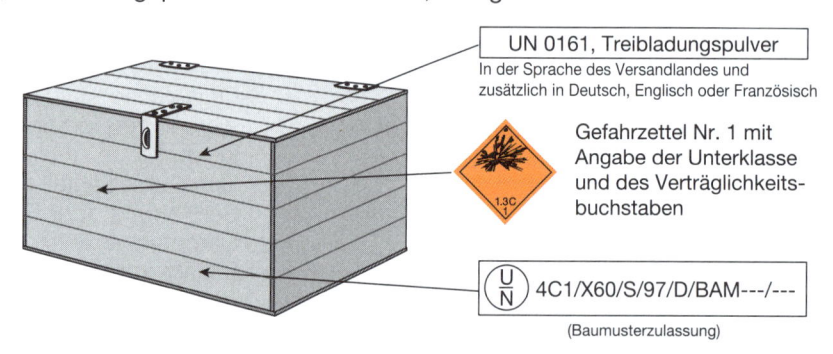

UN 0161, Treibladungspulver
In der Sprache des Versandlandes und zusätzlich in Deutsch, Englisch oder Französisch

Gefahrzettel Nr. 1 mit Angabe der Unterklasse und des Verträglichkeitsbuchstaben

4C1/X60/S/97/D/BAM---/---
(Baumusterzulassung)

Verpackungsmethode nach Tabelle P 114 b, hier Kiste aus Naturholz, erlaubt. Für Stoffe der Klasse 1 sind Verpackungen der Verpackungsgruppe II zu verwenden.

Verpackungen aus Metall dürfen nicht der VG I entsprechen (zu hohe Verdämmung).

Allgemeines Grundlagenwissen
Kennzeichnung Versandstücke

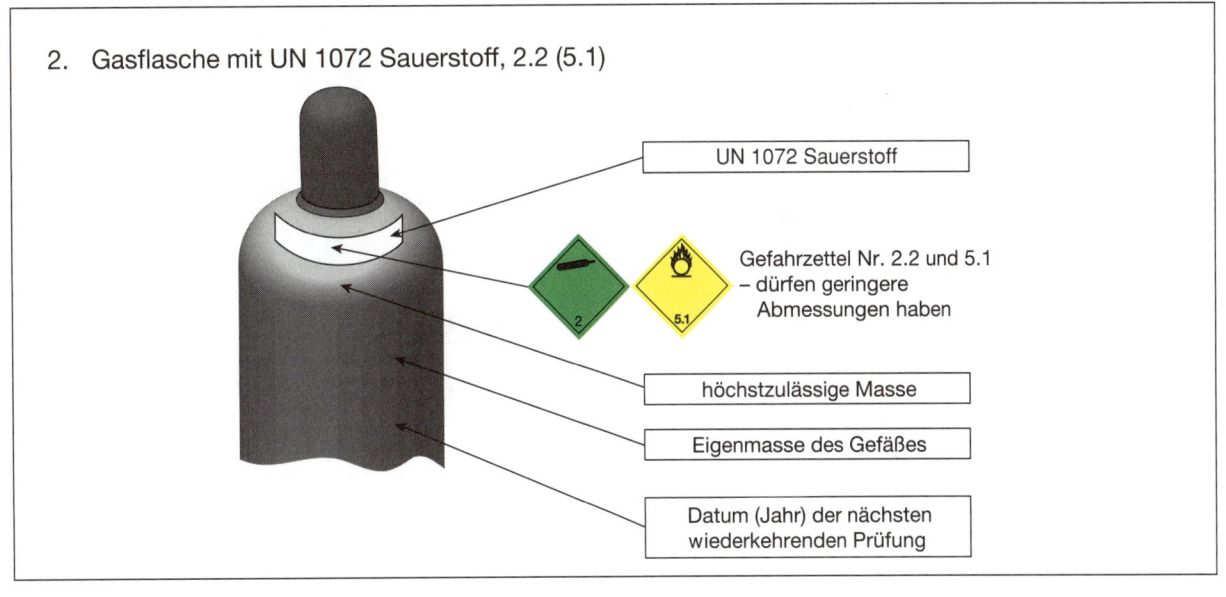

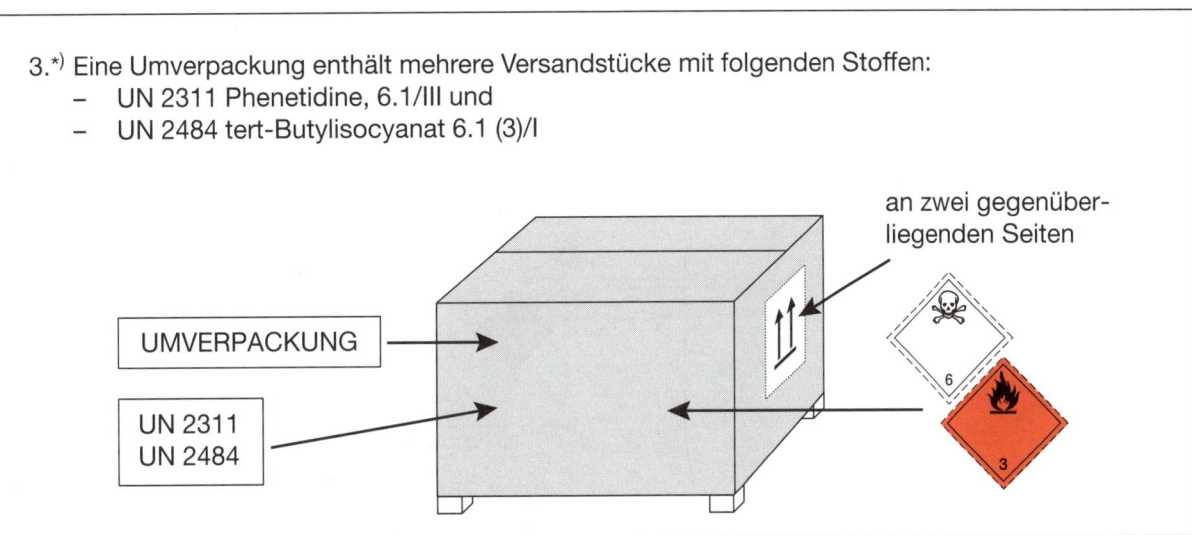

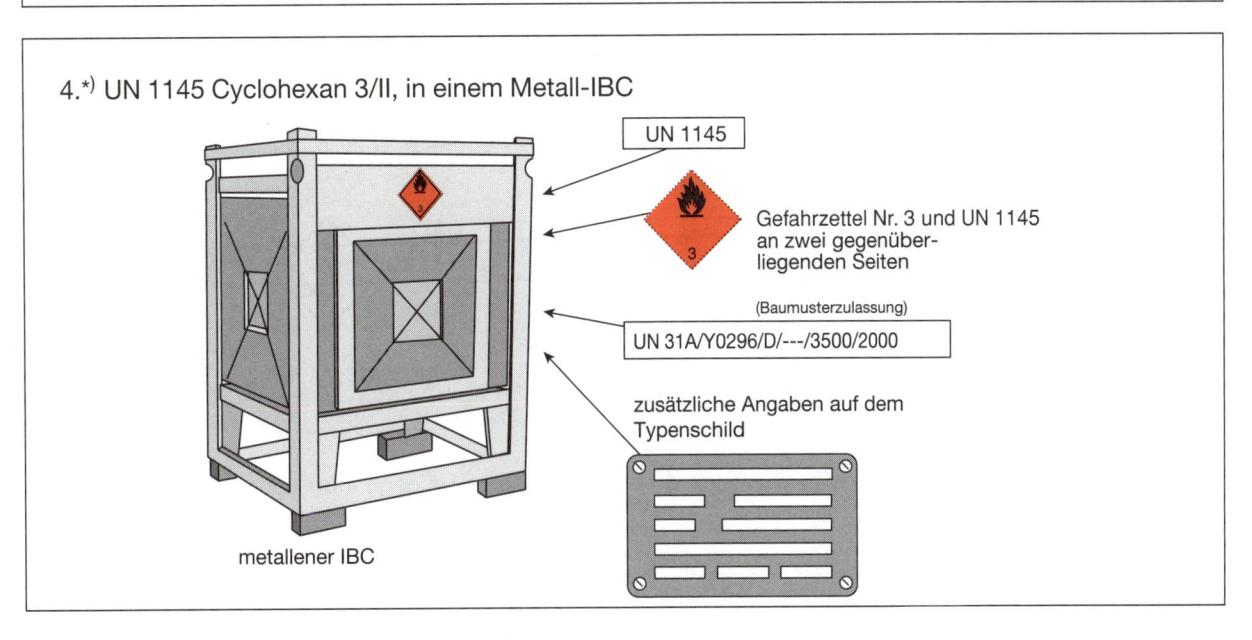

2. Gasflasche mit UN 1072 Sauerstoff, 2.2 (5.1)

- UN 1072 Sauerstoff
- Gefahrzettel Nr. 2.2 und 5.1 – dürfen geringere Abmessungen haben
- höchstzulässige Masse
- Eigenmasse des Gefäßes
- Datum (Jahr) der nächsten wiederkehrenden Prüfung

3.*) Eine Umverpackung enthält mehrere Versandstücke mit folgenden Stoffen:
  - UN 2311 Phenetidine, 6.1/III und
  - UN 2484 tert-Butylisocyanat 6.1 (3)/I

- UMVERPACKUNG
- UN 2311
- UN 2484
- an zwei gegenüberliegenden Seiten

4.*) UN 1145 Cyclohexan 3/II, in einem Metall-IBC

- UN 1145
- Gefahrzettel Nr. 3 und UN 1145 an zwei gegenüberliegenden Seiten
- (Baumusterzulassung) UN 31A/Y0296/D/---/3500/2000
- zusätzliche Angaben auf dem Typenschild
- metallener IBC

Allgemeines Grundlagenwissen
Kennzeichnung Versandstücke

5.*) Bergungsverpackung zur Aufnahme von beschädigten Versandstücken für die Weiterbeförderung, z.B. UN 1263 Farbe

Soweit die Bedingungen nach 2.2.9.1.10 bzw. Kap. 2.10 des IMDG-Codes erfüllt werden

UN 1263

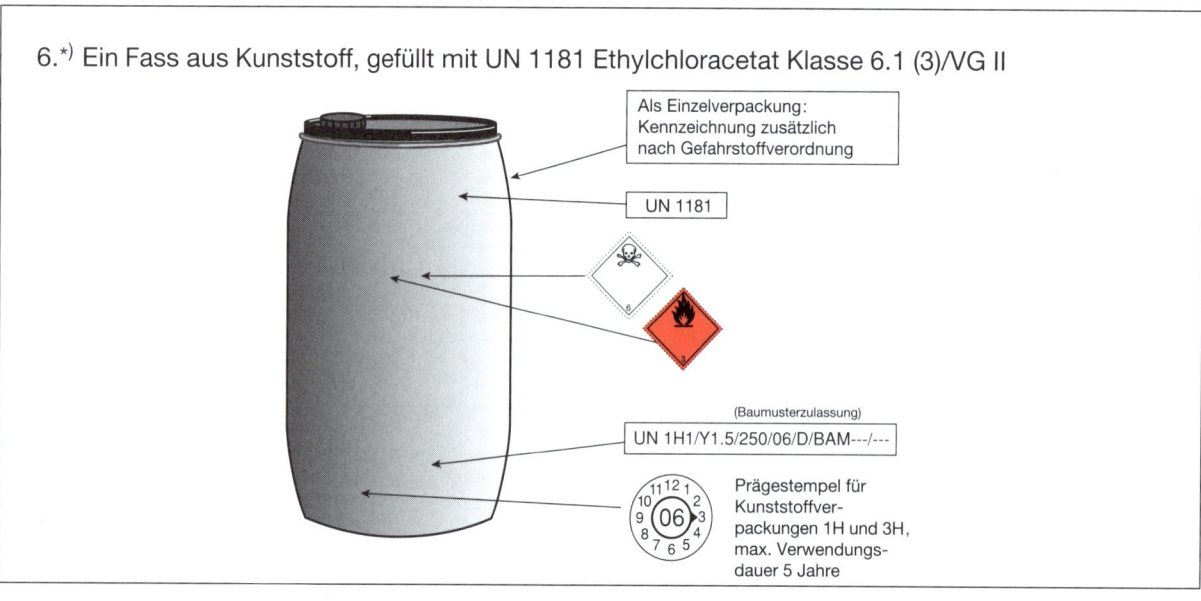

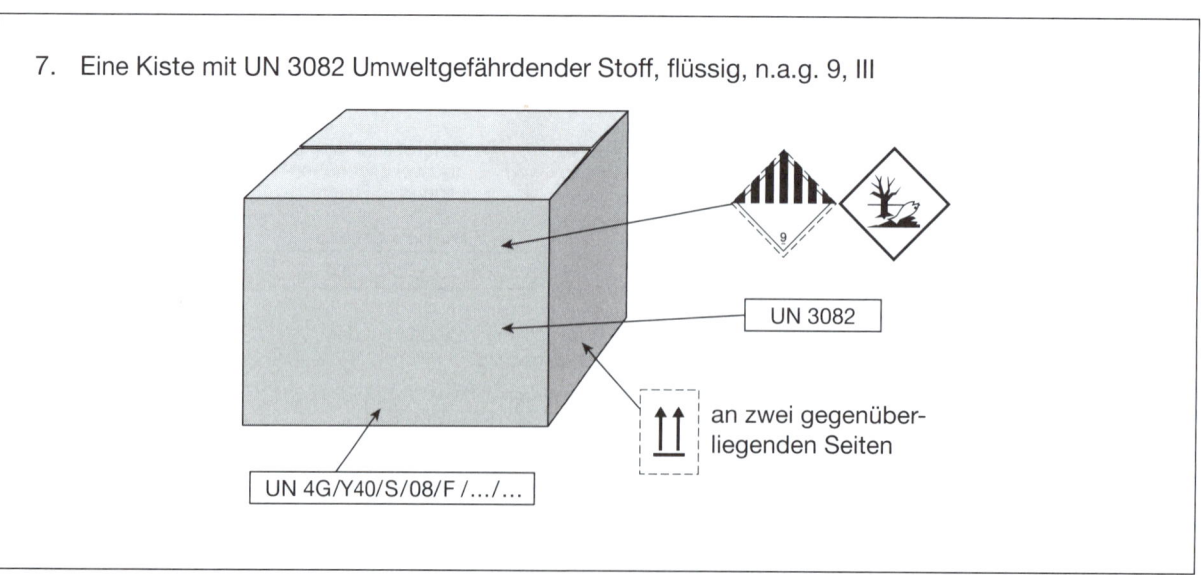

BERGUNG

UN 1A2T/X 300/S/01/D/BAM.../...

BERGUNG

UN 1A2T/X 300/S/06/D/BAM.../...

6.*) Ein Fass aus Kunststoff, gefüllt mit UN 1181 Ethylchloracetat Klasse 6.1 (3)/VG II

Als Einzelverpackung: Kennzeichnung zusätzlich nach Gefahrstoffverordnung

UN 1181

(Baumusterzulassung)
UN 1H1/Y1.5/250/06/D/BAM---/---

Prägestempel für Kunststoffverpackungen 1H und 3H, max. Verwendungsdauer 5 Jahre

7. Eine Kiste mit UN 3082 Umweltgefährdender Stoff, flüssig, n.a.g. 9, III

UN 3082

an zwei gegenüberliegenden Seiten

UN 4G/Y40/S/08/F /.../...

Allgemeines Grundlagenwissen
Kennzeichnung Beförderungseinheiten

8.*)

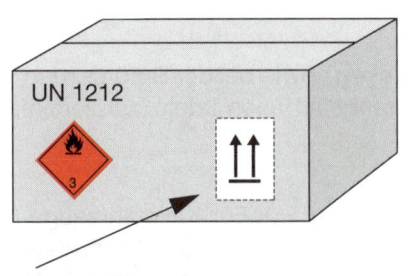

Ausrichtungspfeile (= Handhabungszettel)
- für Versandstücke, deren Verschlüsse von außen nicht sichtbar sind oder deren Gefäße Lüftungseinrichtungen haben oder Gefäße mit Lüftungseinrichtungen ohne Außenverpackung, oder
- für Versandstücke mit tiefgekühlt verflüssigten Gasen.

Die Ausrichtungspfeile müssen mindestens an zwei gegenüberliegenden Seiten angebracht sein. Werden Versandstücke in Umverpackungen gepackt, dann sind die Ausrichtungspfeile auch an der Umverpackung an zwei gegenüberliegenden Seiten anzubringen. Dies gilt auch für LQ-Versandstücke nach Kapitel 3.4.

---

*) *Im Seeverkehr ist zusätzlich die Angabe des richtigen technischen Namens auf dem Versandstück erforderlich.*

1.12 Kennzeichnung von Beförderungseinheiten, Containern

1.12.1 Kennzeichnung bei der Beförderung von Versandstücken in begrenzten Mengen

Werden gefährliche Güter, die als begrenzte Mengen (Limited Quantities) nach Kapitel 3.4 verpackt und gekennzeichnet sind, in Beförderungseinheiten oder Containern befördert, müssen diese mit **LTD QTY** (Schrifthöhe mindestens 65 mm) gekennzeichnet werden:

1. ADR
Beförderungseinheiten mit einer höchstzulässigen Gesamtmasse von mehr als 12 t vorne und hinten, soweit das Fahrzeug nicht bereits durch orangefarbene Tafeln gekennzeichnet ist

2. RID
Wagen an beiden Längsseiten mit mehr als 8 t Bruttomasse solcher Versandstücke, sofern diese nicht bereits mit Großzetteln gekennzeichnet sind

3. Container
an allen vier Seiten mit mehr als 8 t Bruttomasse solcher Versandstücke, sofern dieser nicht bereits mit Großzetteln gekennzeichnet ist

Anwendungspflicht: spätestens ab 01.01.2011.

Allgemeines Grundlagenwissen
Kennzeichnung Beförderungseinheiten

1.12.2 Kennzeichnung mit orangefarbenen Tafeln*)

Neutrale orangefarbene Tafeln

Bei der **Beförderung in Versandstücken** sowie bei der Beförderung von Gütern der Klasse 1 oder 7 werden die Beförderungseinheiten mit orangefarbenen Tafeln (zur Vereinfachung im Weiteren als „Warntafeln" bezeichnet) gekennzeichnet.

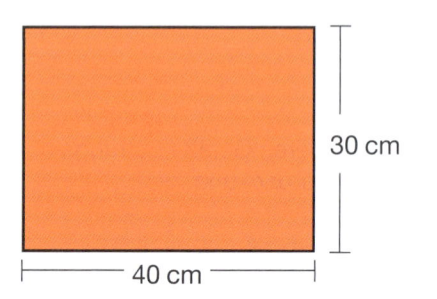

Für Kleinfahrzeuge (**nur** für solche, bei denen eine normal große Warntafel aus Platzgründen nicht angebracht werden kann) sind verkleinerte Warntafeln erlaubt.

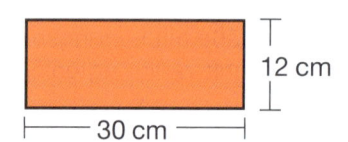

(Toleranz der Maße: ± 10 %)

> **Bemerkung:**
> - nicht im RID
> - Tafeln dürfen sich nach einer 15-minütigen Feuereinwirkung nicht von der Befestigung lösen.

Warntafeln mit Kennzeichnungsnummern ADR und RID

Für die **Beförderung gefährlicher Güter**

- in Tanks,
- in loser Schüttung oder
- eines radioaktiven Stoffes mit nur einer UN-Nummer unter ausschließlicher Verwendung

werden Warntafeln mit Kennzeichnungsnummern verwendet.

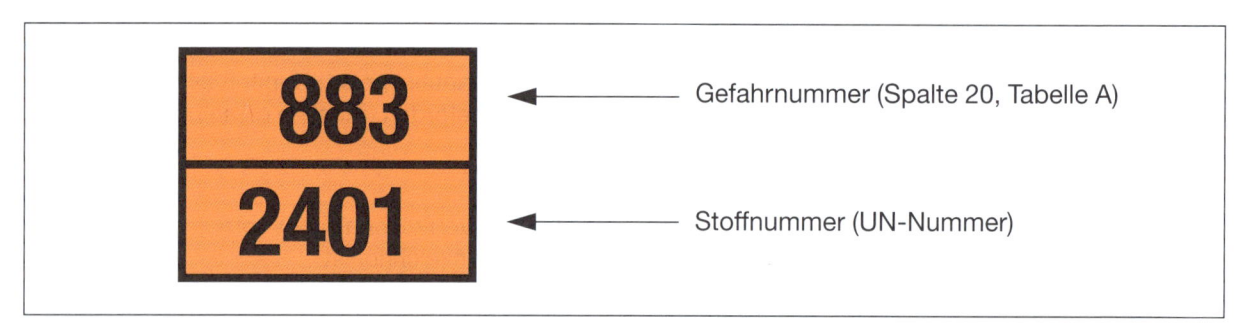

- 883 ← Gefahrnummer (Spalte 20, Tabelle A)
- 2401 ← Stoffnummer (UN-Nummer)

Im RID-Verkehr werden ausschließlich Warntafeln mit Kennzeichnungsnummern verwendet. Diese Warntafeln müssen an jeder Längsseite eines
- Kesselwagens,
- Batterie-Wagens,
- Tragwagens mit abnehmbaren Tanks,
- Tankcontainers,
- ortsbeweglichen Tanks,
- MEGC,

---

*) *Dieses Kapitel betrifft nur den Straßen- und Eisenbahnverkehr (ADR/RID).*

Allgemeines Grundlagenwissen
Kennzeichnung Beförderungseinheiten

- Wagens mit Gütern in loser Schüttung,
- Klein- und Großcontainers mit Gütern in loser Schüttung,
- Wagens oder Containers mit nur einem radioaktiven Stoff und einer UN-Nummer unter ausschließlicher Verwendung ohne andere gefährliche Güter

angebracht sein und dürfen auch an jeder Längsseite von Wagen, die eine Wagenladung Versandstücke mit ein und demselben Gut enthalten, angebracht werden.

Die Kennzeichnungsnummer auf einer Warntafel für Stoffe der Klasse 1 setzt sich dann wie folgt zusammen:

z.B.: **1.3G**   Klassifizierungscode
0315   UN-Nummer des Stoffes

Bedeutung der Nummern zur Kennzeichnung der Gefahr

Die Nummer zur Kennzeichnung der Gefahr besteht für Stoffe der Klassen 2 bis 9 aus zwei oder drei Ziffern. Diese Ziffern weisen im Allgemeinen auf folgende Gefahren hin (Unterabschnitt 5.3.2.3 ADR/RID):

- 2   Entweichen von Gas durch Druck oder durch chemische Reaktion
- 3   Entzündbarkeit von flüssigen Stoffen (Dämpfen) und Gasen oder selbsterhitzungsfähiger flüssiger Stoff
- 4   Entzündbarkeit von festen Stoffen oder selbsterhitzungsfähiger fester Stoff
- 5   Oxidierende (brandfördernde) Wirkung
- 6   Giftigkeit oder Ansteckungsgefahr
- 7   Radioaktivität
- 8   Ätzwirkung
- 9   Gefahr einer spontanen heftigen Reaktion, wenn die Zahl an 2. oder 3. Stelle erscheint (eine sich aus dem Stoff ergebende Möglichkeit der Explosion, einer gefährlichen Zerfalls- oder Polymerisationsreaktion unter Entwicklung beträchtlicher Wärme oder der Entwicklung von entzündbaren und/oder giftigen Gasen)

Die Verdoppelung einer Ziffer weist auf die Zunahme der entsprechenden Gefahr hin.

Wenn die Gefahr eines Stoffes ausreichend durch eine einzige Ziffer angegeben werden kann, wird dieser Ziffer eine Null angefügt.

Folgende Ziffernkombinationen haben jedoch eine besondere Bedeutung: 22, 323, 333, 362, 382, 423, 44, 446, 462, 482, 539, 606, 623, 642, 823, 842, 90 und 99 (siehe Absatz 5.3.2.3.2 ADR/RID).

Wenn der Nummer zur Kennzeichnung der Gefahr der Buchstabe „X" vorangestellt ist, bedeutet dies, dass der Stoff in gefährlicher Weise mit Wasser reagiert. Bei solchen Stoffen darf Wasser nur im Einverständnis mit Sachverständigen verwendet werden!

Beispiele:

	80	ätzender oder schwach ätzender Stoff
	23	entzündbares Gas (verdichtet oder verflüssigt)
	223	tiefgekühlt verflüssigtes Gas, entzündbar
	30	entzündbarer flüssiger Stoff (Flammpunkt von 23–60 °C)
	33	leicht entzündbarer flüssiger Stoff (Flammpunkt unter 23 °C)

Allgemeines Grundlagenwissen
Kennzeichnung Beförderungseinheiten

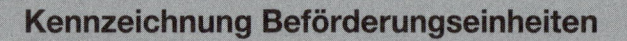

Übungsaufgaben

Was bedeuten die folgenden Gefahrnummern?

663 *sehr giftiger Stoff, entzündbar (FlP nicht über 60°C)*

884 *stark ätzender fester Stoff, entzündbar o. selbstentzündungsfähig*

X839 *ätzender o. schwach ätzender Stoff, entzündbar (FlP 23°-60°C) der spontan zu einer heftigen Reaktion führen kann o. der mit Wasser gefährlich reagiert*

1.12.3 Kennzeichnung mit Großzetteln

Beförderungsart	An drei Seiten (links, rechts und hinten)	An vier Seiten
Fahrzeuge mit Gütern der Klasse 1 oder 7[1], ausgenommen Klasse 1.4S	×	
Container mit Versandstücken aller Klassen, soweit die Tabelle nach Absatz 1.1.3.6.3 überschritten wurde (> 1000 Punkte)[2] (Wechselbrücken, die nur im Straßenverkehr laufen, müssen nicht gekennzeichnet werden)		×
Fahrzeuge mit Gütern in loser Schüttung	×	
Container mit loser Schüttung[2]		×
Tankfahrzeuge, Batterie-Fahrzeuge und Fahrzeuge mit Aufsetztanks	×	
Tankcontainer, ortsbewegliche Tanks und MEGC[2]		×
Verdeckte Beförderung von Containern, MEGC, Tankcontainer oder ortsbewegliche Tanks auf Fahrzeugen – Fahrzeug zusätzlich	×	

[1] = *Die Großzettel dürfen auf 10 × 10 cm verkleinert werden, wenn wegen der Größe und des Baus der Fahrzeuge die verfügbare Fläche nicht ausreicht.*

[2] = *An Tanks mit einem Fassungsraum bis höchstens 3,0 m³ und an Kleincontainern dürfen die Großzettel auf 10 × 10 cm verkleinert werden.*

Die Großzettel müssen vor einem kontrastierenden Hintergrund angebracht werden oder von einer durchgezogenen oder gestrichelten Linie umrandet sein.

Allgemeines Grundlagenwissen
Kennzeichnung Beförderungseinheiten

1.12.4 Besondere Kennzeichnungen

Kennzeichen für Stoffe der Klasse 9, die in erwärmtem Zustand befördert werden (UN 3257 und UN 3258)

Kesselwagen, Tankcontainer, ortsbewegliche Tanks, Spezialwagen, Tanks oder besonders ausgerüstete Wagen oder Großcontainer, für die gemäß Sondervorschrift 580 in Abschnitt 3.3.1 *(siehe Kapitel 3.2 Tabelle A Spalte 6 ADR)* ein Kennzeichen für Stoffe, die in erwärmtem Zustand befördert werden, vorgeschrieben ist, müssen mit einem Kennzeichen gemäß nebenstehender Abbildung versehen sein. Es hat die Form eines Dreiecks mit einer Seitenlänge von mindestens **250 mm** und ist rot dargestellt.

Zu kennzeichnen sind

- Straßenfahrzeuge: links, rechts und hinten,
- Wagen: an beiden Längsseiten,
- Großcontainer, Tankcontainer und ortsbewegliche Tanks: an allen vier Seiten.

Rangierzettel an Wagen im Eisenbahnverkehr RID

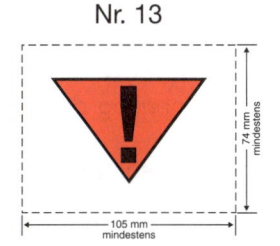

Nr. 13

Vorsichtig verschieben

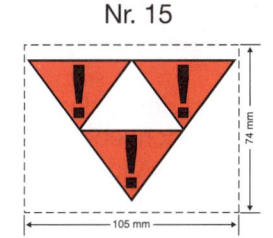

Nr. 15

Abstoß- und Auflaufverbot
Muss von einem Triebfahrzeug beigestellt werden. Darf nicht auflaufen und muss gegen das Auflaufen anderer Wagen geschützt werden.

Umweltgefährliche Stoffe und Meeresschadstoffe

Gefahrgutumschließungen (Versandstücke, Container, Tanks, Fahrzeuge, Wagen usw.) mit Stoffen der Klassen 1–9 müssen, soweit diese nach Absatz 2.2.9.1.10 ADR/RID oder Kapitel 2.10 IMDG-Code die Bedingungen als „Umweltgefährlich" bzw. als „Meeresschadstoff" erfüllen, zusätzlich mit diesem Kennzeichen versehen werden.

Begaste Einheit (UN 3359)
An Fahrzeugen, Wagen, Containern oder Tanks muss ein Kennzeichen an den Türen angebracht werden, soweit diese mit einem Begasungsmittel beaufschlagt sind (siehe 1.12.5 Nr. 12).

Allgemeines Grundlagenwissen
Kennzeichnung Beförderungseinheiten

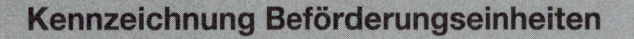

1.12.5 Beispiele für die Kennzeichnung von Beförderungseinheiten

1. Trägerfahrzeug mit Container (keine Wechselbrücke). Container ist beladen mit 20 Kanistern UN 1170 Ethanol (gesamt 400 l) Kl. 3/II.

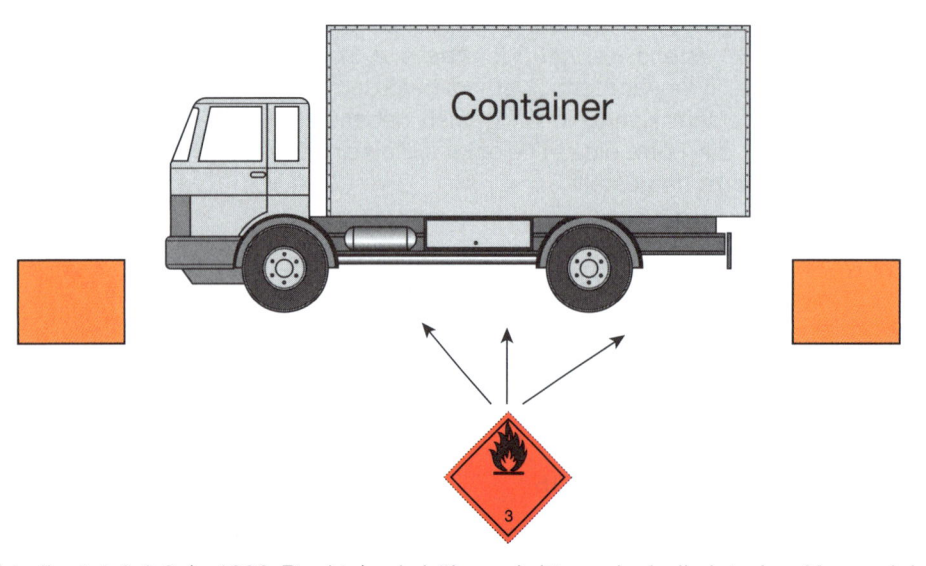

- Die Tabelle 1.1.3.6.3 (> 1000 Punkte) wird überschritten, deshalb ist eine Kennzeichnung der Beförderungseinheit mit neutralen Warntafeln vorgeschrieben.
- Der Container ist mit Großzettel Nr. 3 an allen Außenwänden (4 x) zu kennzeichnen (ausgenommen eine Wechselbrücke, ausschließlich im ADR-Verkehr).

2. Lkw, beladen mit verschiedenen gefährlichen Gütern in Versandstücken der Klassen 3, 6.1 und 8 (kennzeichnungspflichtig über 1000 Punkte)

- vorne und hinten neutrale Warntafeln
- Auch mit Anhänger wird die Beförderungseinheit vorne am Lkw und hinten am Anhänger mit Tafeln gekennzeichnet, auch wenn Gefahrgut nur auf einem Fahrzeug geladen ist.

Allgemeines Grundlagenwissen
Kennzeichnung Beförderungseinheiten

3. Beförderungseinheit Typ EX/II, beladen mit:
   - 1500 kg Klasse 1.3C, UN 0161
   - 500 kg Klasse 1.4G, UN 0191

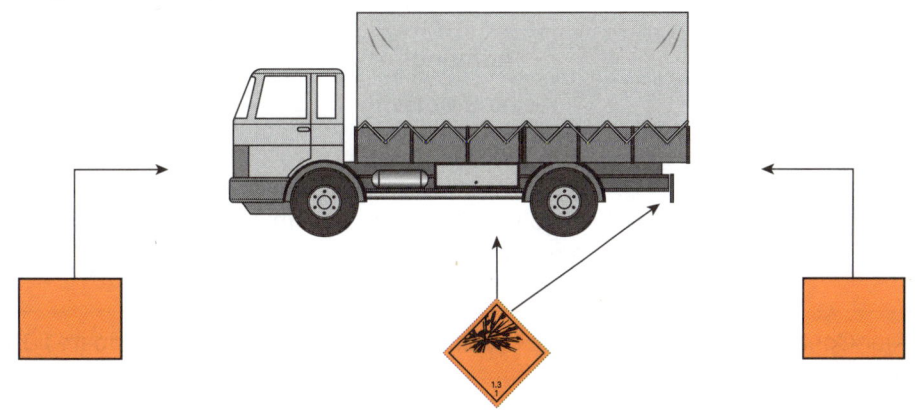

- Kennzeichnung mit neutralen Warntafeln
- Großzettel Nr. 1 mit Unterklasse und ggf. Verträglichkeitsgruppe oder bei Unterklassen 1.4, 1.5, 1.6 den entsprechenden Großzettel außen (links, rechts und hinten) am Fahrzeug
- Die Verträglichkeitsgruppe muss nicht im Großzettel angegeben sein, wenn Stoffe mit verschiedenen Verträglichkeitsbuchstaben befördert werden.
- Werden Stoffe verschiedener Unterklassen befördert, so ist der Großzettel der gefährlichsten Unterklasse anzubringen – Reihenfolge (sinkende Gefährlichkeit) wie folgt:
  1.1 → 1.5 → 1.2 → 1.3 → 1.6 → 1.4.
- Wird Unterklasse 1.5D mit 1.2 befördert, ist der Großzettel für die Unterklasse 1.1 anzubringen.

4. Bedeckter Lkw mit UN 2969 Rizinussaat, 9/II in loser Schüttung

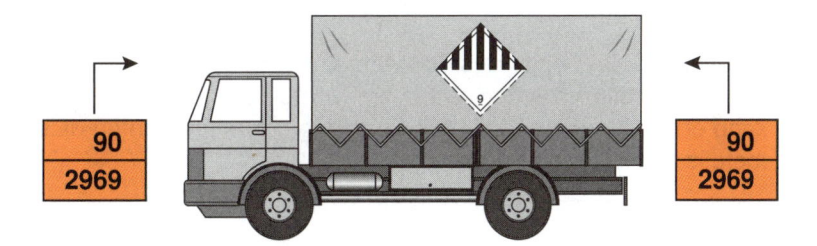

- vorne und hinten Warntafeln mit Kennzeichnungsnummer
  (auch die seitliche Kennzeichnung mit Kennzeichnungsnummer wäre möglich, dafür vorne und hinten am Fahrzeug neutrale orangefarbene Tafeln)
- Großzettel Nr. 9 links, rechts und hinten am Fahrzeug
- Diese Beförderung ist nach Tabelle A, Kapitel 3.2, Spalte 17, VV3 über Abschnitt 7.3.3 des ADR/RID in bedeckten Fahrzeugen/Containern mit ausreichender Belüftung zugelassen.

Allgemeines Grundlagenwissen
Kennzeichnung Beförderungseinheiten

5. Bei der Beförderung von Gasgefäßen (z.B. Gasflaschen) in gedeckten Fahrzeugen/Wagen oder Containern ohne ausreichende Be- und Entlüftung muss an den Ladetüren folgende Kennzeichnung angebracht werden (gilt nicht für Druckgaspackungen, Aerosole UN 1950):

> **Achtung!**
> **Keine Belüftung**
> **Vorsichtig öffnen**

Schriftgröße mindestens 25 mm
in einer Sprache, die vom Absender als angemessen gesehen wird

6. Bedeckter Container mit Gütern in loser Schüttung (feste Stoffe, die entzündbare flüssige Stoffe enthalten, n.a.g. der Klasse 4.1, UN 3175)

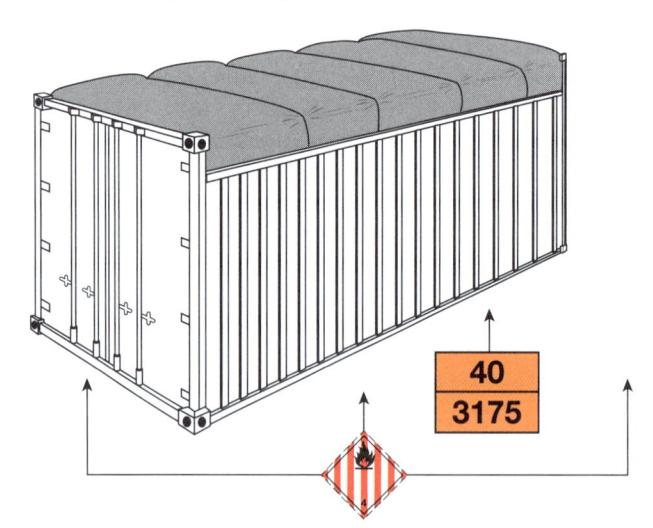

- Großzettel Nr. 4.1 an allen vier Seiten des Containers
- Warntafel (auch als Klebefolie) links und rechts am Container
- Die Warntafel kann entfallen, wenn dafür das Fahrzeug vorne und hinten diese Tafeln zeigt, jedoch keine Klebefolie.

Allgemeines Grundlagenwissen
Kennzeichnung Beförderungseinheiten

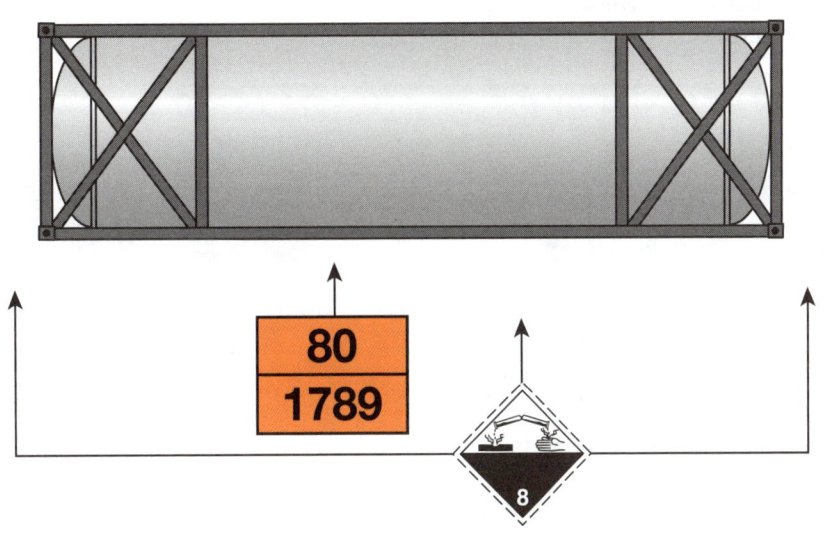

7. Tankcontainer, befüllt mit Chlorwasserstoffsäure, Kl. 8/II, UN 1789

- Großzettel Nr. 8, an allen vier Seiten des Tankcontainers
- Warntafel an den beiden Längsseiten; als Warntafel darf auch eine Klebefolie oder ein Farbanstrich verwendet werden
- Die Warntafeln am Trägerfahrzeug vorne und hinten können neutral sein.
- im Seeverkehr zusätzlich an den Längsseiten Angabe der Stoffbenennung

8. Silofahrzeug mit Calciumperchlorat der Kl. 5.1/II, UN 1455 in loser Schüttung

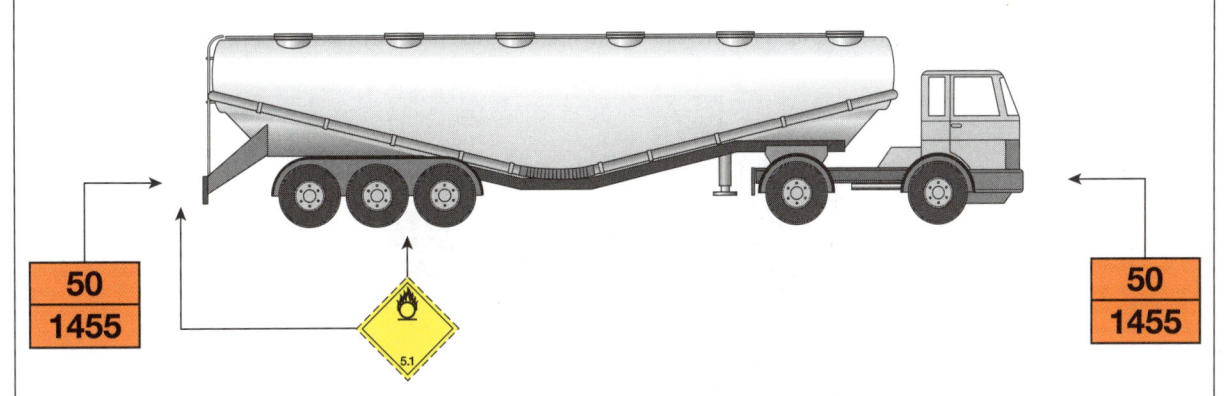

- Warntafeln mit Kennzeichnungsnummern vorne und hinten am Fahrzeug
- Großzettel Nr. 5.1 links, rechts und hinten am Fahrzeug

Bemerkung:
▶ Die Beförderung dieses Stoffes ist gemäß Abschnitt 7.3.1 Nr. VV8 ADR/VW8 RID auch in loser Schüttung in gedeckten oder bedeckten Wagen/Fahrzeugen oder Containern erlaubt.
Die Decken müssen undurchlässig sein und aus nicht brennbarem Material bestehen. Der Stoff darf nicht mit brennbaren Stoffen, wie z.B. Holz usw., in Berührung kommen.
Die Kennzeichnung würde sich dadurch nicht verändern.

Allgemeines Grundlagenwissen
Kennzeichnung Beförderungseinheiten

9. Tanksattelzug mit sechs Kammern:
   - Kammer 1 bis 4:   Benzin Kl. 3/II, UN 1203
   - Kammer 5 und 6:   Diesel Kl. 3/III, UN 1202

- Es genügt, wenn die Beförderungseinheit vorne und hinten nach dem gefährlichsten Produkt (hier Benzin) gekennzeichnet ist.
  (Nur bei Beförderung gefährlicher Stoffe der UN 1202, 1203, 1223, 1268 und 1863 möglich!)
- Es ist jedoch auch die seitliche Kennzeichnung möglich, dann an jedem einzelnen Tankabteil (Benzin 33/1203, Diesel 30/1202); vorne und hinten dann neutrale Warntafeln.
- Großzettel Nr. 3 links, rechts und hinten am Fahrzeug
- Im Beförderungspapier muss vermerkt sein, in welcher Kammer sich welcher Stoff befindet.
- Kennzeichen „Umweltgefährlich" – soweit die Bedingungen nach Absatz 2.2.9.1.10 ADR erfüllt sind – links, rechts und hinten

10. Bedeckter Lkw (Plane und Spriegel), beladen mit drei Tankcontainern. Die Tankcontainer enthalten jeweils 1500 l UN 1594 DIETHYLSULFAT 6.1/II und sind mit Großzettel Nr. 6.1 und der Warntafel 60/1594 gekennzeichnet.

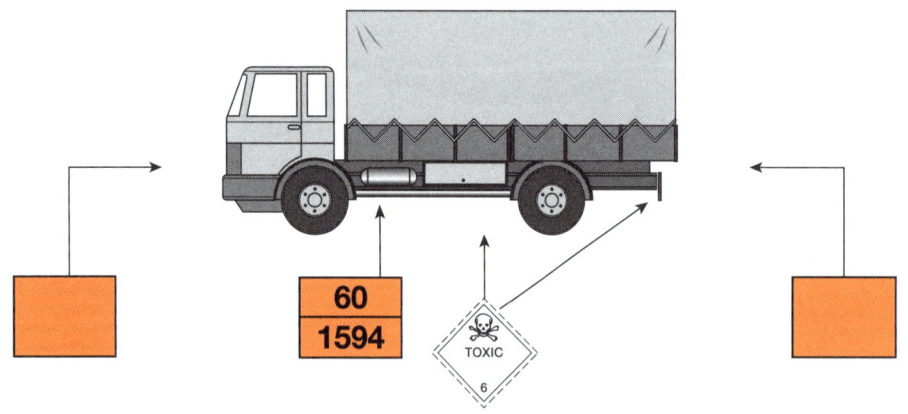

- neutrale Warntafel vorne und hinten
- Bei der verdeckten Beförderung von Containern, Tankcontainern, MEGC und ortsbeweglichen Tanks müssen auch an den Längsseiten des Fahrzeugs die orangefarbenen Tafeln mit Kennzeichnungsnummer(n) angebracht werden.
- Auch Warntafeln mit Kennzeichnungsnummer (60/1594) vorne und hinten wären möglich.
- Wegen der verdeckten Beförderung von Tanks wird zusätzlich die Kennzeichnung mit Großzettel Nr. 6.1 (giftig) außen am Fahrzeug links, rechts und hinten gefordert.
- Wird nur ein Stoff in den genannten Umschließungen verdeckt befördert, genügt es, wenn das Fahrzeug vorne und hinten mit den orangefarbenen Tafeln mit Kennzeichnungsnummer gekennzeichnet ist.

Allgemeines Grundlagenwissen
Kennzeichnung Beförderungseinheiten

11. Kennzeichnung eines Eisenbahnkesselwagens, beladen mit Schwefelsäure, höchstens 51 % Säure

- Warntafeln (auch Klebefolie erlaubt) und Gefahrzettel links und rechts am Kesselwagen
- Nach RID dürfen die Großzettel auch auf 15 x 15 cm verkleinert sein.

12. Werden Güter (auch Nichtgefahrgüter) zum Schutz mit bestimmten Gasen, die eine Gefahr für den Menschen darstellen, in geschlossenen Fahrzeugen/Wagen oder Containern befördert (UN 3359 Begaste Einheit), muss an der Tür folgende Kennzeichnung angebracht werden (im Seeverkehr in englischer Sprache):

GEFAHR

DIESE EINHEIT IST BEGAST
MIT (Bezeichnung des Begasungsmittels*)
SEIT (Datum, Uhrzeit*)
ZUTRITT VERBOTEN

*) entsprechende Angaben einfügen

DANGER

THIS UNIT IS UNDER FUMIGATION WITH (fumigant name*) APPLIED ON
(date*)
(time*)
VENTILATED ON (date*)
DO NOT ENTER

- Größe mindestens 300 x 250 mm
- Schriftgröße mindestens 25 mm
- Angabe des Begasungsmittels
- seit wann? (Datum/Uhrzeit)
- Öffnung nur durch einen Sachkundigen

Allgemeines Grundlagenwissen
Kennzeichnung Beförderungseinheiten

1.12.6 Mögliche Kennzeichnungsfälle bei der Beförderung einer zusammengesetzten Verpackung

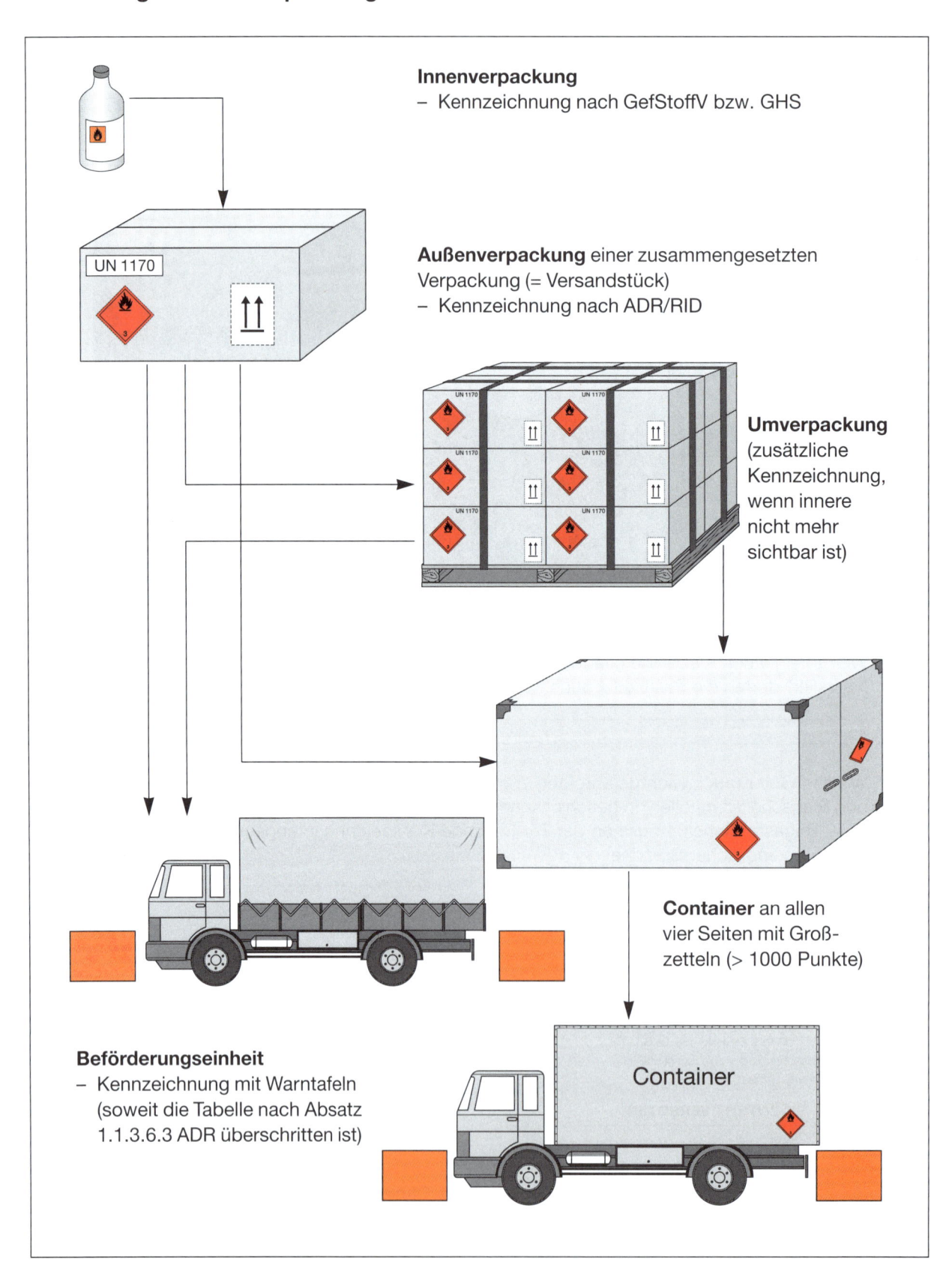

Innenverpackung
– Kennzeichnung nach GefStoffV bzw. GHS

Außenverpackung einer zusammengesetzten Verpackung (= Versandstück)
– Kennzeichnung nach ADR/RID

Umverpackung (zusätzliche Kennzeichnung, wenn innere nicht mehr sichtbar ist)

Container an allen vier Seiten mit Großzetteln (> 1000 Punkte)

Beförderungseinheit
– Kennzeichnung mit Warntafeln (soweit die Tabelle nach Absatz 1.1.3.6.3 ADR überschritten ist)

Allgemeines Grundlagenwissen
Begleitpapiere

1.13 Begleitpapiere

1.13.1 Überblick – Begleitpapiere für die Gefahrgutbeförderung auf der Straße/Schiene

Dokument	Hinweise/Bemerkungen
Beförderungspapier nach 5.4.1 ADR/RID	• Das Beförderungspapier ist eine nachweispflichtige Unterlage über Art und Menge des Gefahrgutes, Absender und Empfänger der Sendung. • Dieses Papier ist an keine bestimmte Form gebunden. Deshalb können – Frachtbriefe, – Lieferscheine, – Abfallbegleitscheine oder auch – andere, auch frei erstellte, Papiere verwendet werden. • Der Absender ist für das Ausstellen und die vollständigen Angaben verantwortlich.
Schriftliche Weisung für Straßenverkehr nach 5.4.3 ADR; für Eisenbahnverkehr nach § 37 GGVSEB im Huckepackverkehr	• ist eine Informationsschrift für den Fahrzeugführer • Sie enthält Informationen über – das Gefahrgut, – seine Gefahreigenschaften, – die erforderliche Ausrüstung für diesen Transport und – einzuleitende Maßnahmen bei Unfällen oder Zwischenfällen. • Der Beförderer hat diese Weisung dem Fahrzeugführer auszuhändigen.
ADR-Bescheinigung nach 8.2.1 ADR	• ist der Schulungsnachweis des Fahrzeugführers und bescheinigt die Berechtigung, bestimmte Gefahrguttransporte durchzuführen • muss vom Fahrzeugführer mitgeführt werden
Lichtbildausweis	• muss von der Fahrzeugbesatzung mitgeführt werden
Zulassungsbescheinigung nach 9.1.2 ADR	• Bestimmte Fahrzeuge benötigen eine zusätzliche Zulassung für den Gefahrguttransport. Diese Zulassung wird mit dieser Bescheinigung (Muster nach Absatz 9.1.3.5 ADR) dokumentiert. • Erforderlich für: – Explosivstofffahrzeuge der Typen EX/II und EX/III – Tankfahrzeuge – Trägerfahrzeuge für Aufsetztanks über 1000 l – Trägerfahrzeuge für Tankcontainer, ortsbewegliche Tanks und MEGC über 3000 l – Batterie-Fahrzeuge für bestimmte Gase über 1000 l – alle ziehenden Fahrzeuge der o.g. Fahrzeuge
Weitere Papiere können sein: – Container-Packzertifikat – Fahrzeug-Packzertifikat	• im Fährverkehr • im Zulauf der Seehäfen, Abschnitt 5.4.2 ADR/RID
– Bescheide über Ausnahmegenehmigungen	• Bescheid über eine Einzelausnahme nach § 5 GGVSEB
– Spezielle Papiere für bestimmte Stoffe einzelner Klassen	• Klassen 1, 5.2, 7 und 9
– Fahrwegbestimmungen (Straßenverkehr)	• § 36 der GGVSEB i.V. mit Anlage 1

Bei der Beförderung gefährlicher Güter ist eine Reihe von Begleitpapieren (*siehe auch Vorseite*) mitzuführen. Welche Begleitpapiere erforderlich sind, hängt ab von

Allgemeines Grundlagenwissen
Begleitpapiere

- der **Art der gefährlichen Stoffe und Gegenstände**, die befördert werden sollen,
- der **Menge der gefährlichen Güter,**
- der **Beförderungsart** und
- dem Transportweg/-ziel (**nationale oder grenzüberschreitende** Beförderung).

1.13.2 Beförderungspapier

Angaben im Beförderungspapier

Das Beförderungspapier ist eine nachweispflichtige Unterlage für den Transport und gibt Auskunft über Art, Menge des Gefahrgutes, von wem und wohin das Gefahrgut befördert wird. Es ist an keine bestimmte Form gebunden, deshalb können sowohl frei erstellte wie auch Formblätter aus anderen Rechtsbereichen, wie Frachtbrief, Lieferscheine, Abfallbegleitscheine usw., verwendet werden.

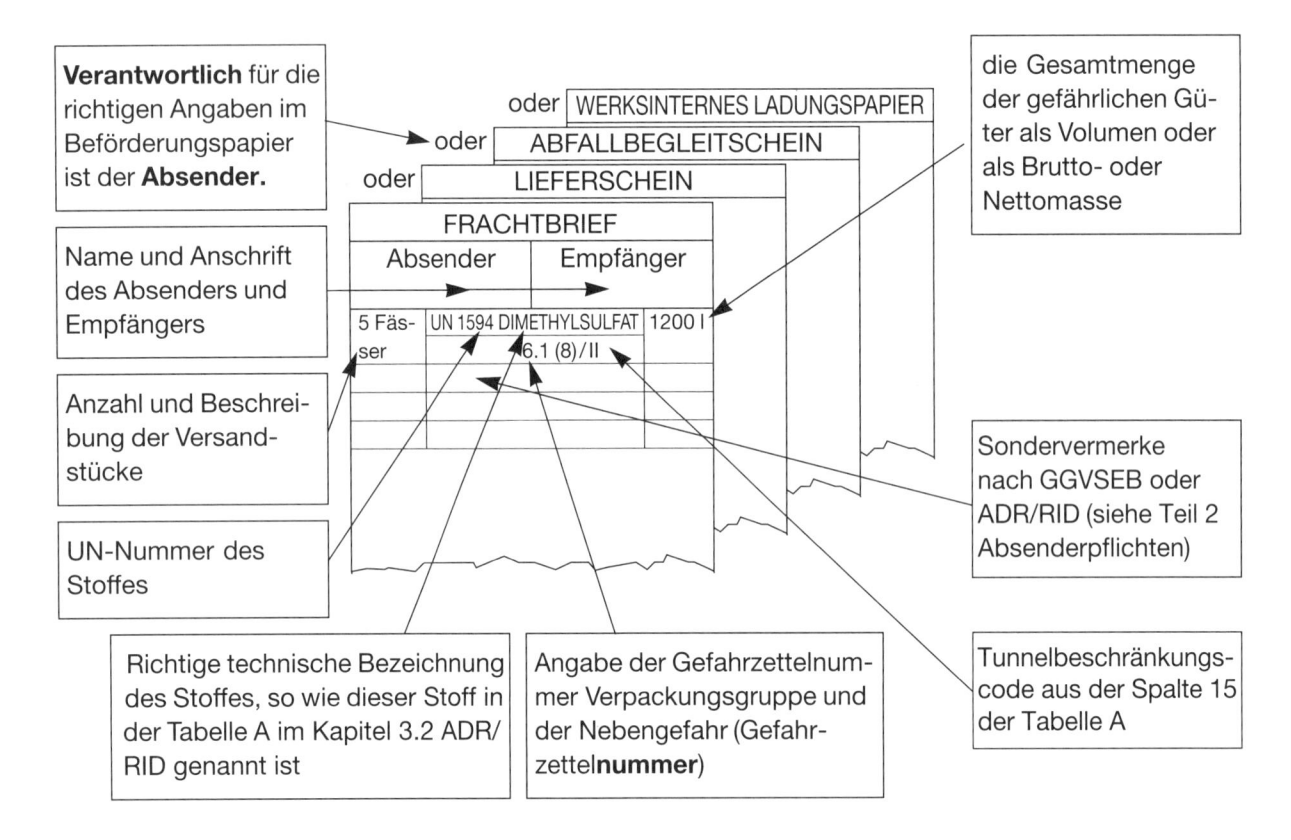

- **Verantwortlich** für die richtigen Angaben im Beförderungspapier ist der **Absender.**
- Name und Anschrift des Absenders und Empfängers
- Anzahl und Beschreibung der Versandstücke
- UN-Nummer des Stoffes
- Richtige technische Bezeichnung des Stoffes, so wie dieser Stoff in der Tabelle A im Kapitel 3.2 ADR/RID genannt ist
- Angabe der Gefahrzettelnummer Verpackungsgruppe und der Nebengefahr (Gefahrzettel**nummer**)
- die Gesamtmenge der gefährlichen Güter als Volumen oder als Brutto- oder Nettomasse
- Sondervermerke nach GGVSEB oder ADR/RID (siehe Teil 2 Absenderpflichten)
- Tunnelbeschränkungscode aus der Spalte 15 der Tabelle A

Beispiel Frachtbrief (oder Lieferschein, Abfallbegleitschein, Werksinternes Ladungspapier):
- 5 Fässer | UN 1594 DIMETHYLSULFAT 6.1 (8)/II | 1200 l

Allgemeines Grundlagenwissen
Begleitpapiere

Beispiel für ein frei erstelltes Beförderungspapier nach ADR

Absender:		Empfänger:	
2 Fässer	UN 1669	PENTACHLORETHAN, 6.1/II, (E)	420 l/500 kg
1 IBC	UN 1993	ENTZÜNDBARER FLÜSSIGER STOFF, N.A.G.	1200 l/1450 kg
		(Aceton/Ethylalkohol) 3/II, (D/E)	
2 Kisten	UN 1106	Allylamine 3 (8), II, (D/E)	40 l/55 kg

▶ Für alle Eintragungen ist die Schreibweise sowohl in Großbuchstaben als auch in Kleinbuchstaben erlaubt.

National nach Ausnahme 18 der GGAV

– kann bei der Beförderung in Versandstücken für eigene Zwecke (ohne Übergabe an Dritte) ohne Überschreitung der Grenzmenge von 1000 Punkten nach der Tabelle 1.1.3.6.3 des ADR auf das Beförderungspapier verzichtet werden.
Für Versandstücke der Beförderungskategorie 4 „unbegrenzte Menge" sind jedoch die gleichen Mengenangaben anzuwenden wie für Versandstücke der Beförderungskategorie 3.
– darf bei leeren ungereinigten Tanks und Containern auf ein eigenes Beförderungspapier verzichtet werden, wenn dafür das Beförderungspapier für das zuletzt darin enthaltene Gut mitgeführt wird.

1.13.3 Schriftliche Weisung

Der Fahrzeugführer benötigt für das richtige Verhalten bei Unfällen oder Zwischenfällen Informationen zum Gefahrgut bzw. zu der Gefahrgutladung. Deshalb hat der Beförderer dafür zu sorgen, dass der Fahrzeugführer diese schriftliche Weisung vor Fahrtantritt erhält.

Die schriftliche Weisung muss in der Sprache ausgestellt sein, die der Fahrer auch lesen und verstehen kann.

Der Fahrzeugführer hat die schriftliche Weisung vor **Fahrtantritt** durchzulesen.
(Ein Muster der schriftlichen Weisung befindet sich im Expertenpaket – Word-Dateien zum Ausdrucken.)

RID:
Für den Huckepackverkehr muss der Beförderer der Eisenbahn die schriftliche Weisung nach Abschnitt 5.4.3 des ADR übergeben (Forderung im § 37 GGVSEB).

Allgemeines Grundlagenwissen
Begleitpapiere

1.13.4 ADR-Bescheinigung

Die ADR-Bescheinigung ist der Nachweis für die spezielle Fahrerschulung für bestimmte Fahrzeugführer nach Abschnitt 8.2.1 ADR.

Im Besitz einer gültigen ADR-Bescheinigung müssen sein:

Fahrzeugführer,

- die Tanktransporte durchführen,
- die gefährliche Güter in loser Schüttung befördern,
- die gefährliche Güter in Versandstücken in kennzeichnungspflichtiger Menge befördern (> 1000 Punkte),
- die radioaktive Stoffe in nicht freigestellten Versandstücken befördern (gilt nicht für UN 2908–2911),
- die explosive Stoffe der Klasse 1 in Versandstücken in kennzeichnungspflichtiger Menge befördern.

ADR-Bescheinigung für den Nachweis der Fahrerschulung
(Vorderseite)

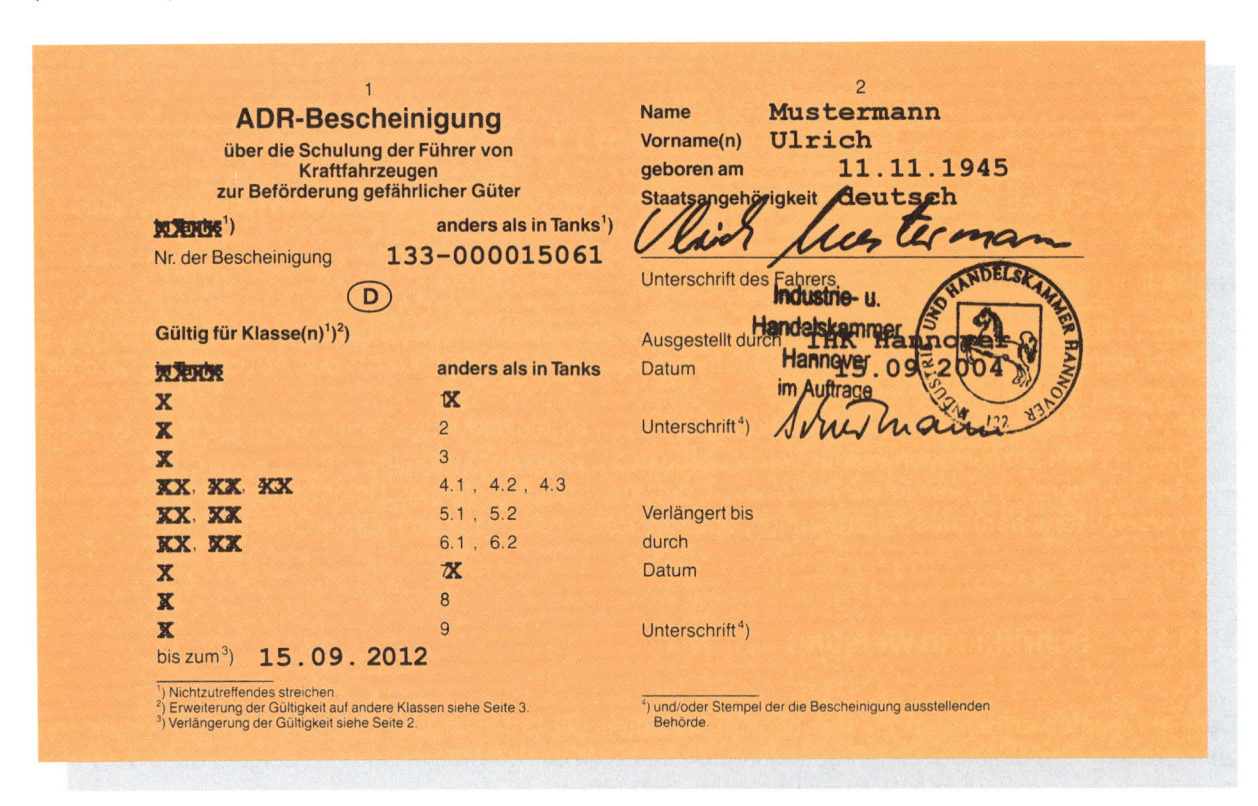

▶ Der Inhaber der abgebildeten Bescheinigung darf alle gefährlichen Güter in Versandstücken und in loser Schüttung, ausgenommen Klassen 1 und 7, sowie
  - ortsbewegliche Tanks, Tankcontainer und MEGC bis 3000 l Fassungsvermögen,
  - Aufsetztanks, Batterie-Fahrzeuge und Tankfahrzeuge bis 1000 l Fassungsvermögen,
fahren.

▶ Befördert ein Fahrer eine gemischte Sendung mit verschiedenen Gefahrgütern in Versandstücken, einschließlich Klasse-1-Stoffen, und wird die Tabelle 1.1.3.6.3 (> 1000 Punkte) überschritten, muss der Fahrer auch die Zulassung für die Klasse 1 haben, auch wenn dieser Stoff allein noch nicht die Mengengrenze nach Tabelle 1.1.3.6.3 überschreiten würde.

Allgemeines Grundlagenwissen
Begleitpapiere

1.13.5 ADR-Zulassungsbescheinigung für bestimmte Fahrzeuge

Bestimmte Fahrzeuge müssen für den Gefahrguttransport besondere technische und bauliche Ausrüstungen aufweisen. Mit dieser Bescheinigung wird dokumentiert, dass das Fahrzeug für bestimmte Gefahrgüter zugelassen ist. Die baulichen Anforderungen und die Einteilung in Fahrzeugtypen sind im Teil 9 des ADR festgelegt.

ADR-Zulassungsbescheinigung erforderlich für:

- Fahrzeuge des Typs EX/II und EX/III zur Beförderung von explosiven Stoffen oder Gegenständen mit Explosivstoff der Klasse 1
- Tankfahrzeuge, auch Saug-Druck-Tank-Fahrzeuge der Abfallentsorgung – Fahrzeugtypen FL, OX oder AT
- Batterie-Fahrzeuge über 1000 l Fassungsvermögen – Typen FL oder AT
- Trägerfahrzeuge für Aufsetztanks über 1000 l Fassungsvermögen – Typen FL, OX oder AT
- Trägerfahrzeuge für Tankcontainer, ortsbewegliche Tanks oder MEGC mit einem Fassungsraum von mehr als 3000 l – Typen FL, AT oder OX
- jedes ziehende Fahrzeug der vorher genannten Fahrzeuge
- Mischladefahrzeuge (MEMU), siehe Tabelle

Typen	Beschreibung
EX/II, EX/III	Fahrzeug zur Beförderung von explosiven Stoffen oder Gegenständen mit Explosivstoff (Klasse 1)
FL	Fahrzeug zur Beförderung flüssiger Stoffe mit einem Flammpunkt unter 60 °C oder brennbarer Gase (ausgenommen für Diesel oder Gasöl UN 1202 mit einem Flammpunkt entsprechend der Norm EN 590:2004)
AT	Fahrzeug zur Beförderung von Stoffen, die nicht den Fahrzeugtyp FL erfordern; Fahrzeuge zur Beförderung von Diesel/Heizöl oder Gasöl der UN 1202 nach Norm EN 590:2004
OX	Fahrzeug zur Beförderung von Wasserstoffperoxid, UN 2015 der Klasse 5.1, wässerige Lösung mit mehr als 60 %
MEMU	Abkürzung des englischen Begriffs „Mobile Explosives Manufacturing Unit", der im Deutschen als „Mischladefahrzeug" bekannt ist.

▶ Die Bescheinigung hat eine Gültigkeit von max. einem Jahr. Mit Ablauf des Gültigkeitsdatums darf kein Gefahrgut mehr befördert werden.

▶ Die Stoffzulassung eines Tankfahrzeuges/Batterie-Fahrzeuges kann im Abschnitt 10 der Bescheinigung namentlich aufgeführt sein oder es ist über die jeweilige Tankcodierung des Tanks (Typenschild) die Stoffzulassung nach ADR (Kapitel 4.3) zu ermitteln, wobei unabhängig davon auch die Füllgutverträglichkeit mit dem Werkstoff geprüft werden muss.

▶ EX/II- bzw. EX/III-Fahrzeuge sind nur erforderlich,
  - wenn die Tabelle 1.1.3.6.3 (> 1000 Punkte) überschritten wird,
  - bei Feuerwerkskörpern UN 0336/1.4 G ab einem Nettoinhalt von Explosivstoffen von mehr als 3000 kg (mit Anhänger 4000 kg) (Sondervorschrift 651).

▶ Auf Grund der Sondervorschrift V2 (2) dürfen Fahrzeuge des Typs EX/II oder EX/III, ausgenommen Sattelanhänger, auch von Fahrzeugen gezogen werden, die nicht als EX/II- oder EX/III-Fahrzeuge zugelassen sind.

Allgemeines Grundlagenwissen
Begleitpapiere

ZULASSUNGSBESCHEINIGUNG FÜR FAHRZEUGE ZUR BEFÖRDERUNG BESTIMMTER GEFÄHRLICHER GÜTER

Mit dieser Bescheinigung wird bestätigt, dass das nachstehend bezeichnete Fahrzeug die Anforderungen des Europäischen Übereinkommens über die internationale Beförderung gefährlicher Güter auf der Straße (ADR) erfüllt.

1. Bescheinigung Nr.:	2. Fahrzeughersteller:	3. Fahrzeug-Ident.-Nr.	4. amtl. Kennz. (wenn vorhanden):

5. Name und Betriebssitz des Beförderers, Betreibers (Halters) oder Eigentümers:

6. Beschreibung des Fahrzeugs:[1]

7. Fahrzeugbezeichnung(en) gemäß 9.1.1.2 des ADR[2]

    EX/II   EX/III   FL   OX   AT   MEMU

8. Dauerbremsanlage:[3]
- ❏ Nicht zutreffend
- ❏ Die Wirkung nach 9.2.3.1.2 des ADR ist ausreichend für eine Gesamtmasse der Beförderungseinheit von ____ t.[4]

9. Beschreibung des (der) festverbundenen Tanks/des (der) Batterie-Fahrzeuge(s) (wenn vorhanden)
9.1 Tankhersteller:
9.2 Zulassungsnummer des Tanks/des Batterie-Fahrzeugs:
9.3 Herstellungsnummer des Tanks/Identifizierung der Elemente des Batterie-Fahrzeugs:
9.4 Herstellungsjahr:
9.5 Tankcodierung gemäß 4.3.3.1 oder 4.3.4.1 des ADR:
9.6 Sondervorschriften TC und TE gemäß 6.8.4 des ADR (falls zutreffend): [6]

10. Zur Beförderung zugelassene gefährliche Güter:
Das Fahrzeug erfüllt die Anforderungen zur Beförderung gefährlicher Güter entsprechend der (den) unter Nummer 7 angegebenen Fahrzeugbezeichnung(en).

10.1 Im Falle eines EX/II- bzw. EX/III-Fahrzeugs[3]
- ❏ Güter der Klasse 1 einschließlich Verträglichkeitsgruppe J
- ❏ Güter der Klasse 1 ausgenommen Verträglichkeitsgruppe J

10.2 Im Falle eines Tankfahrzeugs/Batterie-Fahrzeugs[3]
- ❏ Es dürfen nur Stoffe befördert werden, die gemäß der unter Nummer 9 angegebenen Tankcodierung und den unter Nummer 9 angegebenen eventuellen Sondervorschriften zugelassen sind.[5]
  oder
- ❏ Es dürfen nur die folgenden Stoffe (Klasse, UN-Nummer, und, falls erforderlich, Verpackungsgruppe und offizielle Benennung für die Beförderung) befördert werden:

Es dürfen nur Stoffe befördert werden, die nicht dazu neigen, gefährlich mit den Werkstoffen des Tankkörpers, der Dichtungen, der Ausrüstung und der Schutzauskleidung (falls vorhanden) zu reagieren.

11. Bemerkungen:

12. Gültig bis: Stempel der Ausgabestelle

Ort, Datum, Unterschrift:

---

[1] Entsprechend den Begriffsbestimmungen für Kraftfahrzeuge und Anhänger der Kategorien N und O gemäß Anlage 7 der Gesamtresolution über die Konstruktion von Fahrzeugen (R.E.3) oder der Richtlinie 97/27/EG.
[2] Nicht zutreffendes streichen.
[3] Zutreffendes ankreuzen.
[4] Zutreffenden Wert eintragen. Ein Wert von 44 t beschränkt nicht die im (in den) Zulassungsdokument(en) angegebene „zulässige Zulassungs-/Betriebsmasse".
[5] Stoffe, die der unter Nummer 9 angegebenen oder einer anderen gemäß der Hierarchie in Absatz 4.3.3.1.2 oder 4.3.4.1.2 zugelassenen Tankcodierung unter Berücksichtigung der eventuellen Sondervorschrift(en) zugeordnet sind.
[6] Nicht erforderlich, wenn die zugelassenen Stoffe unter Nummer 10.2 aufgeführt sind.

Allgemeines Grundlagenwissen
Begleitpapiere

1.13.6 Fahrwegbestimmung, § 35 GGVSEB

Für bestimmte gefährliche Güter, von denen besondere (erhöhte) Gefahren während eines Straßentransportes ausgehen, sind in § 36 der GGVSEB Bestimmungen festgelegt, nach denen diese Stoffe auf der Straße befördert werden dürfen.

Die Stoffe, für die die Bestimmungen des § 36 GGVSEB angewendet werden müssen, sind in Anlage 1 der GGVSEB in folgenden Tabellen aufgeführt:

Tabelle 1: einige Stoffe der Klasse 1, sehr giftige polychlorierte Dibenzodioxine oder Furane, einige selbstzersetzliche Stoffe der Klasse 4.1

Tabelle 2.1: bestimmte unter Druck verflüssigte brennbare Gase

Tabelle 2.2: bestimmte brennbare, giftige und ätzende Gase

Tabelle 3: bestimmte sehr gefährliche Stoffe der Klassen 3, 4.2, 4.3, 5.1, 6.1 und 8

Tabelle 4: bestimmte entzündbare Flüssigkeiten der Klasse 3, Verpackungsgruppe I oder II

Grundsätzlich wird angestrebt, diese gefährlichen Transporte über die Verkehrsträger Schiene und Binnenschifffahrt durchzuführen. Für alle Strecken, ausgenommen die Autobahn, müssen für den Straßentransport Genehmigungen (Fahrwegbestimmung, Fahrstreckenbeschreibung der zuständigen Behörden) vorliegen. Der Absender, der solche Stoffe transportieren lassen möchte, muss bei Auftragsvergabe den Beförderer auf die Anwendung des § 36 der GGVSEB hinweisen. Außerdem hat er zu prüfen, ob diese Beförderung nicht über Schiene oder Binnenschiffahrt durchgeführt werden kann, ausgenommen für Stoffe nach der Tabelle 4.

Für Stoffe der Tabellen 1–3:

▶ Bei der Beförderung über Eisenbahn im Huckepackverkehr ist für den Transport zum Verladebahnhof eine Reservierungsbestätigung der Eisenbahn mitzuführen.

▶ Sind Beförderungen über Eisenbahn oder Binnenschifffahrt (Containerverkehr) nicht möglich, ist dies durch eine Bescheinigung des Eisenbahn-Bundesamtes und der Wasser- und Schifffahrtsdirektion nachzuweisen. Nur dann kann eine Fahrwegbestimmung für die Straße beantragt werden.

Für Stoffe der Tabelle 4:

▶ Eine Fahrwegbestimmung für diese Stoffe zur Beförderung auf der Straße (ausgenommen Autobahnen) ist nur erforderlich, wenn diese Stoffe in Tanks über 100 km Entfernung und in Mengen über 3000 l (Verpackungsgruppe I) oder über 6000 l (Verpackungsgruppe II) befördert werden, es sei denn, die Beförderung findet in
a) Drucktanks mit mindestens 4 bar Prüfüberdruck,
b) doppelwandigen Tanks
statt.

▶ Eine Prüfung auf alternative Beförderungen über Eisenbahn oder Binnenschifffahrt ist hier nicht erforderlich.

Für alle Stoffe der Tabellen 1–4:

▶ Diese nationalen Regelungen sind auch von ausländischen Unternehmen einzuhalten.

Allgemeines Grundlagenwissen
Übungsaufgaben

1.14 Übungsaufgaben zu den Kapiteln 1.9 bis 1.13

1. Isobutylamin der Klasse 3, UN 1214, Verpackungsgruppe II, Klassifizierungscode FC (flammable, corrosive), wird in einem Großpackmittel auf der Straße/Schiene versendet. Welche, wieviele und wo müssen Aufschriften und Kennzeichnungen nach Gefahrgutrecht angebracht werden? (Angabe der Gefahrzettelnummer genügt)

GZ 3 u. 8 (10×10cm) und UN 1214 auf 2 ggü. Seiten wenn >450 L

2. Ein Lkw befördert folgende Stückgüter (Versandstücke):

- UN 1885 BENZIDIN 6.1/II, 100 l (netto) in einem Fass
- UN 1872 BLEIDIOXID 5.1/III, 650 kg (netto) in Kisten

Muss der Lkw mit orangefarbenen Tafeln gekennzeichnet werden?

Nein, da 950 Punkte somit < 1000 P (1.1.3.6. ADR)

3. Für die Beförderung von 1000 l Gefahrgut (Abfall, bestehend aus Methanol und Trichloressigsäure) in 5 Fässern wird im Abfallbegleitschein als Beförderungspapier Folgendes eingetragen:

UN 3286 ENTZÜNDBARER FLÜSSIGER STOFF, GIFTIG, ÄTZEND, N.A.G., 3, 5 Fässer

Welche Angaben fehlen hier im Beförderungspapier nach ADR?

Abfall UN 3286...
in Klammern hinter der techn. Bezeichnung (Methanol, Trichloressigsäure)
Volumen 1000 L, Nummern der GZ in Klammern 3, (6.1/8)
Vgr. I, II o. III je Gefährlichkeitsgrad

4. UN 1715 Essigsäureanhydrid, 8 (3), II, 1500 l in Fässern. Welche Ausrüstungsgegenstände muss der Fahrer mitführen, welche Sie vor der Beladung als Verlader überprüfen?

2x 6kg ABC Pulverlöscher, 2 selbststehende Warneinrichtungen, je Fahrzeug 1 Unterlegkeil, je Mitglied d. Fahrz. Besatzung eine Handlampe u. 1 Warnweste; Ausrüstung gem. schriftliche Weisungen: Augenspülflasche, Schutzhandschuhe, Schutzbrille, Schaufel, Kanalisationsabdeckung u. Auffangbehälter aus Kunststoff

Allgemeines Grundlagenwissen
Übungsaufgaben

5. Mehrere Kisten (Kartons) mit Gefahrgut der Klasse 3 wurden auf einer Palette zu einer Ladeeinheit zusammengestellt und mit schwarzer Schrumpffolie umgeben. Die einzelnen Kisten sind mit Gefahrzettel und UN-Nummer gekennzeichnet und nicht beschädigt.

Können Sie diese Ladeeinheit so übergeben?

Nein, zusätzlich außen UN-Nr. u. Gz der einzelnen Versandstücke in der Umverpackung u. der Richtungspfeile ggf. zu kennzeichnen

6. Beim Umladen wurde ein Kanister beschädigt.

Wie kann dieser beschädigte Kanister weiterbefördert werden, und welche Besonderheit ist dazu beim Beförderungspapier zu beachten?

mit Bergungsverpackung (bauartgeprüft) außen mit UN-Nr. u. Gz u. Aufschrift Bergung kennzeichnen. Im Bef. Papier Vermerk: Bergungsverp. Ohne Bergungsverp. = Beförderungsbedenklichkeiten, Umfüllen etc.)

7. Ein Fahrzeugführer möchte von Ihnen 20 Kanister je 20 l UN 1090 Aceton 3/II abholen. Der Fahrzeugführer ist nicht im Besitz einer gültigen ADR-Bescheinigung.

Können Sie ihm die Sendung übergeben?

Nein, da mehr als 1000 Pk (400 × 3 = 1200 Punkte)

Allgemeines Grundlagenwissen
Notwendigkeit der Unterweisung

1.15 Warum ist diese Schulung/Unterweisung notwendig?

> Stellen Sie sich vor:
> Ein Flugzeugkapitän, der eine Frachtmaschine mit Gefahrgut fliegt, erhält während des Fluges Alarm über den Ausfall von hydraulischen Systemen und muss eine Notlandung einleiten. Bei den hydraulischen Systemen handelt es sich um das Fahrwerk – Bruchlandung?
>
> Ursache:
> Es wurden ätzende Stoffe in nicht zugelassenen Verpackungen (keine ausreichende Füllgutverträglichkeit mit dem Werkstoff) geladen, und diese Flüssigkeit ließ nach einiger Zeit die Fässer undicht werden.
>
> Dieses Beispiel sollte zum Nachdenken anregen. Auch auf der Straße verlässt sich der Fahrzeugführer darauf, dass alle Arbeiten vor der Beladung vorschriftenkonform durchgeführt wurden, und er hat wiederum seine Pflichten während des Transports zu erfüllen.

Wegen der unterschiedlichen und vielfältigen Gefahren, die von der Beförderung von gefährlichen Gütern ausgehen und die beteiligte und unbeteiligte Personen sowie die Umwelt, Tiere und Pflanzen schädigen können, sollen Regelwerke (Vorschriften) eine sichere Beförderung gewährleisten.

Merke

✔ Die Sicherheit beim Gefahrguttransport wird jedoch erst dann gewährleistet, wenn alle Beteiligten an einer Gefahrgutbeförderung die Vorschriften kennen und richtig anwenden.

Das Risiko solcher Transporte kann und muss durch

- **Mitarbeiterschulung/Information,**
- **Aufrechterhaltung des technischen Standards,**
- **innerbetriebliche organisatorische Maßnahmen**

reduziert werden.

Jeder Einzelne hat die Pflicht, vorschriftenkonform zu handeln, auch wenn er der Meinung ist, dass es doch relativ kleine Mengen oder harmlose Stoffe sind, die in seinem Unternehmen befördert werden.
Auch wenn es sich mal eben nur um einige ausgelaufene Liter oder ein undichtes Fass usw. handelt, so kann doch die Summe von tausendfachen kleinen Verstößen tagtäglich einen erheblichen Schaden gegenüber der Umwelt und den Menschen anrichten.

Einige Beispiele für Vergehen, die durch Kontrollen ermittelt wurden (die meisten davon zum Glück noch rechtzeitig, bevor sie zu einem Schaden führen konnten), sollen dies verdeutlichen.

1. Mangelnde Ladungssicherung auf den Fahrzeugen.
   Die nach wie vor herrschende Unkenntnis von Beladepersonal und auch Fahrzeugführern zu diesem Thema hat mittlerweile dramatische Ausmaße angenommen. Häufig fehlen dem Fahrer oder dem Beladepersonal auch die geeigneten Ladungssicherungsmittel. Hier sind betriebsinterne Spezialschulungen gefordert.

2. Fehlende oder nicht funktionierende Ausrüstungsgegenstände, wie Feuerlöscher, Warnleuchten.

3. Nicht, falsch oder unzureichend gekennzeichnete Fahrzeuge, Tanks, Verpackungen oder Container.

4. Nicht oder falsch klassifizierte Gefahrgüter mit den daraus resultierenden Folgen, wie falsche Verpackung, falsche Kennzeichnung, falsche Begleitdokumente, falsches Beförderungsmittel, falsche Maßnahmen bei Unfällen oder Zwischenfällen usw.

Allgemeines Grundlagenwissen
Notwendigkeit der Unterweisung

5. Beförderung gefährlicher Güter durch Fahrzeugführer, die nicht im Besitz einer gültigen ADR-Bescheinigung (Schulungsnachweis) sind.

6. Einsatz von nicht verkehrs- und betriebssicheren Fahrzeugen. Keine vollständigen und richtig durchgeführten Abfahrtskontrollen durch den Fahrzeugführer.

7. Fehlende oder unvollständige Begleitdokumente während der Beförderung.

8. Nichteinhalten der Schlechtwetterregel.
   Das Fahren bei Schnee- und Eisglätte oder Sichtweiten unter 50 m stellt ein sehr hohes Transportrisiko dar (Forderung gem. § 2 Abs. 3a der StVO).

9. Beförderung von gefährlichen Gütern als Nicht-Gefahrgut.

10. Der Fahrzeugführer wurde bei Übernahme der Ladung nicht auf das Gefahrgut hingewiesen und wusste während der Beförderung nicht, dass er gefährliche Güter geladen hat.

11. Nichteinhalten der gesetzlichen Sozialvorschriften (Lenk- und Ruhezeiten) für das Fahrpersonal. Viele Unfälle geschehen durch Übermüdung der Fahrzeugführer. Der Termindruck der Auftraggeber spiegelt sich hier wider.

12. Nichtbeachten von Zusammenladeverboten.

13. Nichterkennen der Gefahren von gefährlichen Gütern durch unkundiges und nicht informiertes oder nicht geschultes Personal und daraus resultierende leichtfertige Handhabung.

14. Falsch oder nicht eingeleitete schadensreduzierende Maßnahmen bei Unfällen oder Zwischenfällen durch Beteiligte (wie Fahrzeugführer) durch Unkenntnis oder fehlende Ausrüstungsgegenstände.

15. Beförderungen ohne Beachtung der vorgegebenen sicherheitsrelevanten Vorschriften aus wirtschaftlichen Gründen.

> Negative Erkenntnisse aus Kontrollen und Gefahrgutunfällen führen dazu, dass immer strengere Vorschriften erlassen werden. Auch neue Erkenntnisse und technischer Fortschritt zwingen zu ständiger Anpassung und Erneuerung der Vorschriften, so dass eine ständige Information/Schulung unumgänglich ist.

Pflichten und Spezialwissen
Inhalt

2 Pflichten und Spezialwissen für einzelne Verantwortliche

2.1	Pflichten des Absenders und des Auftraggebers des Absenders	120
2.2	Pflichten des Verpackers (§§ 23, 28 GGVSEB)	127
2.3	Pflichten des Verladers	138
2.4	Pflichten des Befüllers	142
2.5	Pflichten des Beförderers	150
2.6	Pflichten des Fahrzeugführers bei der Beförderung unterhalb der Mengengrenzen nach Abschnitt (Tabelle) 1.1.3.6.3 ADR	155

Pflichten und Spezialwissen
Absender

2.1 Pflichten des Absenders und des Auftraggebers des Absenders

> **Absender** im Sinne des § 2 GGVSEB und des Abschnitts 1.2.1 ADR/RID ist das Unternehmen, das selbst oder für einen Dritten gefährliche Güter versendet. Erfolgt die Beförderung auf Grund eines Beförderungsvertrages, gilt als Absender derjenige, der laut diesem Vertrag als Absender auftritt.

Ein **Beförderungsvertrag** ist eine beiderseitige Willenserklärung, die schriftlich, mündlich oder auf andere Art und Weise (z.B. fernmündlich, Fax usw.) hergestellt werden kann.

Der **Beförderer ist dann Absender,** wenn kein Beförderungsvertrag abgeschlossen wird. Dies ist in der Regel dann der Fall, wenn ein Unternehmen seine eigenen Güter mit eigenen Fahrzeugen (sowohl im gewerblichen als auch im privaten Bereich) befördert.

> **Auftraggeber des Absenders** ist derjenige, der einen anderen mit dem Transport beauftragt und der Beauftragte diesen Transportauftrag jedoch nicht selbst ausführt, sondern an einen Dritten weitervermittelt. Den Beförderungsvertrag schließen somit der Beauftragte und der Beförderer (Dritte). Der ursächliche Auslöser des Beförderungsauftrages wird dann „Auftraggeber des Absenders".

Im gewerblichen Speditionsgewerbe wird häufig ein sogenannter Speditionsvertrag geschlossen. Der Spediteur führt jedoch den eigentlichen Transportauftrag nicht selbst durch, sondern vergibt diesen Auftrag an einen Fuhrunternehmer (Sub-Unternehmer). Der Spediteur schließt also den Beförderungsvertrag und wird **somit Absender**. Der Auftraggeber (Vertragspartner lt. Speditionsvertrag) wird **„Auftraggeber des Absenders"**.

Die Pflichten des Auftraggebers des Absenders (gemäß § 18 GGVSEB)

1. Er muss dem Absender die erforderlichen Angaben über das Gefahrgut gemäß der Unterabschnitte 5.4.1.1 und 5.4.1.2 des ADR/RID schriftlich mitteilen:
   - UN-Nummer, technische Bezeichnung, Gefahrzettelnummer(n), evtl. Verpackungsgruppe
   - Menge (Brutto-Volumen oder Nettomasse, Volumen)
   - Anzahl und Beschreibung
   - bei Anwendung der Tabelle 1.1.3.6.3 (bis 1000 Punkte) in Versandstücken: die Menge je Beförderungskategorie
   - Name und Anschrift des Absenders (nicht im ADR)
   - Name und Anschrift des Empfängers
   - Hinweis auf entsprechende Sonderregelungen, Vereinbarungen, Ausnahmen
   - Sonderangaben gemäß 5.4.1.2 für Stoffe der Klassen 1, 2, 5.2, 6.2 und 7
2. Er muss bei der Versendung von gefährlichen Gütern als „freigestellte Versandstücke" nach Kapitel 3.5 und als „Güter in begrenzten Mengen" nach Kapitel 3.4 den Absender darauf hinweisen.

Die Pflichten des Absenders (gemäß §§ 19, 28 GGVSEB)

1. Er muss den Beförderer auf die erforderlichen Angaben über das Gefahrengut gemäß Absatz 5.4.1.1.1 Buchstabe a–d oder 5.4.1.1.2 Buchstabe a–d hinweisen:
   - UN-Nummer, technische Bezeichnung, Gefahrzettelnummer(n), evt. Verpackungsgruppe
   - Menge und Anzahl der Versandstücke
2. Er muss bei der Beförderung in freigestellten Mengen nach Kapitel 3.5 oder in begrenzten Mengen nach Kapitel 3.4 darauf hinweisen.
3. Er muss bei der Beförderung in begrenzten Mengen nach Kapitel 3.4 die Bruttomasse angeben.
4. Er hat darauf zu achten, dass ein Beförderungspapier erstellt wird und alle geforderten Angaben, Einträge und Vermerke angegeben werden.
5. Er hat dafür Sorge zu tragen, dass bei Genehmigungen, Abweichungen, Ausnahmen usw. die erforderlichen Zeugnisse, Ausnahmegenehmigungen mitgegeben werden.

Pflichten und Spezialwissen
Absender

6. Er muss den Verlader auf die Begasung von Einheiten schriftlich hinweisen und die geeignete Sprache für das Warnzeichen angeben.

Zusätzlich im RID

9. Der Absender hat dafür Sorge zu tragen, dass dem Beförderer im Huckepackverkehr die schriftlichen Weisungen nach ADR mitgegeben werden.
10. Er muss darauf achten, dass die Vorschriften für den Versand als Expressgut beachtet werden.
11. Der Absender hat dafür zu sorgen, dass an ungereinigten und nicht entgasten leeren Tanks, Wagen, Großcontainern und Kleincontainern für Güter in loser Schüttung, die Großzettel und die orangefarbenen Tafeln angebracht sind.

2.1.1 Verantwortlichkeit des Absenders für den Inhalt des Beförderungspapiers

Der Absender hat dafür zu sorgen, dass für jede Sendung ein Beförderungspapier nach Abschnitt 5.4.1 mitgegeben wird, sofern das ADR/RID dies fordert, sowie die erforderlichen Angaben im Beförderungspapier enthalten sind:

- anwendbare Sondervorschriften der Spalte 6 der Tabelle A
- Abschnitt 5.4.1 des ADR/RID
- Unterabschnitt 6.7.1.3 ADR/RID

A) Grundsätzliche Angaben und Sonderangaben für alle Klassen

(zusätzliche Sonderregelungen für bestimmte Klassen, siehe unter C); für Klasse 7 siehe Teil 4)

Angaben	Bemerkungen	Fundstelle
UN 2357	UN-Nummer	5.4.1.1.1 a
CYCLOHEXYLAMIN	offizielle Benennung und evtl. ergänzt durch die technische Benennung in Klammern: – Abschnitt 3.1.2 – Absatz 3.1.2.8.1.1	5.4.1.1.1 b
8 (3)	Gefahrzettelnummer (Nebengefahren in Klammern) – Tabelle A Spalte 5 – oder gemäß einer Sondervorschrift aus der Spalte 6 – der Spalte 3a, wenn keine Gefahrzettelnummer in Spalte 5 ist	5.4.1.1.1 c
II oder **VG II**	Angabe der Verpackungsgruppe, soweit zutreffend. Die Initialen „VG" dürfen vorangestellt werden.	5.4.1.1.1 d
„(E)"	Angabe des Tunnelbeschränkungscodes aus der Spalte 15 der Tabelle A des ADR	5.4.1.1.1 k
10 Kanister (3H1)	Anzahl und Beschreibung der Versandstücke. Der UN-Verpackungscode darf ergänzt werden.	5.4.1.1.1 e

Pflichten und Spezialwissen
Absender

Angaben	Bemerkungen	Fundstelle
200 l	Die Gesamtmenge jedes gefährlichen Gutes mit unterschiedlicher UN-Nummer, Benennung oder Verpackungsgruppe als Volumen, Brutto- oder Nettomasse **Bemerkung:** – Bei Anwendung des Unterabschnitts 1.1.3.6 muss für jede Beförderungskategorie (Spalte 15) die Gesamtmenge angegeben werden; – bei gefährlichen Gütern in Ausrüstungen oder Geräten die Gesamtmenge der darin enthaltenen gefährlichen Güter in Liter oder Kilogramm.	5.4.1.1.1 f
Name und Anschrift des Absenders		5.4.1.1.1 g
Name und Anschrift des Empfängers	Bei mehreren Empfängern dürfen Name und Anschrift der Empfänger sowie die Liefermengen auch in anderen Papieren enthalten sein.	5.4.1.1.1 h 5.4.1.4.1
Verkauf bei Lieferung	Bei mehreren Empfängern, die vor Beförderungsbeginn nicht bekannt sind, darf anstelle der Empfänger dieser Vermerk angebracht werden (Zustimmung der von der Beförderung berührten Staaten erforderlich).	5.4.1.1.1 h

5.4.1.1.1 a–d müssen in der vorgeschriebenen Reihenfolge erscheinen, anschließend der Tunnelbeschränkungscode. Der Tunnelbeschränkungscode muss nicht angegeben werden, wenn vor der Beförderung bekannt ist, dass keine Tunnel durchfahren werden.

B) Eventuelle ergänzende Sonderangaben für alle Klassen

Angaben	Bemerkungen	Fundstelle
Abfall, UN …	Das Wort „Abfall" vor der UN-Nummer, wenn es sich um Abfälle handelt	5.4.1.1.3
…„Abfall nach Absatz 2.1.3.5.5"	Bei Abfällen, die nach den Bestimmungen von Absatz 2.1.3.5.5 klassifiziert wurden	5.4.1.1.3
Bergungsverpackung	Bei der Verwendung von Bergungsverpackungen	5.4.1.1.5
Leer, ungereinigt oder **Rückstände des zuletzt enthaltenen Gutes**	Für leere ungereinigte Umschließungsmittel (außer Klasse 7) muss nach der Benennung gemäß 5.4.1.1.1 b dies angegeben werden. Die Mengenangabe nach 5.4.1.1.1 f entfällt.	5.4.1.1.6.1

Pflichten und Spezialwissen
Absender

Leere Verpackung, 8 (3) **Leeres Gefäß, 2** **Leeres Großpackmittel, 8 (3)** **Leere Großverpackung, 8 (3)**	**Alternativ auch möglich:** Diese Angaben nach diesen Bestimmungen entfallen: – 5.4.1.1.1 a, b und d – bei Gefäßen für Gase mit max. 1000 l Fassungsraum	5.4.1.1.6.2.1
Leeres Tankfahrzeug, … **Leerer Aufsetztank, …** **Leeres Batterie-Fahrzeug, …** **Leerer Tankcontainer, …** **Leerer MEGC, …** **Leerer ortsbeweglicher Tank, …** gefolgt von z.B.: **letztes Ladegut: UN 2357 Cyclohexylamin, 8 (3), II**	**Alternativ für Tanks und Gefäße für Gase > 1000 l auch möglich:** – Mengenangabe nach 5.4.1.1.1 f entfällt	5.4.1.1.6.2.2
Leere ungereinigte Rücksendung	**Alternativ für eine Rücksendung auch möglich:** – bei der Rücksendung an den ursprünglichen Absender unter Verwendung des ursprünglichen Beförderungspapiers – Anstelle der Mengenangabe (Durchstreichung) darf dieser Vermerk eingetragen werden.	5.4.1.1.6.2.3
Beförderung nach Absatz 4.3.2.4.3	Ungereinigte leere Tanks, MEGC oder Batterie-Fahrzeuge werden gemäß 4.3.2.4.3 zur nächsten Reinigung oder Reparatur befördert.	5.4.1.1.6.3 a
Beförderung nach Absatz 4.3.2.4.4	Bei der Beförderung von Kesselwagen, Tankfahrzeugen, abnehmbaren Tanks, Aufsetztanks, Batteriewagen/-Fahrzeugen, Tankcontainern und MEGC zur Beförderung nach Ablauf der Prüffrist	5.4.1.1.6.4
Beförderung nach Unterabschnitt 7.5.8.1	Ungereinigte leere Fahrzeuge oder Container werden gemäß 7.5.8.1 zur nächsten Reinigung oder Reparatur befördert.	5.4.1.1.6.3 b
Beförderung nach Absatz 1.1.4.2.1	Beförderungen in einer Transportkette, die eine See- oder Luftbeförderung einschließt	5.4.1.1.7
Angabe der Gesamtmenge je Beförderungskategorie	Bei der Anwendung/Versendung von Mengen, die unterhalb der festgelegten Mengen nach Tabelle 1.1.3.6.3 liegen	5.4.1.1.1 f Bemerkung 1
Beförderung nach Unterabschnitt 4.1.2.2 b	Bei der Beförderung von IBC nach Ablauf der Prüffrist gemäß 4.1.2.2 zur Prüfung oder Inspektion	5.4.1.1.11

Pflichten und Spezialwissen
Absender

Beförderung nach Absatz 6.7.2.19.6 b Beförderung nach Absatz 6.7.3.15.6 b bzw. Beförderung nach Absatz 6.7.4.14.6 b	Bei der Beförderung von ortsbeweglichen Tanks nach Ablauf der Prüffrist zur Prüfung	5.4.1.1.11
Geschmolzen Erwärmt oder **Heiß**	Bei der Beförderung von Stoffen in flüssigem Zustand (> 100 °C) oder in festem Zustand (> 240 °C) und wenn durch die offizielle Benennung nicht erkennbar ist, dass sich der Stoff unter erhöhter Temperatur befindet	5.4.1.1.14
Kontrolltemperatur: ... °C Notfalltemperatur: ... °C	Wenn das Wort „stabilisiert" Teil der offiziellen Benennung ist und diese Stabilisierung durch eine Temperaturkontrolle erfolgt	5.4.1.1.15
Sondervorschrift 640x	– Wenn in der Spalte 6 der Tabelle A bei der Beförderung in Tanks diese Nummer angegeben ist – Anstelle des „x" steht der tatsächliche Buchstabe aus der Spalte 6. – Auf diese Angabe kann bei einem Tanktyp, der für eine bestimmte Verpackungsgruppe einer bestimmten UN-Nummer den höchsten Anforderungen genügt, verzichtet werden.	5.4.1.1.16
Schüttgutcontainer BK(x) von der zuständigen Behörde von ... zugelassen	Bei der Beförderung von festen Stoffen gemäß Abschnitt 6.11.4 in Schüttgutcontainern, wenn die Container nicht dem CSC-Abkommen entsprechen	5.4.1.1.17
Angabe der Genehmigung	Ist in Spalte 10 der Tabelle A keine Anweisung für ortsbewegliche Tanks (T 1 bis T 23 oder T 50, T 75) angegeben, kann die zuständige Behörde eine vorläufige Genehmigung erteilen.	6.7.1.3
UN ..., ..., Probe, ...	Bei der Versendung von Proben wird anstelle der technischen Benennung nach der offiziellen Bezeichnung dieses Wort angegeben.	2.1.4.1
Ausnahme Nr. ... oder **Beförderung vereinbart nach Abschnitt 1.5.1 (M ...)** oder **Nummer der Einzelausnahme**	Bei der Versendung unter Anwendung einer Ausnahme nach: – GGAV (national) – multilateraler Vereinbarung (Abschnitt 1.5.1 ADR/RID) – § 5 GGVSEB	

Pflichten und Spezialwissen
Absender

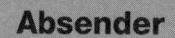

C) Ergänzende Sondervorschriften/Angaben für verschiedene Klassen

Klasse 1		
UN 0224 Bariumazid, 1.1 D, (6.1)	– UN-Nummer – Benennung – der Klassifizierungscode aus der Spalte 3b der Tabelle A – Evtl. angegebene Zusatzgefahren als Gefahrzettelnummer aus der Spalte 5 werden in Klammern ergänzt.	5.4.1.1.1 a 5.4.1.1.1 b 5.4.1.1.1 c
Nettomasse Explosivstoff ... kg	Für jeden Stoff oder Gegenstand mit unterschiedlicher UN-Nummer	5.4.1.2.1
Gesamtnettomasse ... kg	Für alle Stoffe oder Gegenstände, für die das Beförderungspapier gilt	5.4.1.2.1 a
Güter der UN-Nummer ...	Zwei oder mehrere verschiedene Stoffe werden gemäß MP 1, MP 2, MP 20 bis MP 24 (Abschnitt 4.1.10) zusammengepackt.	5.4.1.2.1 b
Verpackung von der zuständigen Behörde von ... zugelassen	Bei der Versendung von Explosivstoffen nach der Verpackungsanweisung P 101 (Unterabschnitt 4.1.4.1)	5.4.1.2.1 e
Klassifizierung von der zuständigen Behörde von ... anerkannt	Bei der Beförderung von Feuerwerkskörpern der UN 0333, 0334, 0335, 0336 und 0337	5.4.1.2.1 g

Klasse 2		
Vol.-% oder Masse-%	Bei der Beförderung von Gasgemischen (Absatz 2.2.2.1.1) in Tanks	5.4.1.2.2 a
Beförderung gemäß Unterabschnitt 4.1.6.10	Bei der Beförderung von Gasgefäßen, deren Prüffrist abgelaufen ist, zur Prüfung oder zur Entsorgung	5.4.1.2.2 b

Klasse 4.1 selbstzersetzliche Stoffe und Klasse 5.2 organische Peroxide		
Kontrolltemperatur: ... °C Notfalltemperatur: ... °C	Stoffe dieser Klassen, die unter Temperaturkontrolle befördert werden	5.4.1.3.2.1
Gefahrzettel nach Muster 1 nicht erforderlich	Für bestimmte Stoffe, die als Zusatzgefahr „explosiv" sind, kann mit Zustimmung der zuständigen Behörde der Gefahrzettel Nr. 1 entfallen.	5.4.1.2.3.2
Beförderung gemäß Absatz 2.2.52.1.8	Für Stoffe, für die eine Genehmigung zur Beförderung erforderlich ist (Absatz 2.2.41.1.13 und 4.1.7.2.2, Absatz 2.2.52.1.8 und 4.1.7.2.2)	5.4.1.2.3.3
Beförderung gemäß Absatz 2.2.52.1.9	wenn ein Muster eines selbstzersetzlichen Stoffes oder organischen Peroxids befördert wird	5.4.1.2.3.4

Klasse 6.2		
Name und Telefonnummer	Zusätzlich zum Empfänger ist der Name und die Telefonnummer einer verantwortlichen Person anzugeben.	5.4.1.2.4

Pflichten und Spezialwissen
Absender

Klasse 8		
Beförderung bei einer Mindesttemperatur des Stoffes von 32,5 °C	Bei der Versendung von UN 1829 Schwefeltrioxid in Tanks ohne Inhibitor	Sondervorschrift 623, Abschnitt 3.3.1

Klasse 9		
Kühlen auf ... °C oder **Beförderung im gefrorenen Zustand** oder **nicht gefrieren**	Bei der Versendung von UN 3245; Genetisch veränderte Mikroorganismen, ergänzende Angaben, soweit zutreffend	Sondervorschrift 637, Abschnitt 3.3.1
Lithium-Metall bzw. **Lithium-Ionen**	Die Versendung von UN 3090 Lithiumbatterien und UN 3091 Lithiumbatterien in Ausrüstungen muss von einem Dokument begleitet werden mit diesen Angaben. Zusätzlich: – Hinweis auf sorgsame Behandlung des Versandstückes – Entzündungsgefahr! – Bei Beschädigung sind besondere Verfahren zur Kontrolle und erneutem Verpacken erforderlich. – Telefonnummer für zusätzliche Informationen	Sondervorschrift 188, Abschnitt 3.3.1

National nach § 36 der GGVSEB		
Beförderung nach § 36 Absatz 4 Nr. 2 GGVSEB	Bei der Beförderung von Gütern gemäß Anlage 1 (Tabelle 1–3)	§ 36 Abs. 6 GGVSEB

Zusätzlich im RID		
... 1.1D (+15) oder **... 1.1G (+13)**	Angabe der Rangierzettelnummer 13 oder 15 bei Stoffen der Klasse 1, soweit dies in der Spalte 5 der Tabelle A gefordert ist	5.4.1.1.1 (c)
... (+15)	Angabe des Rangierzettels Nr. 15 bei den Klassen 2–9, soweit dies in der Spalte 5 der Tabelle A gefordert ist, unmittelbar nach der Gefahrzettelnummer	5.4.1.1.1 (c)
66/UN 1692 ...	die Gefahrnummer aus Spalte 20 der Tabelle A vor der UN-Nummer im Tankverkehr, lose Schüttung	5.4.1.1.1 (i)

Pflichten und Spezialwissen
Verpacker

2.2 Pflichten des Verpackers (§§ 23, 28 GGVSEB)

2.2.1 Pflichten des Verpackers bei Verpackungen und Großverpackungen

Wer eigenverantwortlich gefährliche Güter zum Zwecke der Beförderung verpackt, hat folgende Pflichten zu erfüllen:

- verkehrsträgerspezifische Auswahl des richtigen und zugelassenen Packmittels (Spalte 8 und 9a der Tabelle A)
- vorgeschriebene Verpackung bei Versendung als freigestelltes Gefahrgut (Spalte 7b der Tabelle A i.V. mit Kapitel 3.5) oder Gefahrgut in begrenzten Mengen (Spalte 7a der Tabelle A i.V. mit Kapitel 3.4)
- Festlegung der Verpackungsgruppe (Leistungsbuchstabe) X, Y oder Z anhand der Klassifizierung des gefährlichen Gutes *(vgl. Kap. 1.7.3)*
- Prüfung der Verpackung auf Dichtheit und Unversehrtheit
- **Bei zusammengesetzten Verpackungen und Einzelverpackungen für Feststoffe:**
  - bei zerbrechlichen Innenverpackungen Polster- und Saugstoffe einsetzen, die nicht gefährlich mit dem Gut reagieren
  - max. Bruttohöchstmasse beachten
  - geeignete Innenverpackungen verwenden
  - sicheren Verschluss der Innen- und Außenverpackung gewährleisten
  - bei verschiedenen gefährlichen Gütern in einer Außenverpackung die Zusammenpackverbote beachten. (Es darf keine gefährliche chemische Reaktion erfolgen!)
  - chemische Verträglichkeit des Füllgutes mit der Innenverpackung beachten
- **Bei Kanistern und Fässern für Flüssigkeiten:**
  - höchstzulässigen Füllungsgrad beachten (stoffspezifisch)
  - Verträglichkeit des Füllgutes mit dem Verpackungswerkstoff und dem Verschluss
  - sicherer und dichter Verschluss
  - höchstzulässige Schüttdichte (spezifisches Gewicht) beachten
  - max. Prüfüberdruck des Behälters beachten (Es dürfen nur Stoffe eingefüllt werden, deren Dampfdruck bei 50 °C diesen Wert nicht übersteigt – Angabe in der Codierung.)
- Zusätzlich ist **bei IBC** (soweit erforderlich) die Gültigkeit der Wiederholungsprüfungen (am Typenschild; 2½-jährliche und 5-jährliche Prüfungen) zu prüfen.
- Kennzeichnung der Versandstücke mit den vorgeschriebenen Gefahrzetteln und der UN-Nummer des Stoffes, IBC und Großverpackungen an zwei gegenüberliegenden Seiten
- bei zusätzlicher Verwendung von Umverpackungen eventuell auch Kennzeichnung dieser Umverpackungen, wenn die Kennzeichnungen nicht mehr ausreichend sichtbar sind, sowie die Aufschrift „Umverpackung"
- ggf. Kennzeichnung mit Ausrichtungspfeilen an zwei gegenüberliegenden Seiten der Außenverpackung vornehmen, falls Verschlüsse der Innenverpackung nicht sichtbar oder Gefäße mit Lüftungseinrichtungen verpackt sind; Einhalten der Vorschriften über die Ausrichtung des Versandstückes
- spezielle Verpackungsauflagen oder zusätzliche Kennzeichnungen können stoff- und/oder klassenbezogen gefordert sein, z.B. Klasse 1, 2, 6.2 und 7
- Kunststoffkanister/-fässer und Kunststoff-IBC dürfen maximal fünf Jahre verwendet werden (Prägestempel mit Monat/Jahr der Herstellung am Behälter).

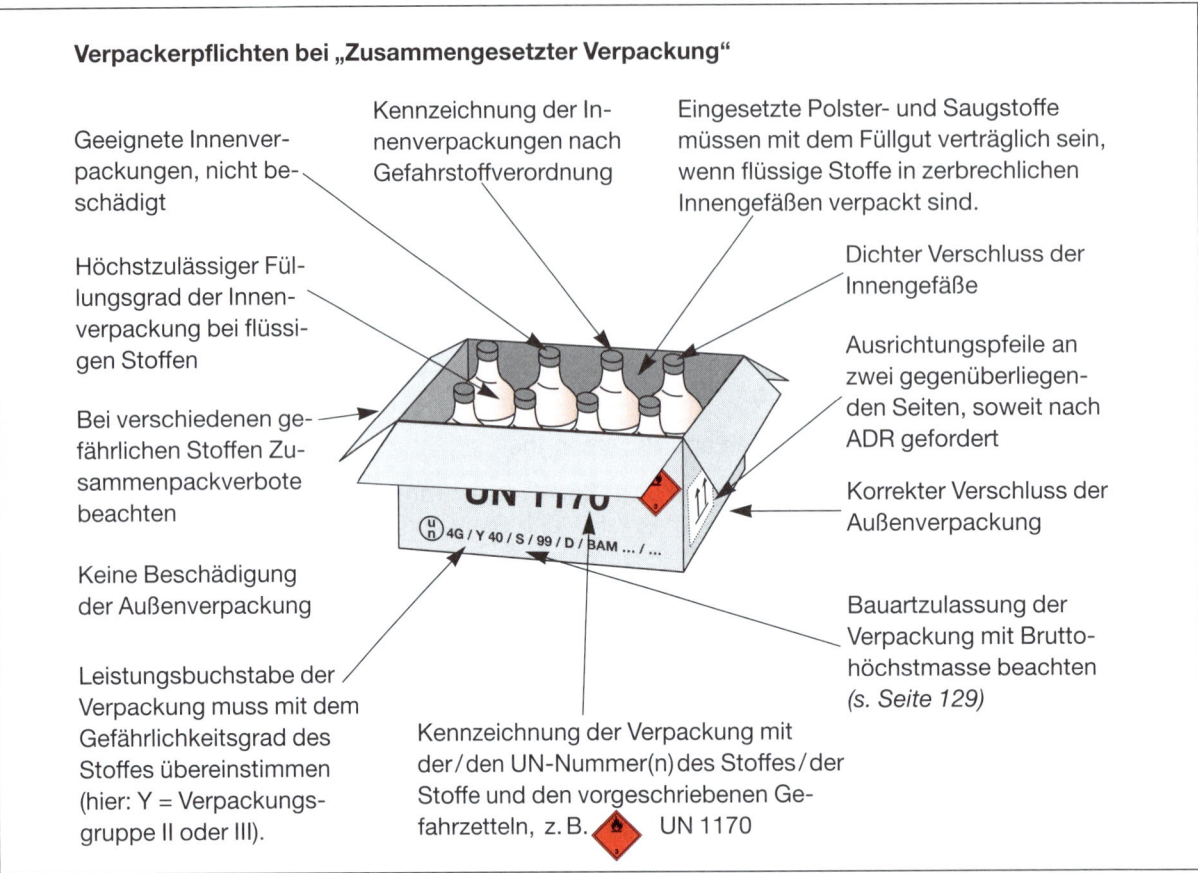

Pflichten und Spezialwissen
Verpacker

Verpackungen

Verpackerpflichten bei „Zusammengesetzter Verpackung"

- Geeignete Innenverpackungen, nicht beschädigt
- Kennzeichnung der Innenverpackungen nach Gefahrstoffverordnung
- Eingesetzte Polster- und Saugstoffe müssen mit dem Füllgut verträglich sein, wenn flüssige Stoffe in zerbrechlichen Innengefäßen verpackt sind.
- Höchstzulässiger Füllungsgrad der Innenverpackung bei flüssigen Stoffen
- Dichter Verschluss der Innengefäße
- Ausrichtungspfeile an zwei gegenüberliegenden Seiten, soweit nach ADR gefordert
- Bei verschiedenen gefährlichen Stoffen Zusammenpackverbote beachten
- Korrekter Verschluss der Außenverpackung
- Keine Beschädigung der Außenverpackung
- Bauartzulassung der Verpackung mit Bruttohöchstmasse beachten (s. Seite 129)
- Leistungsbuchstabe der Verpackung muss mit dem Gefährlichkeitsgrad des Stoffes übereinstimmen (hier: Y = Verpackungsgruppe II oder III).
- Kennzeichnung der Verpackung mit der/den UN-Nummer(n) des Stoffes/der Stoffe und den vorgeschriebenen Gefahrzetteln, z. B. UN 1170

Verpackerpflichten bei Gefahrgut in begrenzten Mengen, gemäß Kapitel 3.4
(Tabelle freigestellte Gefahrgüter, siehe 1.9.4)

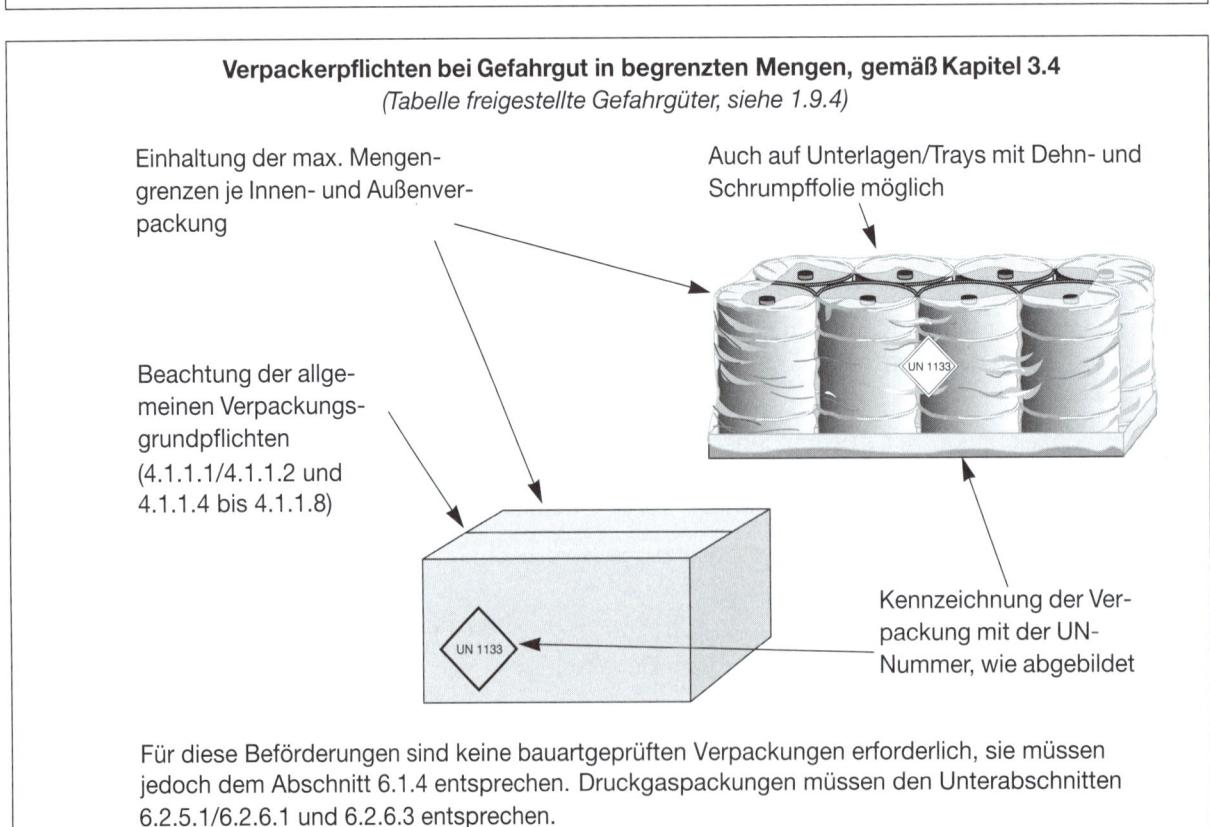

- Einhaltung der max. Mengengrenzen je Innen- und Außenverpackung
- Auch auf Unterlagen/Trays mit Dehn- und Schrumpffolie möglich
- Beachtung der allgemeinen Verpackungsgrundpflichten (4.1.1.1/4.1.1.2 und 4.1.1.4 bis 4.1.1.8)
- Kennzeichnung der Verpackung mit der UN-Nummer, wie abgebildet

Für diese Beförderungen sind keine bauartgeprüften Verpackungen erforderlich, sie müssen jedoch dem Abschnitt 6.1.4 entsprechen. Druckgaspackungen müssen den Unterabschnitten 6.2.5.1/6.2.6.1 und 6.2.6.3 entsprechen.

Pflichten und Spezialwissen
Verpacker

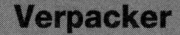

Die Bauartzulassung für Gefahrgutverpackungen

Für die Versendung gefährlicher Güter muss die Gefahrgutumschließung (auch IBC) einer Bauartzulassung entsprechen.
Diese Bauartzulassung ist an einem fest geprägten Zulassungscode auf der Verpackung bzw. am IBC zu erkennen.

▶ Stoffe der Klasse 1 müssen mindestens in Verpackungen der Verpackungsgruppe II verpackt werden und somit in Verpackungen, die ebenfalls der Bauart entsprechen. Verpackungen aus Metall dürfen nicht der Verpackungsgruppe I entsprechen (zu hohe Verdämmung).

▶ Selbstzersetzliche Stoffe der Klasse 4.1 und organische Peroxide der Klasse 5.2 müssen mindestens in Verpackungen der Verpackungsgruppe II verpackt werden. Verpackungen aus Metall dürfen nicht der Verpackungsgruppe I entsprechen (zu hohe Verdämmung).

▶ Druckgefäße für Gase der Klasse 2 unterliegen anderen Zulassungskriterien.

▶ Zur Verwendung der richtigen Verpackungsgruppe: *siehe Kap. 1.7.*

Aufbau der Bauartzulassung (Codierung) am Beispiel von verschiedenen Versandstücken:

---
1. Kiste als Außenverpackung einer zusammengesetzten Verpackung

   UN   4C1   /   Y 70   /   S   /   06   /   D   /   BAM ...   /   ABC
   ①   ②   ③ ④   ⑤   ⑥   ⑦   ⑧   ⑨
---

① = Zeichen der Vereinten Nationen

② = Verpackungsart, Typ und Werkstoff, hier: „einfache Kiste aus Naturholz"

③ = Leistungsbuchstabe, hier: Y = Verpackungsgruppe II; kann Stoffe aufnehmen, die gemäß Klassifizierung der Verpackungsgruppe II oder III angehören

④ = Bruttohöchstmasse des fertigen Versandstückes in kg

⑤ = Solid: nur für Feststoffe geeignet bzw. für Flüssigkeiten in geeigneten Innenverpackungen

⑥ = Baujahr der Herstellung

⑦ = Land, in dem die Zulassung der Bauart geprüft wurde

⑧ = Prüfinstitut, in dem die Prüfung der Bauartzulassung durchgeführt wurde, und Prüfnummer/Registriernummer

⑨ = Hersteller bzw. Kurzzeichen des Herstellers

---
2. Fass aus Stahl mit nicht abnehmbarem Deckel für Flüssigkeiten

   UN   1A1   /   X 1.5   /   250   /   06   /   NL   /   RB 84   /   AB
   ①   ②   ③ ④   ⑤
---

② = Verpackungsart, Typ und Werkstoff, hier: „Fass aus Stahl mit nichtabnehmbarem Deckel"

③ = Leistungsbuchstabe, hier: X = Verpackungsgruppe I; auch für Stoffe der Verpackungsgruppen II und III möglich

④ = höchstzulässige Schüttdichte, spezifisches Gewicht, das eingefüllt werden darf; abgerundet auf eine Dezimalstelle hinter dem Komma (Fehlt diese Angabe, dann dürfen Stoffe mit max. 1,2 spezifischem Gewicht eingefüllt werden.)

⑤ = zulässiger Prüfüberdruck in kPa (hier: 2,5 bar)

(sonst wie vorheriges Beispiel)

Pflichten und Spezialwissen
Verpacker

Großverpackungen (Arten, Verpackungstypen und Werkstoffe)

Großverpackungen müssen nach einem von der zuständigen Behörde als zufriedenstellend erachteten Qualitätssicherungsprogramm hergestellt und geprüft sein.

Großverpackungen sind Verpackungen über 400 kg bis max. 3,0 m³ Fassungsvermögen, die starr oder flexibel gebaut sein können und für die Aufnahme von Gegenständen oder Innenverpackungen verwendet werden.

Großverpackungen dürfen **nicht** verwendet werden für:
- Stoffe der Klasse 2, ausgenommen Gegenstände der Klasse 2
- Stoffe der Klasse 6.2, ausgenommen klinische Abfälle der UN-Nr. 3291
- Versandstücke der Klasse 7, die radioaktive Stoffe enthalten

Art	Werkstoff	Code
starr	– Stahl – Aluminium – anderes Metall – Kunststoff – Pappe – Naturholz – Sperrholz – Holzfaserwerkstoff	50 A 50 B 50 N 50 H 50 G 50 C 50 D 50 F
flexibel	– flexibler Kunststoff – Papier	51 H 51 M

Bauartzulassung und Grundkennzeichnung

1. Großverpackung aus Stahl, die gestapelt werden darf

   UN 50 A / X 0605 / D / ABC... / 2500 / 1000

   ① ② ③ ④ ⑤ ⑥ ⑦

① = Großverpackung, starr aus Stahl

② = Leistungsbuchstabe, hier: X = Verpackungsgruppe I, II und III zugelassen

③ = Monat und Jahr der Herstellung

④ = Zeichen des Staates, in dem die Zulassung erteilt wurde

⑤ = Name oder Zeichen des Herstellers

⑥ = Prüflast der Stapeldruckprüfung in kg (max. 2500 kg)

⑦ = höchstzulässige Bruttomasse 1000 kg

2. Großverpackung aus Kunststoff, die nicht gestapelt werden darf

   UN 50 H / Y 0405 / N / ABC... / 0 / 800

   ① ②

① = für Stapelung nicht zugelassen

② = höchstzulässige Bruttomasse 800 kg

Vorschriften für das Zusammenpacken

Zusammenpacken ist das Zusammenfügen von verschiedenen gefährlichen Gütern einer Klasse oder verschiedener Klassen in einem Versandstück. Dies ist nur zulässig, soweit dies nach den Vorschriften des ADR/RID erlaubt ist.

Pflichten und Spezialwissen
Verpacker

Allgemeine Grundsätze für das Zusammenpacken:

1. Gefährliche Güter dürfen **nicht** mit gefährlichen Gütern oder anderen Gütern in dieselbe Außenverpackung oder Großverpackung verpackt werden, wenn sie miteinander gefährlich reagieren. Gefährliche Reaktion ist:
   a) eine Verbrennung oder Entwicklung beträchtlicher Wärme
   b) eine Entwicklung entzündbarer, erstickend wirkender, oxidierender oder giftiger Gase
   c) die Bildung ätzender Stoffe
   d) die Bildung instabiler Stoffe
   e) ein gefährlicher Druckanstieg
2. Innenverpackungen (IV) müssen in einer Außenverpackung (AV) so verpackt sein, dass sie unter normalen Beförderungsbedingungen nicht zerbrechen oder durchlöchert werden können oder ihr Inhalt nicht in die Außenverpackung austreten kann.
   Zerbrechliche IV oder solche, die leicht durchlöchert werden können, wie Gefäße aus Glas, Porzellan oder Steinzeug, gewissen Kunststoffen usw., müssen mit geeigneten Polsterstoffen in die AV eingebettet werden. Polster- und Saugstoffe dürfen nicht gefährlich mit dem evtl. freiwerdenden Gut reagieren. Die schützende Eigenschaft der AV darf dadurch nicht wesentlich beeinträchtigt werden.
3. Mit Ausnahme der Versandstücke, die nur Güter der Klasse 1 oder 7 enthalten, darf ein Versandstück, das verschiedene zusammengepackte gefährliche Güter enthält, bei Verwendung von Kisten aus Holz oder Pappe als Außenverpackung nicht schwerer als 100 kg sein.
4. Soweit das ADR/RID nichts Besonderes vorschreibt, dürfen gefährliche Güter derselben Klasse und desselben Klassifizierungscodes zusammengepackt werden.
5. Für das Zusammenpacken gibt es in der Spalte 9b der Tabelle A Kapitel 3.2 (*siehe Anhang 1*) mit den Abkürzungen MP ... besondere Vorschriften für das Zusammenpacken, die über den Unterabschnitt 4.1.10.4 des ADR/RID zu beachten sind. Ist kein Hinweis in der Spalte 9b enthalten, so gelten die allgemeinen Zusammenpackvorschriften nach Unterabschnitt 4.1.1.5 und 4.1.1.6, für Klasse 7 nach Abschnitt 4.1.9.

Achtung! Zusammenpacken darf nicht mit dem Begriff Zusammenladen verwechselt werden. Das Zusammenfügen von mehreren Versandstücken auf einer Palette in einer Umverpackung oder in einem Fahrzeug/Container ist ein Zusammenladen.

Vorschriften für den Füllungsgrad bei flüssigen Stoffen:

Werden Behältnisse mit Flüssigkeiten befüllt, so muss ein füllungsfreier Raum bleiben, damit die Ausdehnung bei Temperaturveränderung im Behälter gewährleistet bleibt. Als Hilfe gibt es für den Füllungsgrad folgende Tabelle:

Siedepunkt des Stoffes in °C	< 60	> 60 < 100	> 100 < 200	> 200 < 300	> 300
Füllungsgrad in %	90	92	94	96	98

2 Pflichten und Spezialwissen
Verpacker

Zusammenladen – Zusammenpacken

Kanister mit Gefahrgut als Versandstück

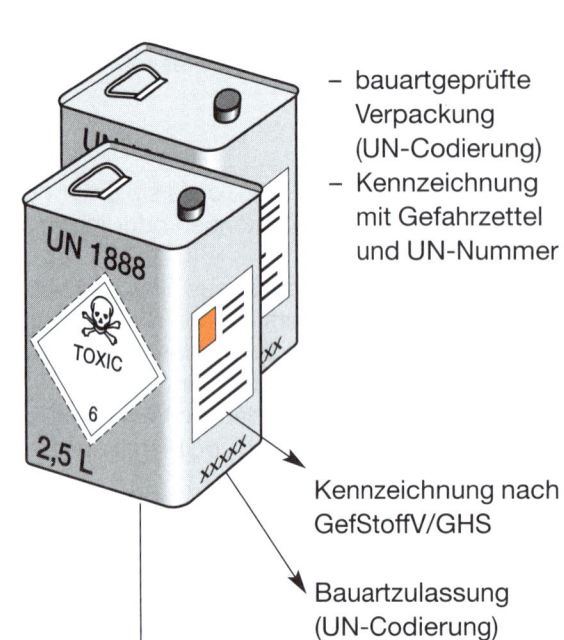

– bauartgeprüfte Verpackung (UN-Codierung)
– Kennzeichnung mit Gefahrzettel und UN-Nummer

Kennzeichnung nach GefStoffV/GHS

Bauartzulassung (UN-Codierung)

Werden bauartgeprüfte und vollständig gekennzeichnete Versandstücke zusätzlich in eine Außenverpackung geladen, so stellt die weitere Verpackung eine Umverpackung dar.

Dies ist ein **Zusammenladen** mehrerer Versandstücke in eine Umverpackung (evtl. Zusammenladeverbote beachten).

Die Umverpackung muss nicht bauartgeprüft sein.
Die Umverpackung muss jedoch mit Gefahrzettel, UN-Nummer und der Aufschrift „UMVERPACKUNG" gekennzeichnet sein, soweit die einzelnen Markierungen und Kennzeichnungen nicht mehr sichtbar sind.

Kanister mit Gefahrgut als zulässige Innenverpackung (kein Versandstück)

– keine bauartgeprüfte Verpackung
– Kennzeichnung nach GefStoffV und evtl. auch mit Gefahrzettel und UN-Nummer

Nicht bauartgeprüfte Verpackungen (Innenverpackungen) müssen in eine bauartgeprüfte Außenverpackung eingesetzt werden.

Dies ist ein **Zusammenpacken** mehrerer zulässiger Innenverpackungen in eine Außenverpackung (evtl. Zusammenpackverbote beachten).

Die Außenverpackung muss bauartgeprüft sein. Die Außenverpackung wird mit allen Kennzeichnungen nach ADR, wie Gefahrzettel, UN-Nummer, gekennzeichnet.

Die Ausrichtungspfeile sind an zwei gegenüberliegenden Seiten anzubringen (soweit gefordert).

Pflichten und Spezialwissen
Verpacker

2.2.2 Pflichten und Grundwissen für Verpacker und Eigentümer von Großpackmitteln (IBC)[*]

Vor der Befüllung

- Prüfen, ob für den jeweiligen Fall IBC als Umschließung zulässig ist und wenn ja, welcher Typ
- Besichtigung auf **äußeren Zustand**
- Vorhandensein und Gültigkeit der **Baumusterzulassung** (Codierung) prüfen
- **Füllgutverträglichkeit** mit dem Werkstoff der Verpackung und des Verschlusses beachten
- Übereinstimmung des Leistungsbuchstabens der IBC-Codierung mit dem Buchstaben aus der Klassifizierung (Verpackungsgruppe)
- Ggf. **Erdung** anschließen
- Beachten, dass **metallene IBC** nicht mit flüssigen Stoffen gefüllt werden, deren Dampfdruck bei 50 °C 1,1 bar übersteigt
- Beachten, dass **IBC mit Angabe des Prüfdrucks der Flüssigkeitsdruckprüfung** nur mit Flüssigkeiten befüllt werden, deren Dampfdruck bei 55 °C diesen Druck nicht übersteigt

Während der Befüllung

- **Höchstzulässigen Füllungsgrad/Bruttohöchstmasse** beachten
- **Spezifisches Gewicht** der Flüssigkeit beachten, damit Bruttohöchstmasse nicht überschritten wird
- Darauf achten, dass bei IBC, die unter Druck befüllt werden, der **höchstzulässige Betriebsdruck** nicht überschritten wird

Nach der Befüllung

- **Kennzeichnung des IBC** (Gefahrzettel, UN-Nummer) an zwei gegenüberliegenden Seiten
- Ggf. **Kennzeichnung nach GefStoffV/GHS**
- Prüfen auf gefährliche **Füllgutreste außen** am IBC (ggf. entfernen)
- **Sicherung der Auslauföffnungen** mit zusätzlicher Kappe
- Sichern der **Bodenauslaufventile** in geschlossener Stellung
- Sichern von **Ventilen mit Hebeln** gegen unbeabsichtigtes Öffnen
- Darauf achten, dass IBC des **Typs 31H Z2** nur in geschlossenen Fahrzeugen befördert werden; 31H…2 = Kombinations-IBC mit flexiblem Kunststoffinnenbehälter, (diese müssen mit mindestens 80 % befüllt sein)
- ggf. Vorschriften über **Ausrichtung des Versandstückes** beachten

---

[*] Anmerkung des Autors: Diese Übersicht erhebt keinen Anspruch auf Vollständigkeit, sondern zeigt nur die wesentlichsten Pflichten. Die vollständige Palette der Pflichten des Verpackers ist den §§ 23 und 28 GGVSEB zu entnehmen.

Pflichten und Spezialwissen
Verpacker

Erläuterungen

Großpackmittel (IBC = **I**ntermediate **B**ulk **C**ontainer) sind starre oder flexible Verpackungen, die jedoch keine Großverpackungen, Tankcontainer oder ortsbewegliche Tanks im Sinne des RID/ADR sind.

Maximale Größe und Fassungsraum

- bis zu 3,0 m³ (3000 l)
- IBC des Typs 31HZ2 mit max. 1250 l (= Kombinations-IBC mit flexiblem Kunststoffinnenbehälter); diese müssen immer mit mindestens 80 % befüllt sein
- für Verpackungsgruppe I bis III (nur IBC für feste Stoffe)
- für Verpackungsgruppe II bis III

IBC sind:

- für mechanische Handhabung ausgelegt
- Behältnisse, die den Beanspruchungen während der Beförderung und der Handhabung standhalten
- nach festgelegten Prüfbedingungen, gemäß Kapitel 6.5 RID/ADR, geprüft und zugelassen

▶ Die **Kennzeichnung von IBC** setzt sich zusammen aus der Grundkennzeichnung und einer Zusatzkennzeichnung.

Kennzeichnungsbuchstaben in der Zulassungscodierung für die verwendeten Werkstoffe:

A = Stahl (alle Arten und Oberflächenbehandlungen)   G = Pappe

B = Aluminium   H = Kunststoff

C = Naturholz   L = Textilgewebe

D = Sperrholz   M = Papier, mehrlagig

F = Holzfaserwerkstoff   N = Metall (außer Stahl und Aluminium)

Bei Kombinations-IBC bezeichnet der erste Buchstabe den Werkstoff der Innenverpackung (Innengefäß) und der zweite Buchstabe den Werkstoff der Außenverpackung.

Der zweite Buchstabe „Z" bei den Beschreibungen von Kombinationsverpackungen in den Vorschriften bedeutet, dass *in der Wirklichkeit* bei der Zulassungscodierung auf dem IBC dafür der Kennbuchstabe einzusetzen ist, der tatsächlich das Material der verwendeten Außenverpackung darstellt.

Codierungssystem für IBC

Art	für feste Stoffe bei Füllung/Entleerung		für flüssige Stoffe
	durch Schwerkraft	unter Druck von mehr als 10 kPa (0,1 bar)	
starr	11	21	31
flexibel	13	–	–

Pflichten und Spezialwissen
Verpacker

Grundkennzeichnung (Zulassungscodierung) von verschiedenen IBC – Beispiele
(gut lesbar und dauerhaft auf dem IBC)

```
UN  11 A  /  Y  06 05  /  NL  /  ....  /  5500  /  1500
①   ② ③    ④   ⑤       ⑥      ⑦       ⑧      ⑨
```

① = das Verpackungssymbol der Vereinten Nationen

② = Art des Großpackmittels (hier: für feste Stoffe, die durch Schwerkraft befüllt/entleert werden müssen)

③ = Werkstoff (hier: Stahl)

④ = Leistungsbuchstabe der Verpackung (Y = Verpackungsgruppe II)

⑤ = Monat und Jahr der Herstellung

⑥ = Staat, in dem die Zulassung erteilt wurde

⑦ = Name und Symbol des Herstellers und andere Kennzeichnungen gemäß den Bestimmungen der zuständigen Behörde

⑧ = Prüflast der Stapeldruckprüfung in kg. Bei IBC, die nicht für Stapelung ausgelegt sind, ist die Zahl „0" anzugeben.

⑨ = höchstzulässige Bruttomasse

Zusätzliche Kennzeichnungen

auf einem korrosionsbeständigen Metallschild, das dauerhaft am Packmittelkörper oder an der baulichen Ausrüstung und für Inspektionszwecke gut zugänglich angebracht ist, mit den Angaben wie:

- Hersteller
- Eigengewicht
- Werkstoff
- letzte wiederkehrende Prüfung, Sichtprüfung, Dichtheitsprüfung und Inspektion
- Fassungsvermögen in Liter

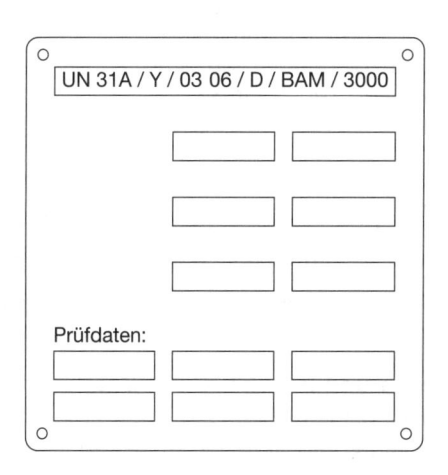

Neues Piktogramm für höchstzulässige Stapellast gemäß Absatz 6.5.2.2.2 (Übergangsregelung bis 31.12.2010)

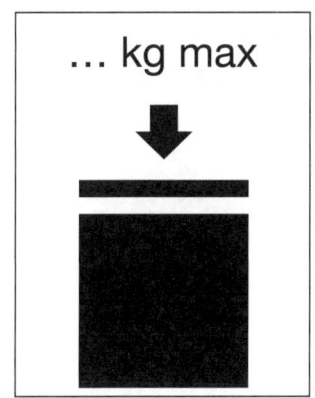

... kg max

IBC, die gestapelt werden können

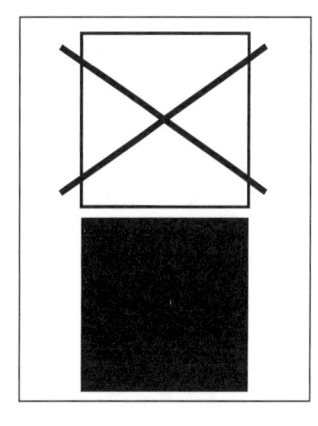

IBC, die nicht gestapelt werden können

Pflichten und Spezialwissen
Verpacker

Merke

Bei IBC aus Kunststoff oder mit Kunststoffinnenbehälter darf der Kunststoffbehälter nur max. 5 Jahre verwendet werden (Prägestempel mit Monat/Jahr der Herstellung am Behälter).

Wiederkehrende IBC-Prüfungen

Prüfungsart	Prüffrist	Vorgeschrieben für:
Dichtheitsprüfung – Prüfung durch einen Sachkundigen	alle 2½ Jahre	21 A/21 B/21 N/21 H 1/21 H 2 21 HZ 1/21 HZ 2 31 A/31 B/31 N/31 H 1/31 H 2 31 HZ 1/31 HZ 2
Sichtprüfung – Prüfung durch einen Sachkundigen im Hinblick auf seinen äußeren Zustand und einwandfreie Funktion seiner Ausrüstungsteile	alle 2½ Jahre	21 A/21 B/21 N/21 H 1/21 H 2 21 HZ 1/21 HZ 2 31 A/31 B/31 N/31 H 1/31 H 2 31 HZ 1/31 HZ 2 11 A/11 B/11 N/11 H 1/11 H 2 11 HZ 1/11 HZ 2
Inspektion – Prüfung durch einen Sachverständigen auf Übereinstimmung mit dem Baumuster und der Kennzeichnung, den inneren und äußeren Zustand und einwandfreie Funktion der Bedienungsausrüstung	alle 5 Jahre	21 A/21 B/21 N/21 H 1/21 H 2 21 HZ 1/21 HZ 2 31 A/31 B/31 N/31 H 1/31 H 2 31 HZ 1/31 HZ 2 11 A/11 B/11 N/11 H 1/11 H 2 11 HZ 1/11 HZ 2

▶ Anstelle des „Z" bei Kombinations-IBC mit Kunststoffinnenbehälter ist dafür der Kennbuchstabe des tatsächlichen Materials der Außenumhüllung angegeben.

▶ Die Prüfergebnisse müssen in **Prüfberichten** festgehalten werden, die vom **Eigentümer** des IBC bis zur nächsten Prüfung aufzubewahren sind.

▶ **Beförderungen von IBC mit Gefahrgut bei überschrittenen Prüffristen:**
  – IBC, die vor Ablauf der Prüffristen befüllt wurden, dürfen innerhalb von 3 Monaten nach Ablauf der Fristen befördert werden. Handelt es sich dabei um Abfälle, die der Entsorgung zugeführt werden, dann dürfen die Prüffristen um 6 Monate überschritten werden.
  – Leere, ungereinigte IBC mit abgelaufener Prüffrist dürfen zu den wiederkehrenden Prüfungen befördert werden. Im Beförderungspapier ist dann zu vermerken:
  „Beförderung nach Unterabschnitt 4.1.2.2 b)"

▶ Für UN 2031 mit mehr als 55 % Salpetersäure beträgt die zulässige Verwendungsdauer von starren Kunststoff-IBC und Kombinations-IBC mit starrem Kunststoffinnenbehälter max. 2 Jahre ab dem Datum der Herstellung.

Pflichten und Spezialwissen
Verpacker

2.2.3 Übungsaufgaben

1. Sie füllen UN 1739 Benzylchlorformiat Klasse 8/I in ein Stahlfass (UN 1A1) ein. Nach der Verpackungsvorschrift darf dieser Stoff auch in Stahlfässern versendet werden.

Dürfen Sie dies unbedenklich tun?

Nein, denn die Füllverträglichkeit des Stoffes mit dem Werkstoff muss unabhängig davon durch den Verpacker gewährleistet sein.

2. Sie verpacken gefährliche Güter in einen Karton mit folgender Codierung:

UN 4G / Y / 30 / S /.....

Welche Bedeutung haben diese Angaben?

4G = Kiste aus Pappe   Y = Nur Stoffe der VG II o. III dürfen eingepackt werden.   30 = Karton nicht mehr als 30 kg wiegen.   S = solid - nur Feststoffe

3. Eine brennbare, ätzende Flüssigkeit der Verpackungsgruppe II hat folgende physikalische Eigenschaften:

- Dampfdruck bei 50 °C: 1,38 bar
- spezifisches Gewicht: 1,52
- Siedepunkt: 78 °C
- Flammpunkt: – 13 °C

Welche Besonderheiten sind für das Befüllen eines Kanisters mit diesem Stoff zu beachten?

Die Bauartzulassung des Kanisters muss in der Codierung für den Druck und das spezifische Gewicht ausgelegt sein – Füllverträglichkeit mit dem Werkstoff – Höchstzulässiger Füllungsgrad entsprechend dem Siedepunkt muss mindestens Y sein – bei Kunststoffkanistern nicht älter als 5 Jahre.

4. Bewerten Sie diese Zulassungsdaten:

(UN) 31HA1/Y/08/96/D/.../.../4056/1742/1070 L/62 kg/100 kPa

31HA1 = Kombinations-IBC für flüssige Stoffe mit starrem Kunststoffinnenbehälter   Y = VG II u. III   8/96 = Monat/Jahr   4056 Stapeldruckprüfung   1742 Bruttohöchstmasse in kg   1070 = Fassungsvermögen in Liter Wasser   62 Leergewicht des IBC   100 kPa = Prüfdruck

2 Pflichten und Spezialwissen
Verlader

2.3 Pflichten des Verladers

2.3.1 Pflichten des Verladers von Versandstücken in Fahrzeuge/Container*)

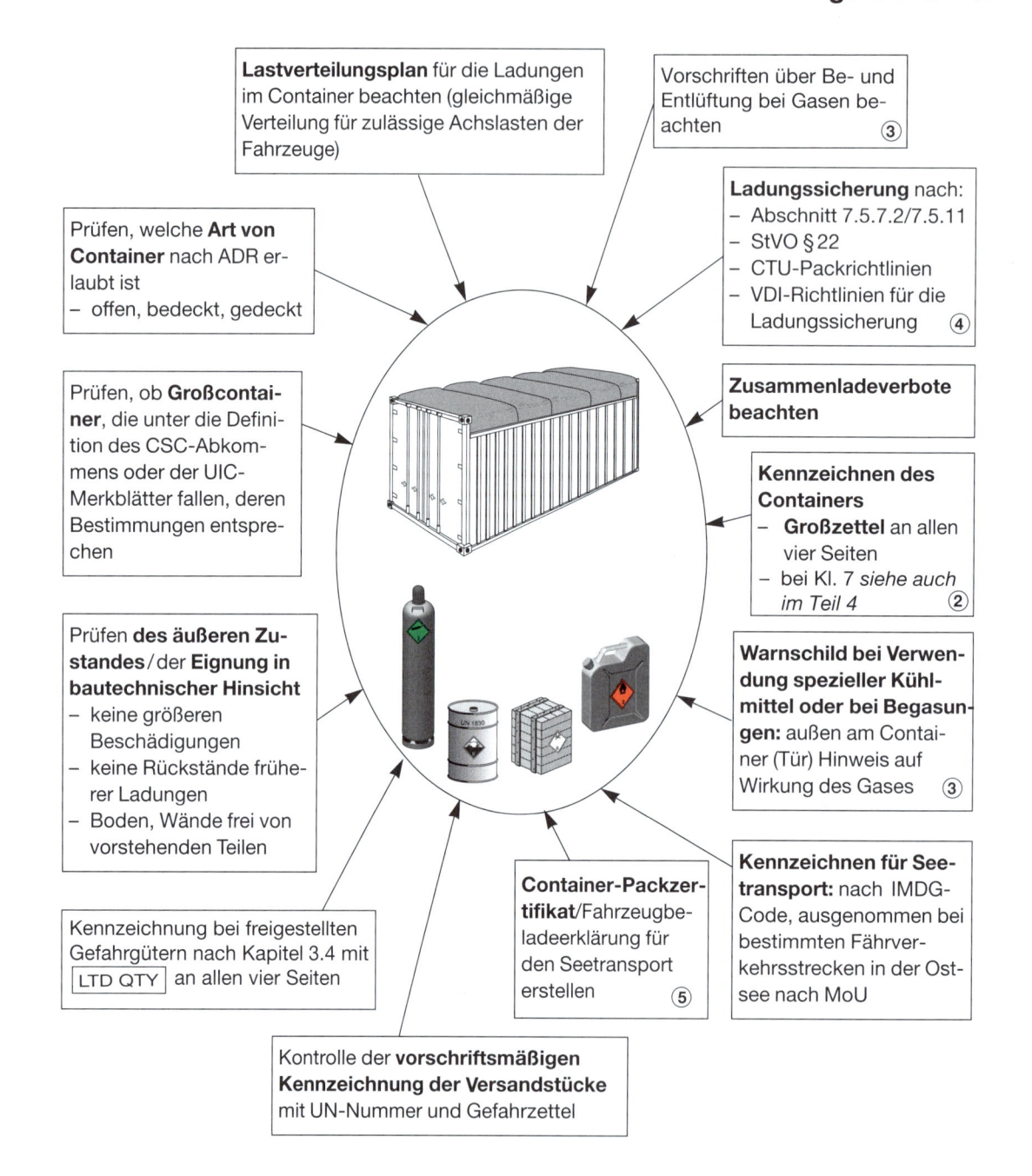

Lastverteilungsplan für die Ladungen im Container beachten (gleichmäßige Verteilung für zulässige Achslasten der Fahrzeuge)

Vorschriften über Be- und Entlüftung bei Gasen beachten ③

Ladungssicherung nach:
- Abschnitt 7.5.7.2/7.5.11
- StVO § 22
- CTU-Packrichtlinien
- VDI-Richtlinien für die Ladungssicherung ④

Prüfen, welche **Art von Container** nach ADR erlaubt ist
- offen, bedeckt, gedeckt

Prüfen, ob **Großcontainer**, die unter die Definition des CSC-Abkommens oder der UIC-Merkblätter fallen, deren Bestimmungen entsprechen

Zusammenladeverbote beachten

Kennzeichnen des Containers
- **Großzettel** an allen vier Seiten
- bei Kl. 7 siehe auch im Teil 4 ②

Prüfen **des äußeren Zustandes**/der **Eignung in bautechnischer Hinsicht**
- keine größeren Beschädigungen
- keine Rückstände früherer Ladungen
- Boden, Wände frei von vorstehenden Teilen

Warnschild bei Verwendung spezieller Kühlmittel oder bei Begasungen: außen am Container (Tür) Hinweis auf Wirkung des Gases ③

Kennzeichnung bei freigestellten Gefahrgütern nach Kapitel 3.4 mit LTD QTY an allen vier Seiten

Container-Packzertifikat/Fahrzeugbeladeerklärung für den Seetransport erstellen ⑤

Kennzeichen für Seetransport: nach IMDG-Code, ausgenommen bei bestimmten Fährverkehrsstrecken in der Ostsee nach MoU

Kontrolle der **vorschriftsmäßigen Kennzeichnung der Versandstücke** mit UN-Nummer und Gefahrzettel

Um den zahlreichen Pflichten hinsichtlich der Versandstücke und Beförderungsmittel vor und während der Beladung vollständig nachkommen zu können, sollte man sich einer Checkliste bedienen. Ein entsprechender Vorschlag ist im Material des Referenten enthalten.

---

*) *Anmerkung des Autors: Diese Übersicht erhebt keinen Anspruch auf Vollständigkeit, sondern zeigt nur die wesentlichsten Pflichten. Die vollständige Palette der Pflichten des Verladers ist den §§ 22, 28, 30 GGVSEB zu entnehmen.*

Pflichten und Spezialwissen
Verlader

Erläuterungen

Wer als Verlader gefährliche Güter in einen Container einlädt, hat Pflichten nach den Gefahrgutvorschriften zu erfüllen.

▶ Unter den Begriff eines Containers fallen auch Wechselbrücken sowie Abfallmulden und Absetzkipper, jedoch müssen Wechselbrücken nach ADR bei Beförderung gefährlicher Güter in Versandstücken nicht mit Gefahrzettel gekennzeichnet werden.

②
Der Container muss an allen vier Seiten mit den gleichen Großzetteln gekennzeichnet werden, mit denen auch die Versandstücke im Container gekennzeichnet sind (mindestens 25 x 25 cm bei Containern über 3 m³ Fassungsvermögen, ansonsten genügt die Größe 10 x 10 cm).

③
Bei Verwendung von speziellen Kühlmitteln oder Begasungen ist außen am Fahrzeug/Container (Tür) ein Warnschild anzubringen, das auf die Gefahr von erstickender Wirkung (z.B. bei Trockeneis) oder mögliche explosive, giftige Innenluft hinweist.

```
            GEFAHR

             ☠

    DIESE EINHEIT IST BEGAST
    UNIT IS UNDER FUMIGATION

   MIT: (Bezeichnung des Begasungsmittels)
   SEIT: (Angabe mit Datum und Stunde)

        ZUTRITT VERBOTEN
```

Bei der Beförderung von Gefäßen der Klasse 2 sind offene oder belüftete Fahrzeuge/Wagen/Container zu verwenden.
Ist dies nicht möglich, dann dürfen auch geschlossene (gedeckte) Container/Fahrzeuge oder Wagen verwendet werden, wenn an den Ladetüren folgende Kennzeichnung angebracht wird (in einer Sprache, die der Absender als angemessen sieht):

```
         ACHTUNG
      KEINE BELÜFTUNG
     VORSICHTIG ÖFFNEN
```

(Schrifthöhe mindestens 25 mm)

④
Bei der Versendung über Seeverkehr, einschließlich Fährverkehr, sind unbedingt die Bedingungen für den Seetransport zu beachten (CTU-Packrichtlinien; Stau- und Trennvorschriften nach IMDG-Code).

⑤
Das Container-Packzertifikat ist direkt im „Beförderungspapier" nach Abschnitt 5.4.4 ADR/RID „Formular für die multimodale Beförderung gefährlicher Güter" angegeben oder in der „Verantwortlichen Erklärung" (IMO-Erklärung) für den Seeverkehr enthalten *(siehe Kapitel 3.7/3.8)*.

2 Pflichten und Spezialwissen
Verlader

2.3.2 Pflichten des Verladers bei der Übergabe von Versandstücken an den Fahrzeugführer*⁾

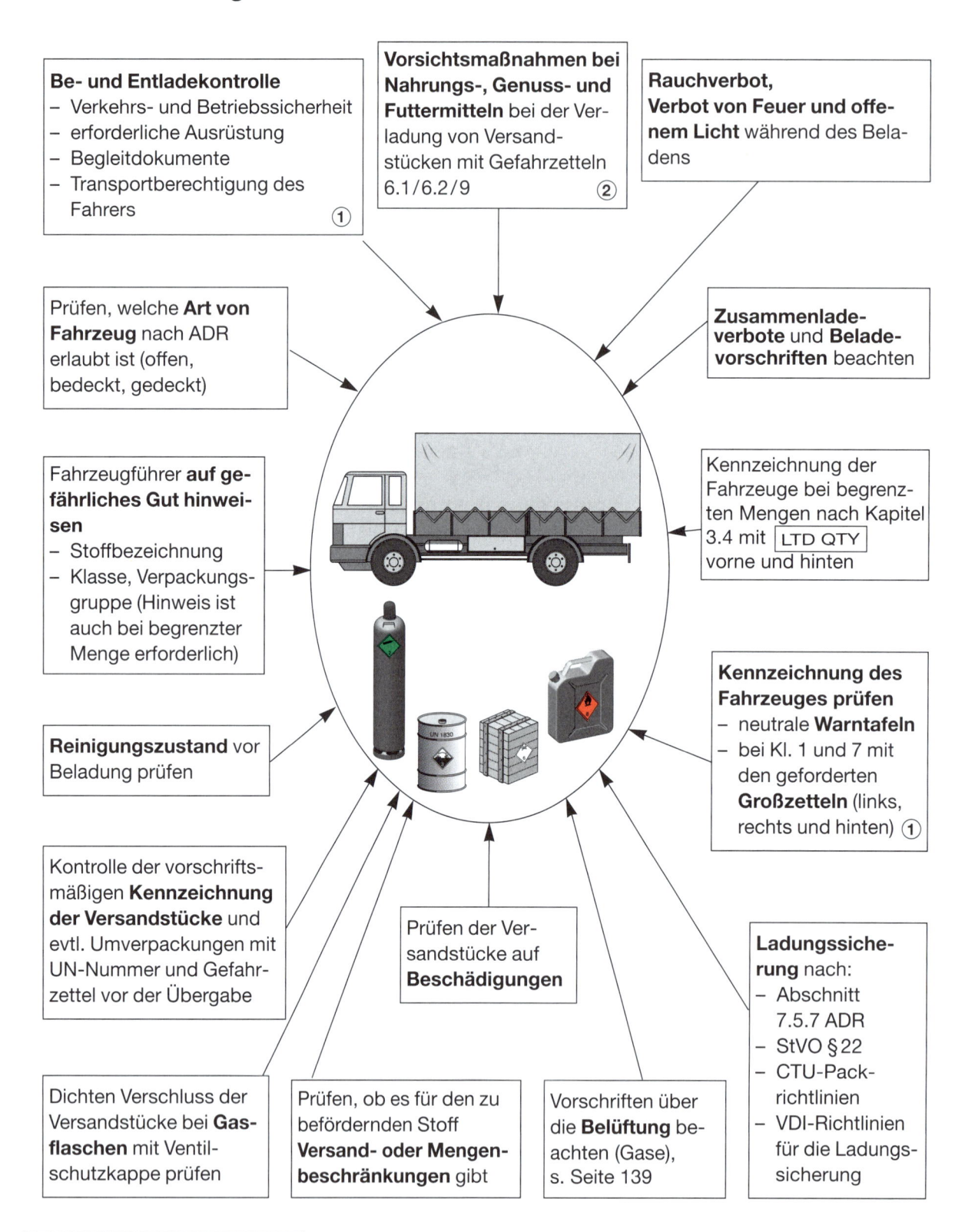

Be- und Entladekontrolle
- Verkehrs- und Betriebssicherheit
- erforderliche Ausrüstung
- Begleitdokumente
- Transportberechtigung des Fahrers ①

Vorsichtsmaßnahmen bei Nahrungs-, Genuss- und Futtermitteln bei der Verladung von Versandstücken mit Gefahrzetteln 6.1/6.2/9 ②

Rauchverbot, Verbot von Feuer und offenem Licht während des Beladens

Prüfen, welche **Art von Fahrzeug** nach ADR erlaubt ist (offen, bedeckt, gedeckt)

Zusammenladeverbote und **Beladevorschriften** beachten

Fahrzeugführer **auf gefährliches Gut hinweisen**
- Stoffbezeichnung
- Klasse, Verpackungsgruppe (Hinweis ist auch bei begrenzter Menge erforderlich)

Kennzeichnung der Fahrzeuge bei begrenzten Mengen nach Kapitel 3.4 mit LTD QTY vorne und hinten

Reinigungszustand vor Beladung prüfen

Kennzeichnung des Fahrzeuges prüfen
- neutrale **Warntafeln**
- bei Kl. 1 und 7 mit den geforderten **Großzetteln** (links, rechts und hinten) ①

Kontrolle der vorschriftsmäßigen **Kennzeichnung der Versandstücke** und evtl. Umverpackungen mit UN-Nummer und Gefahrzettel vor der Übergabe

Prüfen der Versandstücke auf **Beschädigungen**

Ladungssicherung nach:
- Abschnitt 7.5.7 ADR
- StVO § 22
- CTU-Packrichtlinien
- VDI-Richtlinien für die Ladungssicherung

Dichten Verschluss der Versandstücke bei **Gasflaschen** mit Ventilschutzkappe prüfen

Prüfen, ob es für den zu befördernden Stoff **Versand- oder Mengenbeschränkungen** gibt

Vorschriften über die **Belüftung** beachten (Gase), s. Seite 139

---

*⁾ Anmerkung des Autors: Diese Übersicht erhebt keinen Anspruch auf Vollständigkeit, sondern zeigt nur die wesentlichsten Pflichten. Die vollständige Palette der Pflichten des Verladers ist den §§ 22, 28, 30 GGVSEB zu entnehmen.

Pflichten und Spezialwissen
Verlader

Erläuterungen

Verlader ist, wer die verpackten gefährlichen Güter in ein Fahrzeug verlädt oder dem Beförderer übergibt oder selbst befördert.

①
Ein Verlader hat für die Sicherheit bei Transporten von gefährlichen Gütern auf der Straße eine Mitverantwortung. Daraus resultieren Pflichten vor, während und nach der Beladung. Einige Pflichten sind jedoch erst dann zu erfüllen, wenn als Ladung mehr als in der Tabelle der begrenzten Mengen (Absatz 1.1.3.6.3 ADR) aufgeführt übergeben wird (über 1000 Punkte), wie z.B.
- erforderliche ADR-Bescheinigung des Fahrers, Lichtbildausweis,
- Kennzeichnung der Beförderungseinheit mit Warntafeln,
- erforderliche Ausrüstung des Fahrzeugs.

7.5.1.2 ADR

„Die Beladung darf nicht erfolgen, wenn
- eine Kontrolle der Dokumente oder
- eine Sichtprüfung des Fahrzeugs oder gegebenenfalls der (des) Großcontainer(s), Schüttgut-Container(s), Tankcontainer(s) oder ortsbeweglichen Tanks sowie ihrer bei der Be- und Entladung verwendeten Ausrüstung

zeigt, dass das Fahrzeug, der Fahrzeugführer, ein Großcontainer, ein Schüttgut-Container, ein Tankcontainer, ein ortsbeweglicher Tank oder ihre Ausrüstung den Rechtsvorschriften nicht genügt."

Bei der Kontrolle sollen im Wesentlichen folgende Punkte überprüft werden:

1. **Vollständigkeit und Funktionsfähigkeit der erforderlichen Ausrüstung** für diesen Gefahrguttransport, wie:

    - Feuerlöscher *(siehe 1.10.3)*.
    - Schutzausrüstung für das Fahrpersonal gemäß der schriftlichen Weisung
    - zwei selbststehende Warnzeichen (Warndreiecke, Warnkegel oder Warnleuchten)
    - je Mitglied der Fahrzeugbesatzung eine Handlampe und eine Warnweste
    - ggf. Atemschutzmaske *(siehe 1.10.3)*. Richtigen Filtertyp und Ablaufdatum beachten!
    - Unterlegkeile

2. **Begleitpapiere,** wie:

    - ADR-Bescheinigung des Fahrzeugführers (Bei Versandstücken erst dann erforderlich, wenn Gefahrgüter in Mengen von mehr als 1000 Punkten übergeben werden oder die Freistellungsregelung nach 1.1.3.6 nicht angewendet wird)
    - Führerschein und Fahrzeugschein (gemäß StVO)
    - schriftliche Weisung
    - Beförderungspapier für den Transport
    - Lichtbildausweis des Fahrzeugführers (Kapitel 1.10 ADR, Vorschriften für die Sicherung)

3. **Verkehrs- und Betriebssicherheit des Fahrzeugs durch Sichtkontrolle**

4. Kennzeichnung der Beförderungseinheit

②
Bei Klasse 9 nur UN 2212, 2315, 2590, 3151, 3152 und 3245.

2 Pflichten und Spezialwissen
Befüller

2.4 Pflichten des Befüllers

2.4.1 Pflichten des Befüllers bei der Übergabe gefährlicher Güter in Tankfahrzeuge, Aufsetztanks, Batterie-Fahrzeuge und Tankcontainer[*]

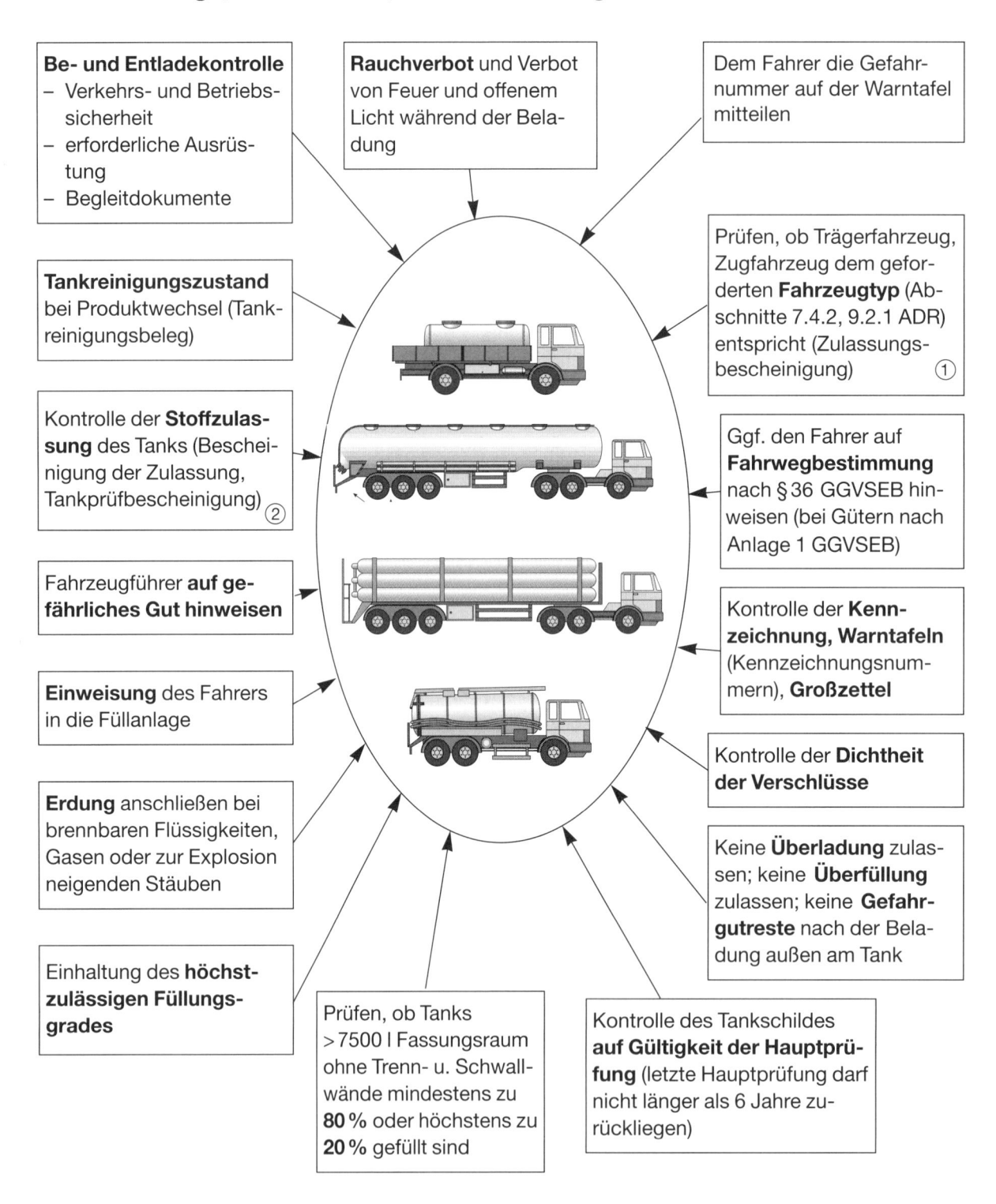

Be- und Entladekontrolle
- Verkehrs- und Betriebssicherheit
- erforderliche Ausrüstung
- Begleitdokumente

Rauchverbot und Verbot von Feuer und offenem Licht während der Beladung

Dem Fahrer die Gefahrnummer auf der Warntafel mitteilen

Tankreinigungszustand bei Produktwechsel (Tankreinigungsbeleg)

Prüfen, ob Trägerfahrzeug, Zugfahrzeug dem geforderten **Fahrzeugtyp** (Abschnitte 7.4.2, 9.2.1 ADR) entspricht (Zulassungsbescheinigung) ①

Kontrolle der **Stoffzulassung** des Tanks (Bescheinigung der Zulassung, Tankprüfbescheinigung) ②

Ggf. den Fahrer auf **Fahrwegbestimmung** nach § 36 GGVSEB hinweisen (bei Gütern nach Anlage 1 GGVSEB)

Fahrzeugführer **auf gefährliches Gut hinweisen**

Kontrolle der **Kennzeichnung, Warntafeln** (Kennzeichnungsnummern), **Großzettel**

Einweisung des Fahrers in die Füllanlage

Kontrolle der **Dichtheit der Verschlüsse**

Erdung anschließen bei brennbaren Flüssigkeiten, Gasen oder zur Explosion neigenden Stäuben

Keine **Überladung** zulassen; keine **Überfüllung** zulassen; keine **Gefahrgutreste** nach der Beladung außen am Tank

Einhaltung des **höchstzulässigen Füllungsgrades**

Prüfen, ob Tanks > 7500 l Fassungsraum ohne Trenn- u. Schwallwände mindestens zu **80 %** oder höchstens zu **20 %** gefüllt sind

Kontrolle des Tankschildes **auf Gültigkeit der Hauptprüfung** (letzte Hauptprüfung darf nicht länger als 6 Jahre zurückliegen)

---

[*] *Anmerkung des Autors: Diese Übersicht erhebt keinen Anspruch auf Vollständigkeit, sondern zeigt nur die wesentlichsten Pflichten. Die vollständige Palette der Pflichten des Befüllers ist den §§ 24, 28 GGVSEB zu entnehmen.*

Pflichten und Spezialwissen
Befüller

2.4.2 Pflichten des Befüllers von Tankcontainern (TC), MEGC und ortsbeweglichen Tanks (oT)*⁾

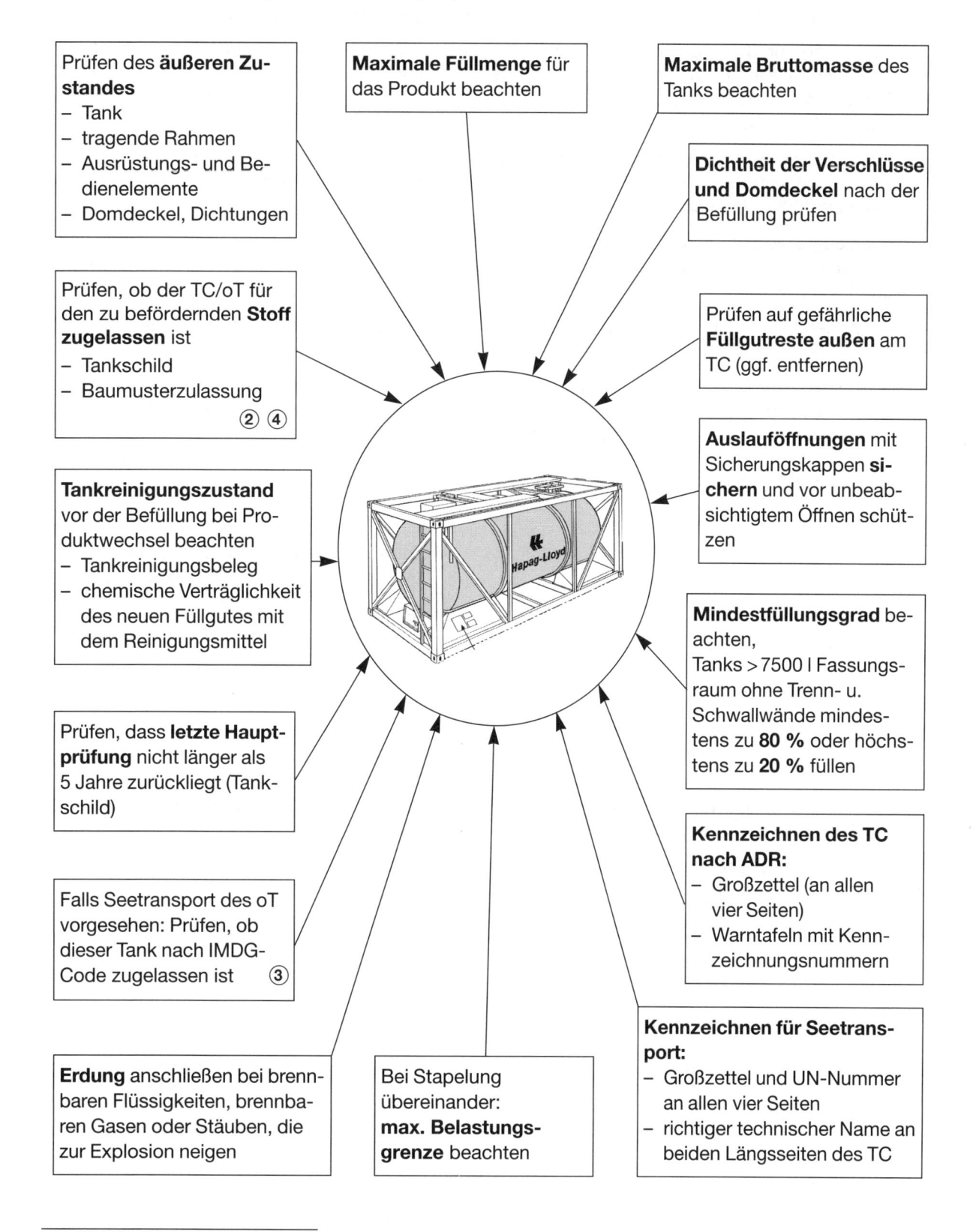

Prüfen des äußeren Zustandes
- Tank
- tragende Rahmen
- Ausrüstungs- und Bedienelemente
- Domdeckel, Dichtungen

Maximale Füllmenge für das Produkt beachten

Maximale Bruttomasse des Tanks beachten

Dichtheit der Verschlüsse und Domdeckel nach der Befüllung prüfen

Prüfen, ob der TC/oT für den zu befördernden Stoff zugelassen ist
- Tankschild
- Baumusterzulassung ② ④

Prüfen auf gefährliche Füllgutreste außen am TC (ggf. entfernen)

Auslauföffnungen mit Sicherungskappen **sichern** und vor unbeabsichtigtem Öffnen schützen

Tankreinigungszustand vor der Befüllung bei Produktwechsel beachten
- Tankreinigungsbeleg
- chemische Verträglichkeit des neuen Füllgutes mit dem Reinigungsmittel

Mindestfüllungsgrad beachten, Tanks > 7500 l Fassungsraum ohne Trenn- u. Schwallwände mindestens zu **80 %** oder höchstens zu **20 %** füllen

Prüfen, dass letzte Hauptprüfung nicht länger als 5 Jahre zurückliegt (Tankschild)

Kennzeichnen des TC nach ADR:
- Großzettel (an allen vier Seiten)
- Warntafeln mit Kennzeichnungsnummern

Falls Seetransport des oT vorgesehen: Prüfen, ob dieser Tank nach IMDG-Code zugelassen ist ③

Kennzeichnen für Seetransport:
- Großzettel und UN-Nummer an allen vier Seiten
- richtiger technischer Name an beiden Längsseiten des TC

Erdung anschließen bei brennbaren Flüssigkeiten, brennbaren Gasen oder Stäuben, die zur Explosion neigen

Bei Stapelung übereinander: **max. Belastungsgrenze** beachten

---

*⁾ Anmerkung des Autors: Diese Übersicht erhebt keinen Anspruch auf Vollständigkeit, sondern zeigt nur die wesentlichsten Pflichten. Die vollständige Palette der Pflichten des Befüllers ist den §§ 24, 28 GGVSEB zu entnehmen.

Pflichten und Spezialwissen
Befüller

Erläuterungen

①
Das ADR unterscheidet bei der Zulassung im Tankverkehr folgende **Fahrzeugtypen:**

FL = Fahrzeuge zur Beförderung brennbarer Flüssigkeiten mit einem Flammpunkt unter 60 °C oder brennbarer Gase in Tankfahrzeugen, auf Trägerfahrzeugen für Aufsetztanks, Trägerfahrzeugen für Tankcontainer, ortsbewegliche Tanks, MEGC mit einem Fassungsraum von mehr als 3000 l und in Batterie-Fahrzeugen für brennbare Gase mit einem Fassungsraum von mehr als 1000 l

OX = Fahrzeuge zur Beförderung von Stoffen der Klasse 5.1 UN 2015 in Tankfahrzeugen, auf Trägerfahrzeugen mit Aufsetztanks, auf Trägerfahrzeugen mit Tankcontainer mit einem Fassungsraum von mehr als 3000 l (Wasserstoffperoxid)

AT = Fahrzeuge, die nicht dem Typ FL oder OX angehören und gefährliche Güter in Tankfahrzeugen, Aufsetztanks, Batterie-Fahrzeugen über 1000 l oder Trägerfahrzeugen für Tankcontainer, ortsbewegliche Tanks, MEGC über 3000 l befördern

An die einzelnen Fahrzeugtypen werden unterschiedliche technische Bauanforderungen hinsichtlich der elektrischen Anlage, der Bremsanlage und des Brandschutzes gestellt.

Wird ein Sattelzug als Tankfahrzeug oder als Trägerfahrzeug für einen Tankcontainer mit brennbaren Flüssigkeiten beladen, so muss nicht nur das Tankfahrzeug, sondern auch die Zugmaschine dem Fahrzeugtyp „FL" entsprechen (Vermerk in der ADR-Zulassungsbescheinigung).

Informationen **zur Stoffzulassung** sind folgenden Dokumenten zu entnehmen:

②
- Tankfahrzeug, Batterie-Fahrzeug → Zulassungsbescheinigung unter Nr. 10 (Stoffbenennung oder Tankcodierung)
- Aufsetztank → Tankprüfbescheinigung
- Trägerfahrzeug für Aufsetztank, Zugfahrzeug → Zulassungsbescheinigung (z.B. „Zugelassen für Klassen 2–9"), Fahrzeugtyp beachten (FL / OX / AT)
- Tankcontainer und ortsbeweglicher Tank, MEGC → Typenschild

③
Tankcontainer und ortsbewegliche Tanks, die nach Seerecht (IMDG-Code) gebaut und zugelassen sind, wurden in IMO-Tanktypen eingeteilt (IMDG-Code bis 31.12.2002).

IMO-Typ 1: TC mit Druckentlastungsvorrichtung ausgerüstet und für einen Betriebsdruck über 1,75 bar zugelassen

IMO-Typ 2: TC mit Druckentlastungsvorrichtung ausgerüstet und für einen Betriebsdruck von 1,0–1,75 bar zugelassen

IMO-Typ 5: TC für nicht gekühlte verflüssigte Gase

IMO-Typ 7: TC für tiefkalt verflüssigte Gase

IMO-Tanktypen dürfen generell auch für den Landverkehr verwendet werden. Ende dieser Frist ist der 31.12.2009.

Seit dem 01.01.2003 gibt es nach IMDG-Code keine IMO-Tanktypen mehr, nur noch ortsbewegliche Tanks.

Angaben auf dem Typenschild für ortsbewegliche Tanks

Jeder ortsbewegliche Tank muss mit einem korrosionsbeständigen Metallschild ausgerüstet sein, das dauerhaft an einer auffallenden und für die Prüfung leicht zugänglichen Stelle angebracht ist.

Pflichten und Spezialwissen
Befüller

Auf dem Schild müssen mindestens folgende Angaben eingeprägt oder durch ähnliches Verfahren angebracht sein (für die Klassen 1, 3–9, Klasse 2 ab 450 l) :

1. Herstellungsland
2. UN-Zulassungsland, Zulassungsnummer
3. Name oder Zeichen des Herstellers
4. Seriennummer des Herstellers
5. für die Bauartzulassung bestimmte Stelle
6. Registriernummer des Eigentümers
7. Herstellungsjahr
8. Regelwerk (Vorschrift) für Druckbehälter, nach dem der Tankkörper ausgelegt wurde
9. Prüfdruck _____ bar/kPa (Überdruck)
10. höchstzulässiger Betriebsdruck _____ bar/kPa (Überdruck)
11. äußerer Auslegungsdruck _____ bar/kPa (Überdruck)
12. Auslegungstemperaturbereich ____ °C bis ____ °C
13. Wasserinhalt bei 20 °C ____ Liter
14. Wasserinhalt der einzelnen Kammern bei 20 °C ____ Liter
15. Datum der erstmaligen Druckprüfung und Kennzeichen des Sachverständigen
16. höchstzulässiger Betriebsdruck für Heizungs-/Kühlsysteme ____bar/kPa (Überdruck)
17. Werkstoffe des Tankkörpers und Verweis auf Werkstoffnormen
18. gleichwertige Wanddicke des Bezugsstahls _____mm
19. Werkstoff der Auskleidung (sofern vorhanden)
20. Datum und Art der zuletzt durchgeführten wiederkehrenden Prüfung(en)
    - Monat ____ Jahr ____ Prüfdruck ____ bar/kPa (Überdruck)
    - Stempel des Sachverständigen

Folgende Angaben müssen zusätzlich auf dem Tank selbst oder auf einem Metallschild angegeben sein:

21. Name des Betreibers
22. Bezeichnung der (des) beförderten Stoffe(s) und höchste mittlere Ladungstemperatur, sofern diese höher als 50 °C ist
23. höchstzulässige Bruttomasse ____ kg
24. Leermasse (Tara) _____ kg

Für Gastanks der Klasse 2 sind folgende ergänzende oder abweichende Angaben erforderlich:

a) ortsbewegliche Tanks für nicht tiefkalt verflüssigte Gase:

    zu 12: zusätzlich Auslegungsreferenztemperatur

    zu 22: höchstzulässige Masse der Füllung für jedes zur Beförderung zugelassene, nicht tiefgekühlte verflüssigte Gas

Pflichten und Spezialwissen
Befüller

b) ortsbewegliche Tanks für tiefkalt verflüssigte Gase:

    zu 12: Mindestauslegungstemperatur

    zu 22: Bezeichnung des tiefgekühlt verflüssigten Gases (und minimale mittlere Temperatur des Füllgutes)

    zusätzlich auf dem Typenschild:
- Bezeichnung der Gase, für die der Tank zugelassen ist
- die Angaben „wärmeisoliert" oder „vakuumisoliert"
- Referenzhaltezeit ___ Tage (Stunden) und ursprünglicher Druck und Füllungsgrad in ___ kg für jedes zugelassene Gut
- Wirksamkeit des Isolierungssystems ___ Watt (W)

Anmerkung:

Wenn ein ortsbeweglicher Tank für die Verwendung auf hoher See ausgelegt und zugelassen ist, muss das Typenschild mit „OFFSHORE PORTABLE TANK" gekennzeichnet sein.

(4)
Angaben auf dem Schild für Tankcontainer, Tankwechselaufbauten, MEGC, Batteriewagen/-Fahrzeuge, Kesselwagen, Tankfahrzeuge

Jeder Tank muss mit einem korrosionsbeständigen Metallschild ausgerüstet sein, das dauerhaft an einer auffallenden und für die Prüfung leicht zugänglichen Stelle angebracht ist.

Auf diesem Schild müssen **mindestens die folgenden Angaben** eingeprägt sein:

1. Zulassungsnummer
2. Name oder Zeichen des Herstellers
3. Seriennummer des Herstellers
4. Herstellungsjahr/Baujahr
5. Prüfdruck _____ bar/kPa (Überdruck)
6. Fassungsraum, bei unterteilten Tankkörpern Fassungsraum jedes Abteils
7. Berechnungstemperatur (nur bei Temperaturen über 50 °C oder –20 °C)
8. Datum (Monat/Jahr) der erstmaligen und der zuletzt wiederkehrenden Prüfung nach den Absätzen 6.8.2.4.1 und 6.8.2.4.2
9. Stempel des Sachverständigen, der die Prüfung durchgeführt hat
10. Werkstoff(e) des Tankkörpers und Verweis auf Werkstoffnorm(en)
11. Berechnungstemperatur (soweit zutreffend)
12. höchstzulässiger Betriebsdruck (soweit zutreffend)

Pflichten und Spezialwissen
Befüller

Zusätzlich für Tankcontainer auf dem Tankcontainer selbst oder auf einer Tafel:

13. Name des Eigentümers und des Betreibers
14. Eigenmasse
15. höchstzulässige Gesamtmasse
16. Tankcodierung gemäß Absatz 4.3.4.1.1
17. offizielle Benennung der zur Beförderung zugelassenen Stoffe

Zusätzlich für MEGC:

13. Name des Eigentümers und des Betreibers
14. Zahl der Elemente
15. gesamter Fassungsraum der Elemente
16. höchstzulässige Gesamtmasse
17. offizielle Benennung der zur Beförderung zugelassenen Stoffe
18. Eigenmasse
19. Tankcodierung gemäß 4.3.3.1.1

Zusätzlich für Batteriewagen/Batterie-Fahrzeuge:

13. Name des Betreibers
14. Zahl der Elemente
15. gesamter Fassungsraum der Elemente
16. offizielle Benennung der zur Beförderung zugelassenen Stoffe
17. Tankcodierung gemäß 4.3.3.1.1

Nur Batteriewagen (RID):

17. Datum (Monat/Jahr) der nächsten Prüfung nach den Absätzen 6.8.2.4.3 und 6.8.3.4.13
18. Lastgrenzen nach den Eigenschaften des Wagens sowie der zu befahrenden Kategorie von Strecken

Zusätzlich für Tankfahrzeuge (nur 13–16) und Kesselwagen (13–19):

13. Name des Betreibers, Halters
14. Fassungsraum
15. Eigenmasse des Fahrzeugs/Kesselwagens
16. Tankcodierung gemäß Absatz 4.3.4.1.1 (nur Aufsetztanks)
17. Datum (Monat/Jahr) der nächsten Prüfung nach den Absätzen 6.8.2.4.2 und 6.8.2.4.3
18. offizielle Benennung der zur Beförderung zugelassenen Stoffe
19. Lastgrenzen nach den Eigenschaften des Wagens sowie der zu befahrenden Kategorie von Strecken

Zusätzlich auf dem Tankfahrzeug selbst oder auf einer Tafel:

17. Leermasse des Fahrzeugs
18. höchstzulässige Gesamtmasse

2 Pflichten und Spezialwissen
Befüller

2.4.3 Pflichten des Befüllers von Containern/Fahrzeugen zur Beförderung gefährlicher Güter in loser Schüttung*⁾

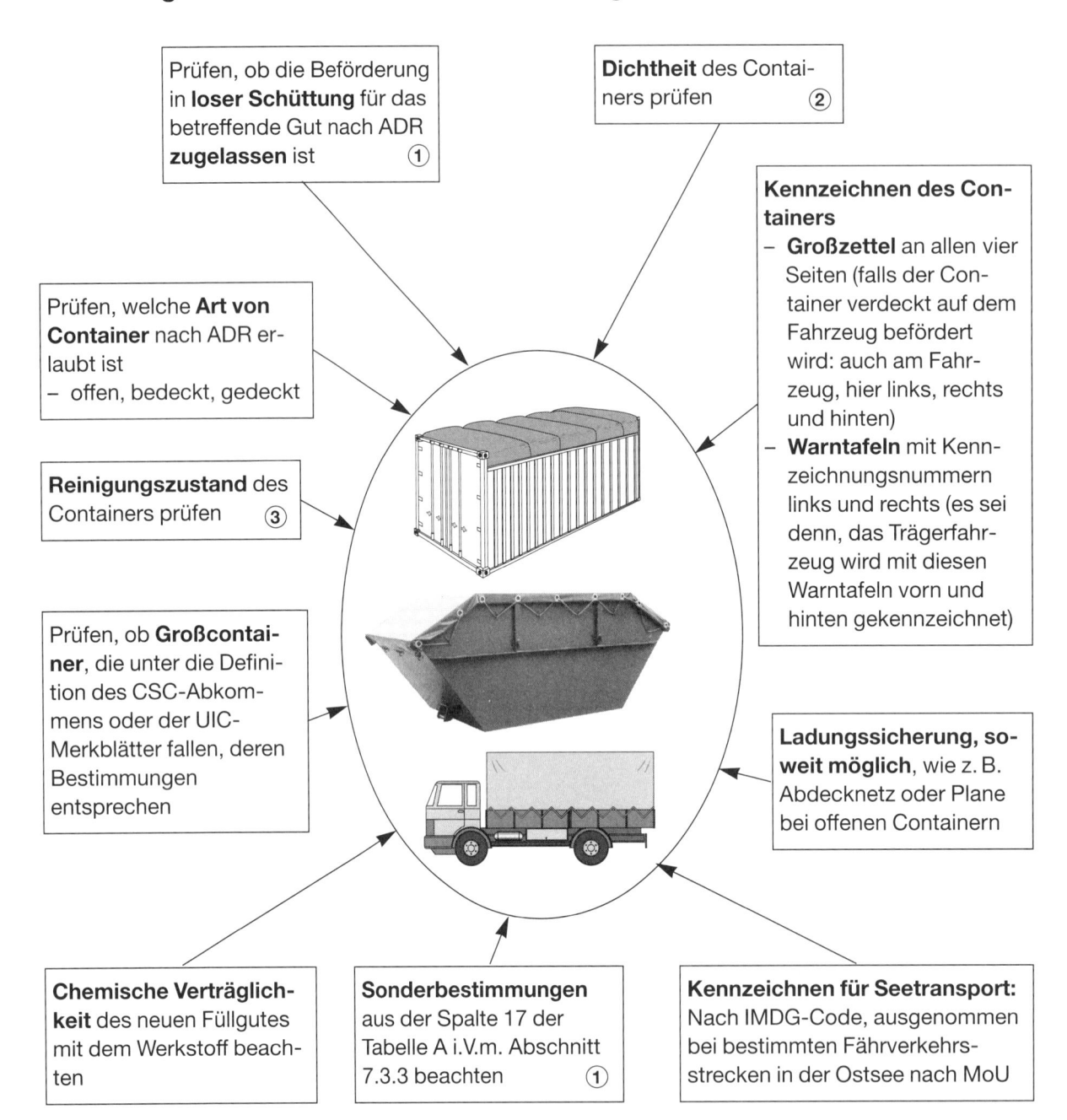

- Prüfen, ob die Beförderung in **loser Schüttung** für das betreffende Gut nach ADR **zugelassen** ist ①

- **Dichtheit** des Containers prüfen ②

- Prüfen, welche **Art von Container** nach ADR erlaubt ist
  – offen, bedeckt, gedeckt

- **Kennzeichnen des Containers**
  – **Großzettel** an allen vier Seiten (falls der Container verdeckt auf dem Fahrzeug befördert wird: auch am Fahrzeug, hier links, rechts und hinten)
  – **Warntafeln** mit Kennzeichnungsnummern links und rechts (es sei denn, das Trägerfahrzeug wird mit diesen Warntafeln vorn und hinten gekennzeichnet)

- **Reinigungszustand** des Containers prüfen ③

- Prüfen, ob **Großcontainer**, die unter die Definition des CSC-Abkommens oder der UIC-Merkblätter fallen, deren Bestimmungen entsprechen

- **Ladungssicherung, soweit möglich**, wie z. B. Abdecknetz oder Plane bei offenen Containern

- **Chemische Verträglichkeit** des neuen Füllgutes mit dem Werkstoff beachten

- **Sonderbestimmungen** aus der Spalte 17 der Tabelle A i.V.m. Abschnitt 7.3.3 beachten ①

- **Kennzeichnen für Seetransport:** Nach IMDG-Code, ausgenommen bei bestimmten Fährverkehrsstrecken in der Ostsee nach MoU

---

*⁾ Anmerkung des Autors: Diese Übersicht erhebt keinen Anspruch auf Vollständigkeit, sondern zeigt nur die wesentlichsten Pflichten. Die vollständige Palette der Pflichten des Befüllers ist den §§ 24, 28 GGVSEB zu entnehmen.

Pflichten und Spezialwissen
Befüller

Erläuterungen

Beförderung in loser Schüttung ist die Beförderung von unverpackten festen Stoffen oder Gegenständen direkt in einem Wagen/Fahrzeug oder Container.

①

Es gibt im ADR/RID drei Arten der Beförderung in loser Schüttung:

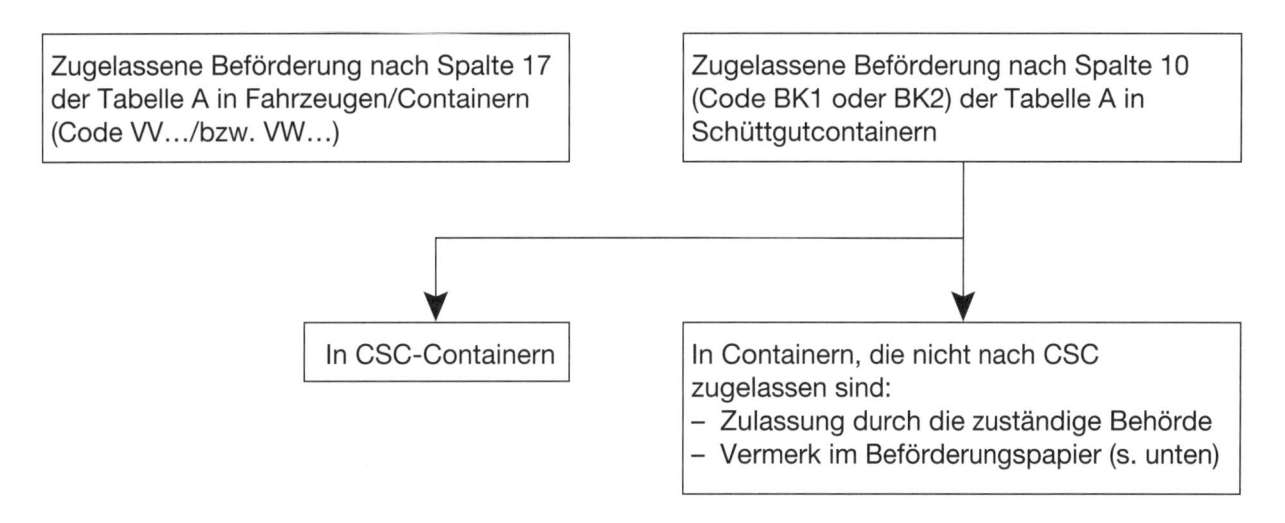

Zugelassene Beförderung nach Spalte 17 der Tabelle A in Fahrzeugen/Containern (Code VV…/bzw. VW…)	Zugelassene Beförderung nach Spalte 10 (Code BK1 oder BK2) der Tabelle A in Schüttgutcontainern

- In CSC-Containern
- In Containern, die nicht nach CSC zugelassen sind:
  - Zulassung durch die zuständige Behörde
  - Vermerk im Beförderungspapier (s. unten)

Ein Gut darf in loser Schüttung in Fahrzeugen oder Containern nur befördert werden, wenn entweder:
a) in Kapitel 3.2 Tabelle A, Spalte 10, eine Sondervorschrift mit dem Code BK1 oder BK2 angegeben ist und die Vorschriften des Abschnitts 7.3.2 in Verbindung mit dem Kapitel 6.11 eingehalten werden, oder
b) in Kapitel 3.2 Tabelle A, Spalte 17, eine Sondervorschrift mit dem Code VV… (ADR) bzw. VW… (RID) angegeben ist, welche diese Beförderungsart ausdrücklich zulässt, und die Vorschriften des Abschnitts 7.3.3 eingehalten werden.

Kapitel 6.11, Vorschriften für den Bau und die Prüfung von Schüttgutcontainern

Schüttgutcontainer-Typ	Code aus der Spalte 10
bedeckter Schüttgutcontainer	BK1
geschlossener Schüttgutcontainer	BK2

(BK1-Container darf im Seeverkehr nicht verwendet werden.)

Entspricht ein Schüttgutcontainer **nicht** dem internationalen Abkommen über sichere Container (CSC-Abkommen), dann muss der Absender im Beförderungspapier folgenden Wortlaut eintragen:
„SCHÜTTGUT-CONTAINER BK (x) VON DER ZUSTÄNDIGEN BEHÖRDE VON … ZUGELASSEN"

②
Bei jeder Beförderung in loser Schüttung ist sicherzustellen, dass vom Inhalt nichts nach außen gelangen kann.

③
Bei Beförderung anderer Produkte (Produktwechsel) vorher die Ladefläche, das Behältnis reinigen.

2 Pflichten und Spezialwissen
Beförderer

2.5 Pflichten des Beförderers*⁾

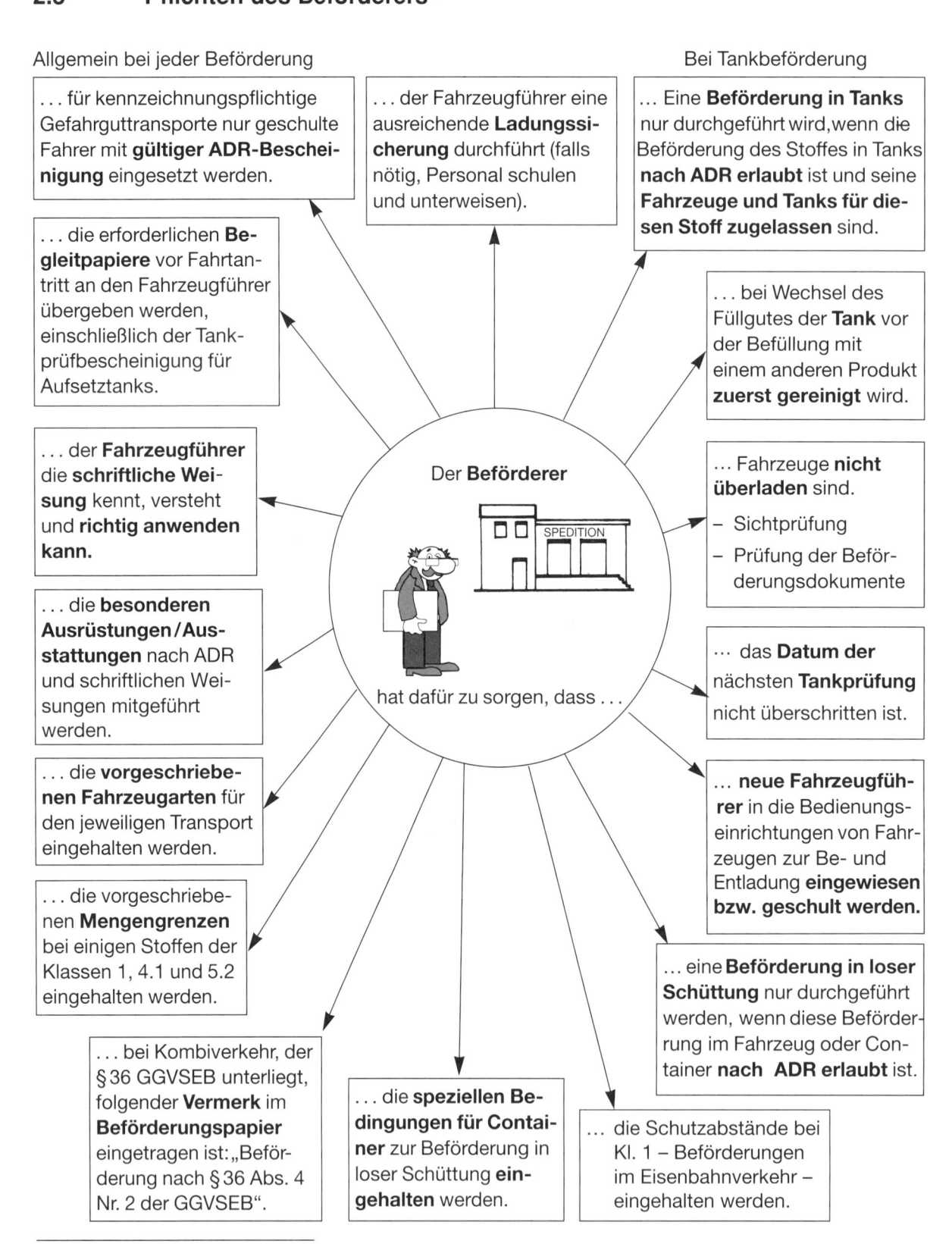

Allgemein bei jeder Beförderung

Der **Beförderer** hat dafür zu sorgen, dass ...

- ... für kennzeichnungspflichtige Gefahrguttransporte nur geschulte Fahrer mit **gültiger ADR-Bescheinigung** eingesetzt werden.

- ... die erforderlichen **Begleitpapiere** vor Fahrtantritt an den Fahrzeugführer übergeben werden, einschließlich der Tankprüfbescheinigung für Aufsetztanks.

- ... der **Fahrzeugführer** die **schriftliche Weisung** kennt, versteht und **richtig anwenden kann.**

- ... die **besonderen Ausrüstungen/Ausstattungen** nach ADR und schriftlichen Weisungen mitgeführt werden.

- ... die **vorgeschriebenen Fahrzeugarten** für den jeweiligen Transport eingehalten werden.

- ... die vorgeschriebenen **Mengengrenzen** bei einigen Stoffen der Klassen 1, 4.1 und 5.2 eingehalten werden.

- ... bei Kombiverkehr, der § 36 GGVSEB unterliegt, folgender **Vermerk im Beförderungspapier** eingetragen ist: „Beförderung nach § 36 Abs. 4 Nr. 2 der GGVSEB".

- ... der Fahrzeugführer eine ausreichende **Ladungssicherung** durchführt (falls nötig, Personal schulen und unterweisen).

- ... die **speziellen Bedingungen für Container** zur Beförderung in loser Schüttung **eingehalten** werden.

Bei Tankbeförderung

- ... Eine **Beförderung in Tanks** nur durchgeführt wird, wenn die Beförderung des Stoffes in Tanks **nach ADR erlaubt** ist und seine **Fahrzeuge und Tanks für diesen Stoff zugelassen** sind.

- ... bei Wechsel des Füllgutes der **Tank** vor der Befüllung mit einem anderen Produkt **zuerst gereinigt** wird.

- ... Fahrzeuge **nicht überladen** sind.
  - Sichtprüfung
  - Prüfung der Beförderungsdokumente

- ... das **Datum** der nächsten **Tankprüfung** nicht überschritten ist.

- ... **neue Fahrzeugführer** in die Bedienungseinrichtungen von Fahrzeugen zur Be- und Entladung **eingewiesen bzw. geschult werden.**

- ... eine **Beförderung in loser Schüttung** nur durchgeführt werden, wenn diese Beförderung im Fahrzeug oder Container **nach ADR erlaubt** ist.

- ... die Schutzabstände bei Kl. 1 – Beförderungen im Eisenbahnverkehr – eingehalten werden.

---

*⁾ Anmerkung des Autors: Diese Übersicht erhebt keinen Anspruch auf Vollständigkeit, sondern zeigt nur die wesentlichsten Pflichten. Die vollständige Palette der Pflichten des Beförderers ist den §§ 20, 28, 30 GGVSEB zu entnehmen.

Pflichten und Spezialwissen
Fahrzeughalter

2.5.1 Pflichten des Beförderers und Fahrzeughalters (nationale Begriffsbestimmung nach Verkehrsrecht)*)

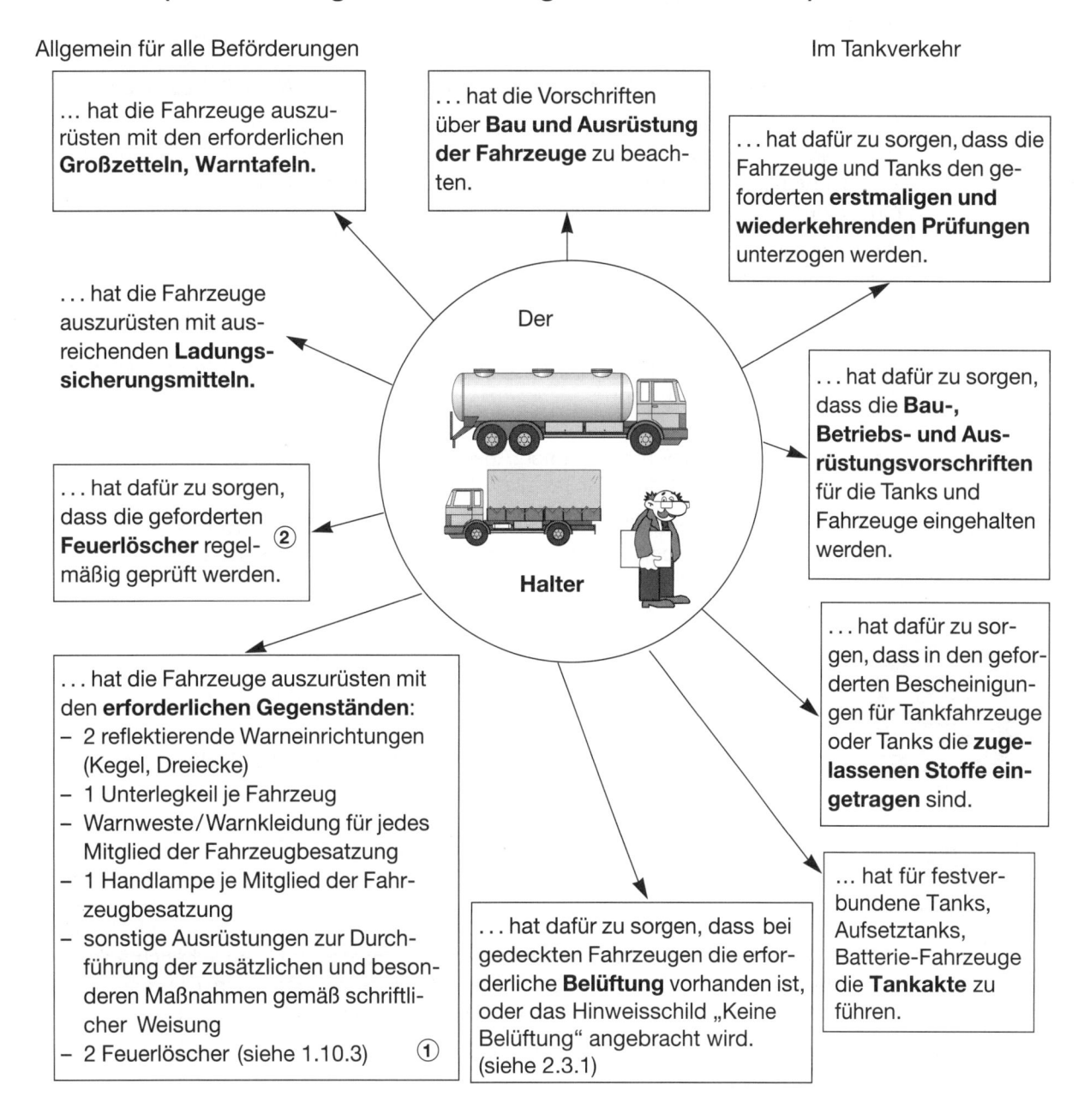

Allgemein für alle Beförderungen

Im Tankverkehr

Der Halter

... hat die Fahrzeuge auszurüsten mit den erforderlichen **Großzetteln, Warntafeln**.

... hat die Vorschriften über **Bau und Ausrüstung der Fahrzeuge** zu beachten.

... hat dafür zu sorgen, dass die Fahrzeuge und Tanks den geforderten **erstmaligen und wiederkehrenden Prüfungen** unterzogen werden.

... hat die Fahrzeuge auszurüsten mit ausreichenden **Ladungssicherungsmitteln**.

... hat dafür zu sorgen, dass die **Bau-, Betriebs- und Ausrüstungsvorschriften** für die Tanks und Fahrzeuge eingehalten werden.

... hat dafür zu sorgen, dass die geforderten **Feuerlöscher** regelmäßig geprüft werden. ②

... hat dafür zu sorgen, dass in den geforderten Bescheinigungen für Tankfahrzeuge oder Tanks die **zugelassenen Stoffe eingetragen** sind.

... hat die Fahrzeuge auszurüsten mit den **erforderlichen Gegenständen**:
- 2 reflektierende Warneinrichtungen (Kegel, Dreiecke)
- 1 Unterlegkeil je Fahrzeug
- Warnweste/Warnkleidung für jedes Mitglied der Fahrzeugbesatzung
- 1 Handlampe je Mitglied der Fahrzeugbesatzung
- sonstige Ausrüstungen zur Durchführung der zusätzlichen und besonderen Maßnahmen gemäß schriftlicher Weisung
- 2 Feuerlöscher (siehe 1.10.3) ①

... hat dafür zu sorgen, dass bei gedeckten Fahrzeugen die erforderliche **Belüftung** vorhanden ist, oder das Hinweisschild „Keine Belüftung" angebracht wird. (siehe 2.3.1)

... hat für festverbundene Tanks, Aufsetztanks, Batterie-Fahrzeuge die **Tankakte** zu führen.

①
Bei der Beförderung von giftigen Gasen oder Stoffen mit Gefahrzettel 6.1/2.3 ist für jedes Mitglied der Fahrzeugbesatzung ein Atemschutz vorzusehen, der ihm die Flucht ermöglicht (Fluchthaube oder Maske mit einem Gas-Staub-Kombinationsfilter des Typs A1B1E1K1-P1 oder A2B2E2K2-P2, mit Norm 141 vergleichbar). Der Filtertyp ist in der schriftlichen Weisung angegeben. Das Ablaufdatum des Filters darf nicht überschritten sein.

②
Für in Deutschland zugelassene Fahrzeuge sind die Feuerlöscher alle zwei Jahre zu prüfen. Sie müssen mit dem Datum der nächsten Prüfung gekennzeichnet sein (Anlage 2 Nr. 3.4 GGVSEB).

---

*) *Anmerkung des Autors: Diese Übersicht erhebt keinen Anspruch auf Vollständigkeit, sondern zeigt nur die wesentlichsten Pflichten. Die vollständige Palette der Pflichten des Beförderers und des Fahrzeughalters ist den §§ 20, 28, 30 GGVSEB zu entnehmen.*

2 Pflichten und Spezialwissen
Fahrzeughalter

2.5.2 Tunnelkategorien und Tunnelbeschränkungscode

Tunnelkategorien (nach 1.9.5.2.2 ADR)

E	Beschränkungen für alle gefährlichen Güter, ausgenommen UN 2919, 3291, 3331, 3359 und 3373
D	Beschränkung für gefährliche Güter, die zu einer sehr großen oder großen Explosion, einem umfangreichen Freiwerden von giftigen Stoffen oder zu einem großen Brand führen können
C	Beschränkung für gefährliche Güter, die zu einer sehr großen oder großen Explosion oder umfangreichem Freiwerden von giftigen Stoffen führen können
B	Beschränkung für gefährliche Güter, die zu einer sehr großen Explosion führen können
A	keine Beschränkung für die Beförderung gefährlicher Güter (kein spezielles Verkehrszeichen oder Verbotszeichen)

- Der Tunnelcode gilt nicht bei der Beförderung nach Abschnitt 1.1.3 (Freistellungen, freigestellte und begrenzte Mengen und Mengen unterhalb der Tabelle 1.1.3.6 ADR).

- Die Länder müssen Tunnelverbote und alternative Strecken mit Hilfe von Straßenverkehrszeichen gemäß dem Wiener Übereinkommen über Straßenverkehrszeichen und dem Zusatzübereinkommen zu diesem Übereinkommen (Genf 1971) ausweisen.

Gilt für Fahrzeuge mit gefährlichen Gütern, die nicht in Tunneln der Kategorie B zugelassen sind.

- In der Spalte 15 der Tabelle A sind zu den jeweiligen Stoffen die festgelegten Tunnelbeschränkungscodes angegeben. Der Absender trägt dies zu dem Stoff im Beförderungspapier ein. Dies kann entfallen, wenn vor der Beförderung bekannt ist, dass keine Tunnel befahren werden.

- Ein „(-)" in der Spalte 15 bedeutet, dass kein Code zugeordnet wurde und die Durchfahrt durch alle Tunnel erlaubt ist.

- Enthält eine Beförderungseinheit verschiedene Gefahrgüter mit unterschiedlichen Tunnelbeschränkungscodes, ist der gesamten Ladung der restriktivste dieser Tunnelbeschränkungscodes zuzuordnen.

- Unabhängig davon dürfen die Vertragsparteien (ADR-Vertragsstaaten) bis 31.12.2009 Beschränkungen für die Durchfahrt von Tunneln nach der bisherigen nationalen Gesetzgebung anwenden.

Pflichten und Spezialwissen
Fahrzeughalter

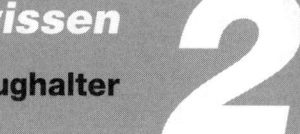

Tunnelbeschränkungscode (TBC) der gesamten Ladung

Tunnelbeschränkungscode der gesamten Ladung (Spalte 15 der Tabelle A)	Beschränkung
B	Durchfahrt verboten durch Tunnel der Kategorie B, C, D und E.
B1000C	Beförderungen, bei denen die Nettoexplosivstoffmasse je Beförderungseinheit – 1000 kg überschreitet: Durchfahrt verboten durch Tunnel der Kategorien B, C, D und E; – 1000 kg nicht überschreitet: Durchfahrt verboten durch Tunnel der Kategorien C, D und E.
B/D	Beförderungen in Tanks: Durchfahrt verboten durch Tunnel der Kategorien B, C, D und E. Sonstige Beförderungen: Durchfahrt verboten durch Tunnel der Kategorien D und E.
B/E	Beförderungen in Tanks: Durchfahrt verboten durch Tunnel der Kategorien B, C, D und E. Sonstige Beförderungen: Durchfahrt verboten durch Tunnel der Kategorie E.
C	Durchfahrt verboten durch Tunnel der Kategorien C, D und E.
C5000D	Beförderungen, bei denen die Nettoexplosivstoffmasse je Beförderungseinheit – 5000 kg überschreitet: Durchfahrt verboten durch Tunnel der Kategorien C, D, und E; – 5000 kg nicht überschreitet: Durchfahrt verboten durch Tunnel der Kategorien D und E.
C/D	Beförderungen in Tanks: Durchfahrt verboten durch Tunnel der Kategorien C, D und E. Sonstige Beförderungen: Durchfahrt verboten durch Tunnel der Kategorien D und E.
C/E	Beförderungen in Tanks: Durchfahrt verboten durch Tunnel der Kategorien C, D und E. Sonstige Beförderungen: Durchfahrt verboten durch Tunnel der Kategorie E.
D	Durchfahrt verboten durch Tunnel der Kategorien D und E.
D/E	Beförderungen in loser Schüttung oder in Tanks: Durchfahrt verboten durch Tunnel der Kategorien D und E. Sonstige Beförderungen: Durchfahrt verboten durch Tunnel der Kategorie E.
E	Durchfahrt verboten durch Tunnel der Kategorie E.
–	Durchfahrt durch alle Tunnel gestattet (für die UN-Nummern 2919 und 3331 siehe auch Unterabschnitt 8.6.3.1).

Pflichten und Spezialwissen
Fahrzeughalter

Beispiele:

Im Tank
UN 2338 Benzotrifluorid – Tunnelbeschränkungscode gemäß Spalte 15 „D/E"
- Durchfahrt verboten durch Tunnel der Kategorien D und E

Gemischte Ladung in Versandstücken
UN 1789 Chlorwasserstoffsäure – Tunnelbeschränkungscode gemäß Spalte 15 „E"
UN 1203 Ottokraftstoff (Benzin) – Tunnelbeschränkungscode gemäß Spalte 15 „D/E"
- Durchfahrt verboten durch Tunnel der Kategorie E

Beförderung von Explosivstoffen
UN 0285 Granaten-Nettoexplosivstoffmasse 500 kg – Tunnelbeschränkungscode gemäß Spalte 15 „B1000C"
- Durchfahrt verboten durch Tunnel der Kategorien C, D und E

Bemerkung:
Weitere Sonderbestimmungen bestehen für Tunnel in Österreich, Schweiz, z.B. gelbe Rundumleuchte, Begleitfahrzeug.

Pflichten und Spezialwissen
Fahrzeugführer

2.6 Pflichten des Fahrzeugführers bei der Beförderung unterhalb der Mengengrenzen nach Abschnitt (Tabelle) 1.1.3.6.3 ADR*⁾

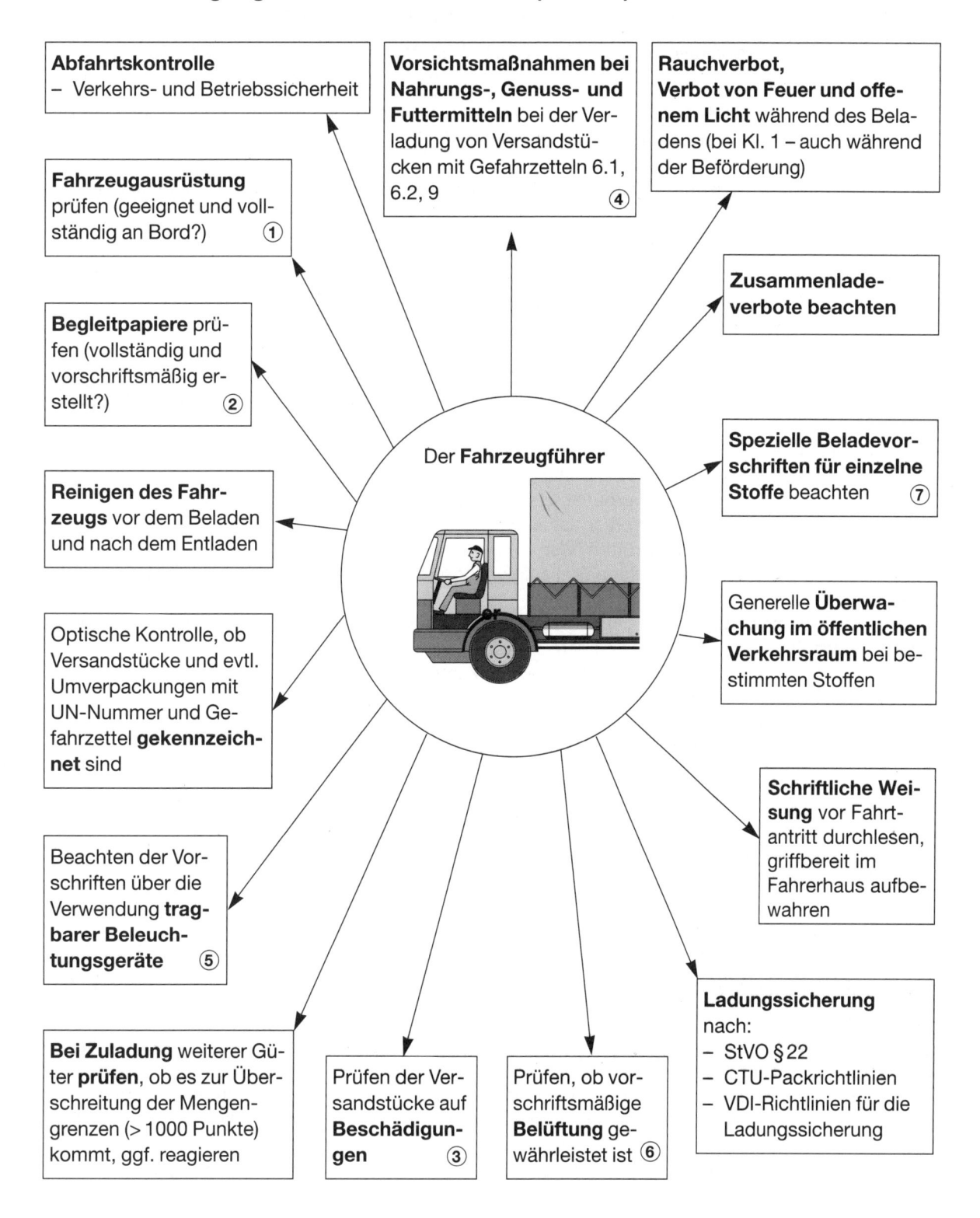

- **Abfahrtskontrolle**
  – Verkehrs- und Betriebssicherheit

- **Fahrzeugausrüstung** prüfen (geeignet und vollständig an Bord?) ①

- **Begleitpapiere** prüfen (vollständig und vorschriftsmäßig erstellt?) ②

- **Reinigen des Fahrzeugs** vor dem Beladen und nach dem Entladen

- Optische Kontrolle, ob Versandstücke und evtl. Umverpackungen mit UN-Nummer und Gefahrzettel **gekennzeichnet** sind

- Beachten der Vorschriften über die Verwendung **tragbarer Beleuchtungsgeräte** ⑤

- **Bei Zuladung** weiterer Güter **prüfen**, ob es zur Überschreitung der Mengengrenzen (> 1000 Punkte) kommt, ggf. reagieren

- Prüfen der Versandstücke auf **Beschädigungen** ③

- Prüfen, ob vorschriftsmäßige **Belüftung** gewährleistet ist ⑥

- **Vorsichtsmaßnahmen bei Nahrungs-, Genuss- und Futtermitteln** bei der Verladung von Versandstücken mit Gefahrzetteln 6.1, 6.2, 9 ④

- **Rauchverbot, Verbot von Feuer und offenem Licht** während des Beladens (bei Kl. 1 – auch während der Beförderung)

- **Zusammenladeverbote beachten**

- **Spezielle Beladevorschriften für einzelne Stoffe** beachten ⑦

- Generelle **Überwachung im öffentlichen Verkehrsraum** bei bestimmten Stoffen

- **Schriftliche Weisung** vor Fahrtantritt durchlesen, griffbereit im Fahrerhaus aufbewahren

- **Ladungssicherung** nach:
  – StVO § 22
  – CTU-Packrichtlinien
  – VDI-Richtlinien für die Ladungssicherung

Der **Fahrzeugführer**

---

*⁾ Anmerkung des Autors: Diese Übersicht erhebt keinen Anspruch auf Vollständigkeit, sondern zeigt nur die wesentlichsten Pflichten. Die vollständige Palette der Pflichten des Fahrzeugführers ist den §§ 29, 30 GGVSEB zu entnehmen.

Pflichten und Spezialwissen
Fahrzeugführer

Erläuterungen

Folgende Beförderungen von gefährlichen Gütern, die nicht mehr freigestellt sind, dürfen von Fahrzeugführern **ohne** ADR-Bescheinigung (besondere Schulung) durchgeführt werden:

- Beförderungen von radioaktiven Stoffen der Klasse 7 als freigestellte Versandstücke (UN 2908 bis UN 2911)
- Beförderungen von gefährlichen Gütern in Versandstücken ohne Überschreitung der Tabelle der begrenzten Mengen, nicht mehr als 1000 Punkte *(siehe Seite 70)*
- Gefährliche Güter als freigestellte Versandstücke gemäß Kapitel 3.5 und gefährliche Güter in begrenzten Mengen verpackt gemäß Kapitel 3.4.

①
Ausrüstung des Fahrzeugs: mindestens ein 2-kg-Feuerlöscher ist mitzuführen (nicht erforderlich bei freigestellten Gütern oder begrenzten Mengen nach Kapitel 3.4 oder 3.5 ADR)

②
Begleitpapiere:

- Das vom Absender erstellte Beförderungspapier mit den geforderten Angaben über das Gefahrgut:
    - Absender und Empfänger,
    - UN-Nummer des Stoffes,
    - Stoffbezeichnung (technische Bezeichnung),
    - Gefahrzettelnummer und ggf. Verpackungsgruppe,
    - Anzahl und Beschreibung der Versandstücke,
    - Menge als Nettomasse oder Bruttomasse in kg oder in l,

    ist während des Transports mitzuführen und auf Verlangen zuständigen Überwachungsbehörden auszuhändigen.
- National kann, gemäß GGAV Nr. 18, wiederum auf das Beförderungspapier verzichtet werden, soweit für eigene Zwecke, ohne Übergabe an Dritte, befördert wird.
- Eine schriftliche Weisung ist noch nicht erforderlich, kann jedoch mitgeführt werden.

③
Keine beschädigten oder undichten Versandstücke befördern!

④
Bei Gefahrzettel Nr. 9 sind betroffen: UN 2212, 2315, 2590, 3151, 3152, 3245.

⑤
Tragbare Beleuchtungsgeräte:
- Es ist verboten, Fahrzeuge mit Beleuchtungsgeräten mit offener Flamme zu betreten. Außerdem dürfen Beleuchtungsgeräte keine metallene Oberfläche haben.
- Werden brennbare Gase oder brennbare Flüssigkeiten in einem gedeckten Fahrzeug (vollwandig geschlossen) befördert, so müssen diese Beleuchtungsgeräte so ausgelegt sein, dass beim Einschalten keine Entzündung von Gasen/Dämpfen hervorgerufen wird (Ex-Schutz) gemäß BetrSichV (siehe S. 37).

⑥
Werden Gase der Klasse 2 in geschlossenen Fahrzeugen befördert, so müssen diese eine ausreichende Be- und Entlüftung haben.
- Gase können schwerer oder leichter als Luft sein, deshalb soll die Be- und Entlüftung oben und unten im Laderaum angebracht sein (Information durch den Beförderer und den Verlader, *siehe auch 2.3.1*), oder
- ein Kennzeichen an der Ladetür „Achtung, keine Belüftung, vorsichtig öffnen" *(siehe auch 2.3.1)* angebracht sein.

⑦
Darauf achten, dass die eventuellen Sondervorschriften nach Kapitel 7.1, SV..., für die zu ladenden Stoffe bezüglich ihrer Handhabung, Be- und Entladung beachtet werden (Rücksprache mit dem Verlader, um dies über die Vorschriften abzuklären).

Pflichten und Spezialwissen
Fahrzeugführer

Fahren im öffentlichen Verkehrsraum

Das Verkehrszeichen 354 der StVO „Wasserschutzgebiet" bedeutet, dass der Fahrer mit einer Ladung wassergefährdender Stoffe sich hier besonders umsichtig verhalten muss. Dies ist unabhängig von der Ladungsmenge zu beachten. In der Regel dürfen in solchen Gebieten keine Be- und Entladungen durchgeführt werden. (Auch sollten hier keine Ruhezeiten, Tagesruhezeiten nach den Sozialvorschriften für das Fahrpersonal durchgeführt werden.)

Ladung:

- sind Ladegüter, die aufgeladen wurden, befördert werden und entladen werden. Reservekanister mit Kraftstoff sind demnach keine Ladung.

Wassergefährdende Stoffe:

- sind Stoffe, die nach dem Wasserhaushaltsgesetz (WHG) einer Wassergefährdungsklasse (1–3) zugeordnet sind. Dies gilt nicht nur für gefährliche Güter, die wassergefährdende Eigenschaften haben, sondern auch für Stoffe, die keine Gefahrgüter sind, aber wassergefährdende Eigenschaften aufweisen, wie z.B. Getriebeöle, Motoröle usw.

Das Zeichen 269 nach StVO **„Verbot für Fahrzeuge mit wassergefährdender Ladung"** ist ebenfalls unabhängig von der Menge zu beachten. So darf z.B. ein Fahrer mit 10 l Motoröl im Kofferraum hier nicht mehr fahren.

Merke

Die Zeichen gelten **nicht nur** für **Tankverkehr!**

Für kennzeichnungspflichtige Gefahrguttransporte (Fahrer mit erforderlicher ADR-Bescheinigung) gibt es noch weitere Fahrverbote bzw. Einschränkungen nach der StVO (bestimmte Verkehrszeichen und Schlechtwetterregelungen sowie Tunnelbeschränkungen gemäß Kapitel 1.9 ADR).

Seeverkehr
Inhalt 3

3 Abweichende bzw. ergänzende Vorschriften für den Seeverkehr (IMDG-Code)

3.1	Beteiligte im Seeverkehr	160
3.2	Wichtige Begriffsbestimmungen nach IMDG-Code	161
3.3	Beschriftung, Markierung, Kennzeichnung von Versandstücken und Beförderungseinheiten	162
3.4	Kennzeichnungsvorschriften für CTU – Übersicht	163
3.5	Einstufung und Kennzeichnung von Meeresschadstoffen	164
3.6	Angaben im Beförderungsdokument (Abschnitt 5.4.1 IMDG-Code)	164
3.7	Beförderungsdokument/Verantwortliche Erklärung	166
3.8	Container-/Fahrzeug-Packzertifikat Seeverkehr	167
3.9	Memorandum of Understanding (MoU) für die Beförderung verpackter gefährlicher Güter in der Ostsee	168
3.10	Trenn- und Stauvorschriften	169

3 Seeverkehr
Beteiligte

3.1 Beteiligte im Seeverkehr

1. Der **Hersteller** oder **Vertreiber** und der **Beauftragte des Herstellers oder Vertreibers**
   jede Person, Organisation oder Regierung, die eine Sendung für die Beförderung vorbereitet
   (Soweit ein Schiffsmakler Beförderungsverträge für Frachtführer nach § 425 HGB im eigenen Namen abschließt, wird er Hersteller oder Vertreiber und handelt im Sinne von § 9 der GGVSee als Verantwortlicher.)

2. Der **für das Packen oder Beladen einer Beförderungseinheit** jeweils **Verantwortliche**
   (Soweit Ladungskontrollunternehmen Verantwortung übernehmen, indem sie das Beladen von Beförderungseinheiten übernehmen und Erklärungen dazu abgeben, wie CTU-Packzertifikat, werden Verantwortlichkeiten nach § 9 (2) GGVSee ausgelöst.)

3. Der **Auftraggeber des Beförderers**
   wer einen Beförderungsvertrag mit dem Beförderer abschließt

4. Der **für den Umschlag Verantwortliche**
   (Stauereiunternehmen als Gewerbetreibende, die beim Laden oder Löschen auf dem Schiff für den Reeder direkt als für den Umschlag Verantwortliche tätig werden, handeln im Sinne des § 9 (4) der GGVSee.)

5. Der **Beförderer und der Beauftragte des Beförderers**
   eine Person, Organisation oder Regierung, welche die Beförderung gefährlicher Güter mit jedem beliebigen Beförderungsmittel durchführt. Der Begriff schließt sowohl Beförderungen mit oder ohne Beförderungsvertrag ein.
   (Befördert ein Reeder mit seinen eigenen Schiffen, ist er Beförderer im Sinne des § 9 (5) der GGVSee. Wird das Schiff im Rahmen einer Bare-Boat-Charter [ohne Mannschaft] verchartert, so trifft den Charterer die Verantwortung nach § 9 (5) der GGVSee.)

6. Der **Reeder**
   der Eigentümer eines Schiffs

7. Der **Schiffsführer**

8. Der mit der Planung und Beladung **Beauftragte**

9. Der für die **Ladung verantwortliche Offizier**

Seeverkehr
Begriffsbestimmungen

3.2 Wichtige Begriffsbestimmungen nach IMDG-Code

Beförderungseinheit

ein Lastkraftwagen, Güterwagen, Frachtcontainer, Straßentankfahrzeug, Kesselwagen oder ortsbeweglicher Tank

Bulkcontainer

Beförderungseinheiten, die mit festen gefährlichen Gütern ohne Umschließung (loser Schüttung) beladen sind

Containerschiff

ein Schiff, das unter Deck geladenen Containern durch besondere Führungsschienen während des Seetransportes festen Stau gewährt, oder Containern, die an Deck eines solchen Schiffes geladen und aufeinandergestapelt werden, durch besondere Beschläge sicheren Seetransport gewährt

IMO-Tanktypen

Ortsbewegliche Tanks oder Straßentankfahrzeuge, die vor dem 01.01.2003 gebaut und zugelassen wurden, dürfen weiterhin verwendet werden. Nach den Vorschriften des IMDG-Codes (gültig am 01.07.1999, 29. Amendment) werden diese Tanks in folgende Typen eingeteilt: (Übergangsregelung endet am 31.12.2009):

IMO Typ 1	ein ortsbeweglicher Tank für die Klassen 3–9 mit Druckentlastungseinrichtungen und einem höchstzulässigen Betriebsdruck von mehr als 1,75 bar
IMO Typ 2	ein ortsbeweglicher Tank für die Klassen 3–9 mit Druckentlastungseinrichtungen und einem höchstzulässigen Betriebsdruck von 1–1,75 bar
IMO Typ 4	ein Straßentankfahrzeug für die Klassen 3–9 oder ein Tank mit mindestens vier Verriegelungszapfen, mit einem Chassis verbunden
IMO Typ 5	ein ortsbeweglicher Tank für nicht tiefgekühlt verflüssigte Gase der Klasse 2
IMO Typ 6	ein Straßentankfahrzeug oder ein Tank mit mindestens vier Verriegelungszapfen, mit einem Chassis verbunden, für nicht gekühlt verflüssigte Gase
IMO Typ 7	ein wäremisolierter ortsbeweglicher Tank für tiefkalt verflüssigte Gase
IMO Typ 8	ein Straßentankfahrzeug für tiefkalt verflüssigte Gase

Leichterzubringerschiff

ein für die Beförderung von Trägerschiffsleichtern zu oder von einem Trägerschiff besonders konstruiertes und ausgerüstetes Schiff

Offener Ro-Ro-Laderaum

ein Laderaum, der entweder an beiden Enden offen ist oder der an einem Ende offen ist und entsprechend den Anforderungen der Verwaltung durch verbleibende Öffnungen in den Seitenbeplattungen oder der Decke mit einer über seine ganze Länge wirkenden natürlichen Belüftung versehen ist

Ro-Ro-Laderäume

Räume, die normalerweise in keiner Weise unterteilt sind und die sich entweder über einen erheblichen Teil der Länge oder über die Gesamtlänge des Schiffes erstrecken und in denen Beförderungseinheiten normalerweise in horizontaler Richtung geladen werden können

Seeverkehr
Beschriftung, Markierung, Kennzeichnung

Ro-Ro-Schiff

Ein Schiff mit einem oder mehreren geschlossenen oder offenen Decks, die normalerweise in keiner Weise unterteilt sind und sich im Allgemeinen über die gesamte Länge des Schiffs erstrecken

Ortsbeweglicher Tank

Seit dem 01.01.2003 wird im IMDG-Code ausschließlich der Begriff „ortsbeweglicher Tank" (oT) verwendet. Ein oT (insbesondere ein Tankcontainer) ist ein Straßentankfahrzeug, ein Eisenbahnkesselwagen oder ein Gefäß mit einem Fassungsraum von mindestens 450 l zur Aufnahme fester, flüssiger Stoffe oder verflüssigter Gase.

Trägerschiff

Ein für die Beförderung von Trägerschiffsleichtern besonders konstruiertes und ausgerüstetes Schiff

Trägerschiffsleichter

Ein unabhängiges Schiff ohne Eigenantrieb, das besonders dafür konstruiert und ausgerüstet ist, in beladenem Zustand auf ein Trägerschiff oder ein Leichterzubringerschiff gehoben und dort gestaut zu werden

3.3 Beschriftung, Markierung und Kennzeichnung von Versandstücken und Beförderungseinheiten

1. Versandstücke

Alle Markierungen und Kennzeichnungen müssen so aufgebracht werden, dass sie nach 3 Monaten im Seewasser noch erkennbar sind.

Abweichend vom ADR/RID müssen alle Versandstücke zusätzlich immer mit dem richtigen technischen Namen beschriftet werden.

2. Beförderungseinheiten

Der IMDG-Code kennt keine Warntafeln mit Kennzeichnungsnummern wie das ADR bzw. RID, sondern nur die UN-Nummer. Die UN-Nummer kann auf zwei verschiedene Arten an einer Beförderungseinheit angebracht werden:

a) UN-Nummer im Placard (Großzettel)
b) UN-Nummer außerhalb des Placards auf einer orangefarbenen Klebefolie/Tafel (mindestens 30 x 12 cm)

(Kennzeichnungsvarianten und zusätzliche Angaben siehe Tabelle)

Seeverkehr
Beschriftung, Markierung, Kennzeichnung

3.4 Kennzeichnungsvorschriften für CTU – Übersicht

Beförderungsart	Beladung	Placard (Großzettel) an allen vier Seiten[1]	UN-Nummer an allen vier Seiten	Richtiger technischer Name
Ortsbeweglicher Tank	ein Gefahrgut	ja	ja	an zwei gegenüberliegenden Seiten
Ortsbeweglicher Tank	verschiedene Gefahrgüter je Tankabteil	– ja – seitlich je Tankabteil, stoffbezogen	seitlich je Tankabteil, stoffbezogen	an zwei gegenüberliegenden Seiten
Frachtcontainer	ein Gefahrgut	ja	ja, bei mehr als 4000 kg Bruttomasse	nein
Frachtcontainer	verschiedene Gefahrgüter und/oder zusätzlich Nichtgefahrgüter	ja	nein	nein
Frachtcontainer oder Beförderungseinheiten	Gefahrgüter in begrenzten Mengen	nein	nein	an den Seiten die Aufschrift „LIMITED QUANTITIES" oder „LTD QTY"
Bulkcontainer	Gefahrgüter in loser Schüttung	– ja – Straßenfahrzeuge an beiden Seiten und hinten	ja	an zwei gegenüberliegenden Seiten
IMO-Tank Typ 4, 6 und 8 ohne Zugfahrzeug	Gefahrgut	– ja – seitlich je Tankabteil, stoffbezogen	ja	an zwei gegenüberliegenden Seiten
IMO-Tank Typ 4, 6 und 8 mit Zugfahrzeug	Gefahrgut	ja, jedoch nur an beiden Seiten und hinten	– ja – seitlich je Tankabteil, stoffbezogen	an zwei gegenüberliegenden Seiten
Beförderungseinheiten	unverpackte LSA-I-Stoffe oder SCO-I-Gegenstände der Klasse 7	ja	ja	nein
Beförderungseinheiten	Klasse 7, eine UN-Nummer unter ausschließlicher Verwendung	ja	ja	nein
Beförderungseinheiten	ein Gefahrgut, für das es kein Placard oder keine Markierung für Meeresschadstoffe gibt	nein	nein	an zwei gegenüberliegenden Seiten

[1] zusätzlich der Großzettel „Umweltgefährlich", soweit es sich um einen umweltgefährlichen Stoff/Meeresschadstoff handelt

Seeverkehr
Meeresschadstoffe

3.5 Einstufung und Kennzeichnung von Meeresschadstoffen

Meeresschadstoffe sind im Kapitel 3.2 der UN-numerischen Stoffliste in der Spalte 4 mit einem „P" (Meeresschadstoff) gekennzeichnet.

> Bei allen anderen Stoffen der Klassen 1–9 muss der Versender anhand der Klassifizierungskriterien in Abschnitt 2.9.3 IMDG-Code selbst entscheiden, ob es sich um einen Meeresschadstoff handelt.

Zusätzliche Kennzeichnung der Versandstücke/Umverpackungen:

Versandstücke mit Innenverpackungen > 5 l bzw. 5 kg bei einem Inhalt mit Meeresschadstoffen

Größe des Kennzeichens mindestens 100 mm Seitenlänge, an Beförderungseinheiten mindestens 250 mm Seitenlänge

Zusätzliche Kennzeichnung von Beförderungseinheiten:

Beförderungseinheiten, die Meeresschadstoffe enthalten, müssen mit dem Kennzeichen „umweltgefährlich" gekennzeichnet sein, auch dann, wenn die Versandstücke selbst noch nicht mit diesem Kennzeichen gekennzeichnet sein müssen, z.B. Versandstücke mit Meeresschadstoffen unter 5 l bzw. 5 kg je Innenverpackung.

Stoffe, die nur Meeresschadstoffe sind und keine Gefahrenmerkmale der Klassen 1–8 aufweisen:

Stoffe, die nur Meeresschadstoffe sind, werden der Klasse 9

– UN 3077 umweltgefährdender Stoff, fest, n.a.g. ... oder

– UN 3082 umweltgefährdender Stoff, flüssig, n.a.g. ...

zugeordnet.

Im Beförderungspapier muss zusätzlich der Vermerk „Marine Pollutant" gemacht werden.

3.6 Angaben im Beförderungsdokument (Abschnitt 5.4.1 IMDG-Code)

1. UN-Nummer („UN" vorangestellt)
2. Richtige technische Bezeichnung (evtl. ergänzt in Klammern mit Benennungen, soweit nach Absatz 3.1.2.8.1 gefordert bzw. wenn die SV 274 in der Spalte 6 angegeben ist)
3. Klasse der Hauptgefahr bzw. Unterklasse bei Klasse 1
4. In Klammern die Zusatzgefahr aus der Spalte 4 der Tabelle Kapitel 3.2
5. Ggf. dem Stoff zugeordnete Verpackungsgruppe

(1–5 muss in dieser Reihenfolge erscheinen, ohne weitere eingeschobene Angaben)

Seeverkehr
Meeresschadstoffe

Weitere Eintragungen:

6. Bei leeren ungereinigten Verpackungen, IBC, Schüttgutcontainern, Tanks, Straßentankfahrzeugen, Kesselwagen vor dem technischen Namen: „Empty Uncleaned" oder „Residue Last Contained"

7. Bei Abfällen vor dem technischen Namen den Begriff „Waste"

8. Bei Stoffen, die erwärmt befördert werden und bei denen aus dem technischen Namen nicht erkennbar ist, dass diese (flüssig: > 100 °C, fest: > 240 °C) erwärmt befördert werden, vor dem technischen Namen: „Elevated Temperature" oder „Hot"

9. Bei Meeresschadstoffen, umweltgefährlichen Stoffen nach Abschnitt 2.9.3 der Vermerk „Marine Pollutant"

10. Bei brennbaren Flüssigkeiten mit einem Flammpunkt < 60 °C den Flammpunkt in °C geschlossener Tiegel (c.c.), z.B. ... (12 °C c.c.)

11. Bei Gütern in begrenzten Mengen nach Kapitel 3.4 den Hinweis „Limited Quantities" oder „LTD QTY"

12. Bei freigestellten Gütern nach Kapitel 3.5: „Dangerous Goods in Excepted Quantities"

13. Bei Verwendung von Bergungsverpackungen: „Salvage Package"

14. Die Notfall- und Kontrolltemperatur, soweit gefordert, wenn der technische Name das Wort „... stabilisiert" enthält und die Stabilisierung nur durch Temperaturkontrolle erfolgt, sowie bei Stoffen der Klasse 4.1 (selbstzersetzliche Stoffe) und bei Klasse 5.2 Organische Peroxide, die unter Temperaturkontrolle befördert werden

15. Beim Zusammenpacken verschiedener gefährlicher Güter als begrenzte Menge (Kapitel 3.4) gemäß den Bedingungen von Absatz 3.4.4.1.2 den Vermerk „Beförderung in Übereinstimmung mit 3.4.4.1.2"

16. Gesamtmenge der gefährlichen Güter als Volumen oder Masse mit unterschiedlicher UN-Nummer, unterschiedlichen technischen Namen oder unterschiedlicher Verpackungsgruppe

17. Anzahl und Beschreibung der Versandstücke

18. Beim Transport von IBC oder ortsbeweglichen Tanks, deren Prüffrist abgelaufen ist, die Vermerke:
„Transport in accordance with 4.1.2.2.2.2"
„Transport in accordance with 6.7.2.19.6.2"
„Transport in accordance with 6.7.3.15.6.2"
„Transport in accordance with 6.7.4.14.6.2"

19. Bei der Beförderung von viskosen Stoffen der Klasse 3 gemäß 2.3.2.5 der Vermerk: „Beförderung gemäß 2.3.2.5 des IMDG-Codes"

20. Für Stoffe, Mischungen, Lösungen oder Zubereitungen, die unter n.a.g.-Eintragung befördert werden, die zwar nicht in den Trenngruppen in 3.1.4.4 aufgeführt sind, aber nach Ansicht des Absenders zu einer dieser Gruppe gehören, den Hinweis auf die Trenngruppe

21. Besonderer Trenngruppenvermerk. Werden Stoffe nach 7.2.1.13.2 zusammen in eine Beförderungseinheit verladen, der Vermerk:
„Beförderung in Übereinstimmung mit 7.2.1.13.1.2" bzw. bei Klasse-8-Stoffen
„Beförderung in Übereinstimmung mit 7.2.1.13.2"

22. Für Schüttgutcontainer, die keine Frachtcontainer sind, der Vermerk „Schüttgutcontainer BK 2 von der zuständigen Behörde von ... zugelassen"

23. Konformitätserklärung des Versenders mit Unterschrift und Datum:
„Hiermit erkläre ich, dass der Inhalt dieser Sendung mit dem richtigen technischen Namen vollständig und genau bezeichnet ist. Die Güter sind nach den geltenden internationalen und nationalen Regelungen klassifiziert, verpackt, beschriftet und mit Kennzeichen/Placards versehen und befinden sich in jeder Hinsicht in einem für die Beförderung geeigneten Zustand."

Weitere Sondereintragungen sind für einzelne Klassen gefordert, siehe Teil 2 (Absenderpflichten) und Teil 4 (radioaktive Stoffe).

Seeverkehr
Beförderungsdokument

3.7 Beförderungsdokument/Verantwortliche Erklärung

Muster: Beförderungsdokument für gefährliche Güter (Formular für die multimodale Beförderung gefährlicher Güter gemäß 5.4.5) mit Container-/Fahrzeug-Packzertifikat

1. Absender	2. Nummer des Beförderungspapiers	
	3. Seite 1 von ... Seiten	4. Referenznummer des Beförderers
		5. Referenznummer des Spediteurs
6. Empfänger	7. Beförderer (vom Beförderer auszufüllen)	
	ERKLÄRUNG DES ABSENDERS Hiermit erkläre ich, dass der Inhalt dieser Sendung vollständig und genau durch die unten angegebene offizielle Benennung für die Beförderung beschrieben und richtig klassifiziert, verpackt, gekennzeichnet, bezettelt und mit Großzetteln (Placards) versehen ist und sich nach den anwendbaren internationalen und nationalen Vorschriften in jeder Hinsicht in einem für die Beförderung geeigneten Zustand befindet.	
8. *Diese Sendung entspricht den vorgeschriebenen Grenzwerten für (nicht Zutreffendes streichen)*		9. Zusätzliche Informationen für die Handhabung
PASSAGIER- UND FRACHTFLUGZEUG	NUR FRACHTFLUGZEUG	
10. Schiff / Flugnummer und Datum	11. Hafen / Ladestelle	
12. Hafen / Entladestelle	13. Bestimmungsort	
14. Kennzeichen für die Beförderung *Anzahl und Art der Versandstücke; Beschreibung der Güter Bruttomasse (kg) Nettomasse Rauminhalt (m³) * FÜR GEFÄHRLICHE GÜTER: Es ist anzugeben: UN-Nummer, offizielle Benennung für die Beförderung, Gefahrenklasse, Verpackungsgruppe (soweit vorhanden) und alle sonstigen Informationsbestandteile, die durch geltende nationale und internationale Regelwerke vorgeschrieben werden.		
15. Kennzeichnungsnummer des Containers / Zulassungsnummer des Fahrzeugs	16. Siegelnummer(n)	17. Abmessungen und Typ des Containers/Fahrzeugs	18. Tara (kg)	19. Bruttogesamtmasse (einschließlich Tara) (kg)
CONTAINER-/FAHRZEUG-PACKZERTIFIKAT Hiermit erkläre ich, dass die oben beschriebenen Güter in den oben angegebenen Container / in das oben angegebene Fahrzeug gemäß den geltenden Vorschriften** verpackt / verladen wurden. FÜR JEDE LADUNG IN CONTAINERN / FAHRZEUGEN VON DER FÜR DAS PACKEN / VERLADEN VERANTWORTLICHEN PERSON ZU VERVOLLSTÄNDIGEN UND ZU UNTERZEICHNEN	21. EMPFANGSBESTÄTIGUNG Die oben bezeichnete Anzahl Versandstücke / Container / Anhänger in scheinbar gutem Zustand erhalten, mit Ausnahme von:			
20. Name der Firma	Name des Frachtführers	22. Name der Firma (DES ABSENDERS, DER DIESES DOKUMENT VORBEREITET)		
Name und Funktion des Erklärenden	Zulassungsnummer des Fahrzeugs	Name und Funktion des Erklärenden		
Ort und Datum	Unterschrift und Datum	Ort und Datum		
Unterschrift des Erklärenden	UNTERSCHRIFT DES FAHRZEUGFÜHRERS	Unterschrift des Erklärenden		

** Siehe Abschnitt 5.4.2.

Zusätzliche Angaben im Beförderungsdokument nach IMDG-Code gegenüber dem ADR:
- bei brennbaren Flüssigkeiten den genauen Flammpunkt
- bei Meeresschadstoffen die Angabe „MARINE POLLUTANT"

Ein Beförderungsdokument mit den geforderten Angaben gemäß Kapitel 5.4 des IMDG-Codes ist für jede Sendung von Gefahrgut erforderlich, auch für Güter in begrenzten Mengen nach Kapitel 3.4 mit dem zusätzlichen Vermerk „Limited Quantities" bzw. „LTD.QTY", sowie bei freigestellten Gefahrgütern nach Kapitel 3.5 der Vermerk „Dangerous Goods in Excepted Quantities".

3.8 Container-/Fahrzeug-Packzertifikat Seeverkehr

Wenn einer Beförderung gefährlicher Güter in Großcontainern eine Seebeförderung folgt, ist dem Beförderungspapier/Frachtbrief ein Container-Packzertifikat nach Abschnitt 5.4.2 des IMDG-Codes beizugeben (siehe auch Abschnitt 5.4.4 ADR/RID).

Werden Versandstücke mit gefährlichen Gütern in oder auf eine Beförderungseinheit gepackt, wie z.B. Frachtcontainer, Flat, Trailer oder ein anderes Fahrzeug, die für die Seebeförderung vorgesehen ist, müssen für das Packen der Beförderungseinheit verantwortliche Personen ein „Container-/Fahrzeug-Packzertifikat" vorlegen. Hierin werden die Kennzeichnungsnummern der Container/Fahrzeuge/Einheiten angegeben, und es wird bescheinigt, dass das Packen gemäß den folgenden Bedingungen durchgeführt wurde:

- Die Beförderungseinheit war sauber, trocken und offensichtlich für die Aufnahme der Güter geeignet.
- Güter, die voneinander getrennt werden müssen, wurden nicht zusammen in oder auf die Beförderungseinheit gepackt (es sei denn, dies ist von der zuständigen Behörde zugelassen).
- Alle Versandstücke wurden auf äußere Schäden und undichte Stellen überprüft, und es werden nur Versandstücke in einwandfreiem Zustand geladen.
- Fässer (Trommeln) wurden aufrecht gestaut, es sei denn, es wurde von der zuständigen Behörde etwas anderes zugelassen.
- Alle Versandstücke wurden ordnungsgemäß in oder auf die Beförderungseinheit gepackt und gesichert (siehe dazu auch CTU-Packrichtlinie, Richtlinie für das Packen und Sichern von Ladung in oder auf Beförderungseinheiten zu Lande und zu Wasser).
- Die Beförderungseinheit und die darin enthaltenen Versandstücke sind ordnungsgemäß beschriftet, markiert und gekennzeichnet bzw. plakatiert.
- Bei Beförderungen in Bulk-Verpackungen: Die Ladung wurde gleichmäßig verteilt.
- Bei Verwendung von festem Kohlendioxid (CO_2-Trockeneis) für Kühlzwecke: Die Beförderungseinheit ist außen an einer gut sichtbaren Stelle, wie z.B. am Türende, wie folgt beschriftet oder gekennzeichnet:

    „DANGEROUS CO_2 GAS (DRY ICE) INSIDE: VENTILATE THOROUGHLY BEFORE ENTERING"

- Falls die Sendungen Güter der Klasse 1 (außer Unterklasse 1.4) enthalten: Die Beförderungseinheit befindet sich in einem bautechnisch einwandfreien Zustand gemäß 7.4.10 des IMDG-Codes.
- Das für die Beförderung gefährlicher Güter vorgeschriebene Beförderungspapier nach IMDG-Code liegt für jede in oder auf die Beförderungseinheit gepackte Sendung vor.

Beförderungspapier und Container-/Fahrzeug-Packzertifikat können in einem einzelnen Papier zusammengefasst werden (Musterformblätter erhältlich).

Seeverkehr
Memorandum of Understanding

3.9 Memorandum of Understanding (MoU) für die Beförderung verpackter gefährlicher Güter in der Ostsee

Das MoU ist ein völkerrechtliches Abkommen zwischen folgenden Staaten:

Deutschland – Dänemark – Estland – Finnland – Lettland – Litauen – Polen – Schweden.

1. Beförderung gefährlicher Güter auf Ro-Ro-Schiffen (Fährschiffen):

Es dürfen gefährliche Güter, die nach den Vorschriften des ADR/RID oder IMDG-Codes klassifiziert, verpackt, beschriftet, gekennzeichnet, dokumentiert und in oder auf einer Beförderungseinheit oder Ladeeinheit zusammengepackt sind, nach den Vorschriften des MoU befördert werden.

Die Schiffe müssen den Bestimmungen II – 2/54 von SOLAS 74 entsprechen. Bei Schiffen, die nach dem 01.07.2002 gebaut wurden, ist die Regel II – 2/19 von SOLAS 74 anzuwenden.

Für die Schiffe ist eine Eignungsbescheinigung nach § 8 des MoU für die Zulassung von Beförderungseinheiten, die nur an Deck gestaut werden dürfen, erforderlich, die besagt, dass diese in offenen Fahrzeugdecks befördert werden dürfen.

Die Anwendung der Verpackungsanweisung R 001 des ADR/RID (Feinstblechverpackungen) ist nur bei **LWHA**-Verkehren erlaubt (**L**ow **W**ave **H**eight **A**rea – Gebiet mit geringer Wellenhöhe).

Tanks müssen dem Kapitel 4.2 des ADR/RID oder dem IMDG-Code entsprechen.

Die Beförderung von Tanks mit offenen Lüftungseinrichtungen ist auf Ro-Ro-Schiffen nicht erlaubt.

2. Beladung und Kennzeichnung von Beförderungseinheiten (CTU):

Trennvorschriften nach Kapitel 7.2 des IMDG-Codes müssen eingehalten werden.

Versandstücke, für die der Trenngrad 1 oder 2 gemäß Unterabschnitt 7.2.1.16 erforderlich ist, dürfen bei LWHA-Verkehren in derselben CTU zusammengeladen werden. Dies muss im Container-/Fahrzeug-Packzertifikat mit folgender Angabe vermerkt werden:
„Zusammengepackt gemäß MoU".

Plakatierung (Kennzeichnung) und Beschriftung müssen den Vorschriften des ADR/RID oder IMDG-Codes entsprechen.

CTUs mit Meeresschadstoffen müssen mit der Markierung für Meeresschadstoffe nach IMDG-Code gekennzeichnet sein.

3. Beförderungsvorschriften nach MoU:

Ein Container- bzw. Fahrzeug-Packzertifikat muss ausgestellt werden.

Ladungssicherung gemäß den CTU-Packrichtlinien

Werden gefährliche Güter befördert, die nach Kapitel 3.4 des ADR/RID verpackt und gekennzeichnet sind (freigestellte Gefahrgüter in begrenzten Mengen), muss der Versender dem Schiffsführer Folgendes mitteilen: **„Gefährliche Güter der Klasse(n) … in begrenzten Mengen"**.

CTU, die gefährliche Güter nach Kapitel 3.4 oder leere ungereinigte Verpackungen nach Unterabschnitt 1.1.3.5 oder gefährliche Güter unterhalb der Mengengrenze nach Unterabschnitt 1.1.3.6 (< 1000 Punkte) gemäß ADR/RID befördern, müssen während der Seereise auf dem Ro-Ro-Schiff vorne und hinten mit einer neutralen orangefarbenen Tafel gekennzeichnet sein.

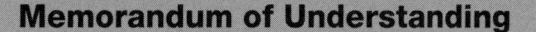

4. Sonstige Regelungen:

Der Schiffseigner muss sicherstellen, dass die von ihm ernannten Personen, die bei der Beförderung von CTU nach dem MoU eingesetzt werden, durch wiederholte Schulungen mit der Anwendung der Regelungen des ADR und/oder RID vertraut gemacht wurden. Darüber hinaus müssen Schulungsnachweise in schriftlicher Form vorliegen.

Der Versender muss sicherstellen, dass zusätzlich zu den nach ADR/RID geforderten Angaben die gefährlichen Güter, sofern zutreffend, als „MEERESSCHADSTOFF" gekennzeichnet sind.

3.10 Trenn- und Stauvorschriften

Im Seeverkehr gibt es nicht die gleichen Zusammenpack- und Zusammenladeverbote wie im ADR/RID, sondern Regelungen über Trenn- und Stauvorschriften nach den Kapiteln 7.1 und 7.2 des IMDG-Codes.

Diese Trennvorschriften gelten sowohl für das Zusammenpacken als auch für das Zusammenladen. Die Ziffern 1 bis 4 sind in 7.2.2.2.1 des IMDG-Codes definiert.

Klasse	1.1 1.2 1.5	1.3 1.6	1.4	2.1	2.2	2.3	3	4.1	4.2	4.3	5.1	5.2	6.1	6.2	7	8	9
1.1/1.2/1.5	*	*	*	4	2	2	4	4	4	4	4	4	2	4	2	4	X
1.3/1.6	*	*	*	4	2	2	4	3	3	4	4	4	2	4	2	2	X
1.4	*	*	*	2	1	1	2	2	2	2	2	2	X	4	2	2	X
2.1	4	4	2	X	X	X	2	1	2	X	2	2	X	4	2	1	X
2.2	2	2	1	X	X	X	1	X	1	X	X	1	X	2	1	X	X
2.3	2	2	1	X	X	X	2	X	2	X	X	2	X	2	1	X	X
3	4	4	2	2	1	2	X	X	2	1	2	2	X	3	2	X	X
4.1	4	3	2	1	X	X	X	X	1	X	1	2	X	3	2	1	X
4.2	4	3	2	2	1	2	2	1	X	1	2	2	1	3	2	1	X
4.3	4	4	2	X	X	X	1	X	1	X	2	2	X	2	2	1	X
5.1	4	4	2	2	X	X	2	1	2	2	X	2	1	3	1	2	X
5.2	4	4	2	2	1	2	2	2	2	2	2	X	1	3	2	2	X
6.1	2	2	X	X	X	X	X	X	1	X	1	1	X	1	X	X	X
6.2	4	4	4	4	2	2	3	3	3	2	3	3	1	X	3	3	X
7	2	2	2	2	1	1	2	2	2	2	1	2	X	3	X	2	X
8	4	2	2	1	X	X	X	1	1	1	2	2	X	3	2	X	X
9	X	X	X	X	X	X	X	X	X	X	X	X	X	X	X	X	X

1 = entfernt von …
2 = getrennt von …
3 = getrennt durch eine ganze Abteilung oder einen Laderaum von …
4 = in Längsrichtung getrennt durch eine dazwischenliegende ganze Abteilung oder einen dazwischenliegenden Laderaum von …
X = wenn eine Trennung vorgeschrieben ist, ist diese in der Gefahrgutliste angegeben
* = Siehe Unterabschnitt 7.2.7.2 des IMDG-Code.

Radioaktive Stoffe
Inhalt 4

4 Beförderung radioaktiver Stoffe, Klasse 7

4.1	Strahlenschutz – allgemeine Grundlagen	172
4.2	Stoffliste Klasse 7	173
4.3	Versandstückarten, Gefahrzettel	174
4.4	Ablaufschema für die Einstufung „nicht unter ausschließlicher Verwendung"	176
4.5	Festlegen der Versandstückkategorie	176
4.6	Grenzwerte bei der Beförderung von Versandstücken, Umverpackungen in Fahrzeugen, Wagen oder Containern	177
4.7	Max. Aktivitätsgrenzwerte je Fahrzeug, Wagen, Container	178
4.8	Kennzeichnung von Versandstücken	179
4.9	Kennzeichnung von Beförderungseinheiten, ausgenommen UN 2908–2911	180
4.10	Angaben im Beförderungspapier	180
4.11	Strahlenschutzprogramm und Trennung	181
4.12	Sonderregelung für die ADR-Bescheinigung	182
4.13	Übungsaufgaben	183

Bemerkung:
Zum besseren Verständnis dieses Bereiches wird auf „Wesentliche Begriffe / Erläuterungen zur Radioaktivität und zur Beförderung radioaktiver Stoffe" aus dem Experten-Paket „Mitarbeiterschulung Gefahrgut (CD-ROM)" verwiesen.

4 Radioaktive Stoffe
Strahlenschutz

4.1 Strahlenschutz – allgemeine Grundlagen

Die Strahlung radioaktiver Stoffe ist mit den Sinnesorganen nicht wahrzunehmen.

Strahlenschäden durch eine zu hohe Aufnahme von radioaktiver Strahlung in den Körper, über orale Einnahme (z.B. Lebensmittel, Getränke) oder dermal über die Haut wirken nicht schlagartig, sondern vielmehr erst nach Stunden, Tagen oder auch Jahren.

Die Aufnahmemenge und die Zeitdauer, in der man einer radioaktiven Strahlung ausgesetzt ist, ist für gesundheitliche Schäden ausschlaggebend.

Ab einer bestimmten Aktivität werden radioaktive Stoffe als Gefahrgut der Klasse 7 eingestuft und Bestimmungen für einen schadensfreien Transport festgelegt. Zum Schutz vor radioaktiver Strahlung dienen im Wesentlichen folgende drei Faktoren:

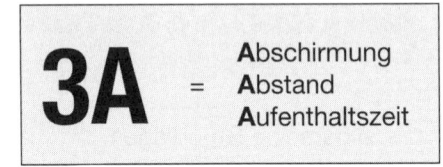

3A = **A**bschirmung, **A**bstand, **A**ufenthaltszeit

1. **Abschirmung**

   Durch die vorgeschriebene, zugelassene und unbeschädigte Verpackung für den jeweiligen Stoff wird die Strahlungsaktivität nach außen auf das gesetzliche Mindestmaß reduziert. Eine beschädigte oder falsche Verpackung erhöht somit die Strahlungsaktivität an den Außenseiten einer Umschließung. (Aktivität wird gemessen in Becquerel [Bq].)

2. **Abstand**

   Je größer der Abstand von einer Strahlenquelle ist, desto geringer sind die Strahlenwerte.

3. **Aufenthaltszeit**

   Je geringer die Aufenthaltszeit in der Nähe einer Strahlenquelle, desto geringer ist die Aufnahmemenge (Dosisleistung) in den Körper. (Dosisleistung wird gemessen in Sievert bzw. Millisievert pro Stunde [mSv/h].)

Radioaktive Stoffe
Stoffliste

4.2 Stoffliste Klasse 7

UN-Nummer	Bezeichnung – Versandstückart
\multicolumn{2}{Freigestellte Versandstücke – Unterabschnitt 1.7.1.5}
UN 2908	RADIOAKTIVE STOFFE, FREIGESTELLTES VERSANDSTÜCK – LEERE VERPACKUNG
UN 2909	RADIOAKTIVE STOFFE, FREIGESTELLTES VERSANDSTÜCK – FABRIKATE AUS NATÜRLICHEM URAN oder AUS ABGEREICHERTEM URAN oder AUS NATÜRLICHEM THORIUM
UN 2910	RADIOAKTIVE STOFFE, FREIGESTELLTES VERSANDSTÜCK – BEGRENZTE STOFFMENGE
UN 2911	RADIOAKTIVE STOFFE – FREIGESTELLTES VERSANDSTÜCK – INSTRUMENTE oder FABRIKATE
\multicolumn{2}{Radioaktive Stoffe mit geringer spezifischer Aktivität (LSA) – Absatz 2.2.7.2.3.1}
UN 2912	RADIOAKTIVE STOFFE MIT GERINGER SPEZIFISCHER AKTIVITÄT (LSA-I), nicht spaltbar oder spaltbar, freigestellt
UN 3321	RADIOAKTIVE STOFFE MIT GERINGER SPEZIFISCHER AKTIVITÄT (LSA-II), nicht spaltbar oder spaltbar, freigestellt
UN 3322	RADIOAKTIVE STOFFE MIT GERINGER SPEZIFISCHER AKTIVITÄT (LSA-III), nicht spaltbar oder spaltbar, freigestellt
UN 3324	RADIOAKTIVE STOFFE MIT GERINGER SPEZIFISCHER AKTIVITÄT (LSA-II), SPALTBAR
UN 3325	RADIOAKTIVE STOFFE MIT GERINGER SPEZIFISCHER AKTIVITÄT (LSA-III), SPALTBAR
\multicolumn{2}{Oberflächenkontaminierte Gegenstände (SCO) – Absatz 2.2.7.2.3.2}
UN 2913	RADIOAKTIVE STOFFE, OBERFLÄCHENKONTAMINIERTE GEGENSTÄNDE (SCO-I oder SCO-II), nicht spaltbar oder spaltbar, freigestellt
UN 3326	RADIOAKTIVE STOFFE, OBERFLÄCHENKONTAMINIERTE GEGENSTÄNDE (SCO-I oder SCO-II), SPALTBAR
\multicolumn{2}{Typ A–Versandstücke – Absatz 2.2.7.2.4.4}
UN 2915	RADIOAKTIVE STOFFE, TYP A-VERSANDSTÜCK, SPALTBAR, nicht in besonderer Form, nicht spaltbar oder spaltbar, freigestellt
UN 3327	RADIOAKTIVE STOFFE, TYP A-VERSANDSTÜCK, SPALTBAR, nicht in besonderer Form
UN 3332	RADIOAKTIVE STOFFE, TYP A-VERSANDSTÜCK, IN BESONDERER FORM, nicht spaltbar oder spaltbar, freigestellt
UN 3333	RADIOAKTIVE STOFFE, TYP A-VERSANDSTÜCK, IN BESONDERER FORM, SPALTBAR
\multicolumn{2}{Typ B (U)–Versandstücke – Absatz 2.2.7.2.4.6}
UN 2916	RADIOAKTIVE STOFFE, TYP B(U)-VERSANDSTÜCK, nicht spaltbar oder spaltbar, freigestellt

4 Radioaktive Stoffe
Versandstückarten, Gefahrzettel

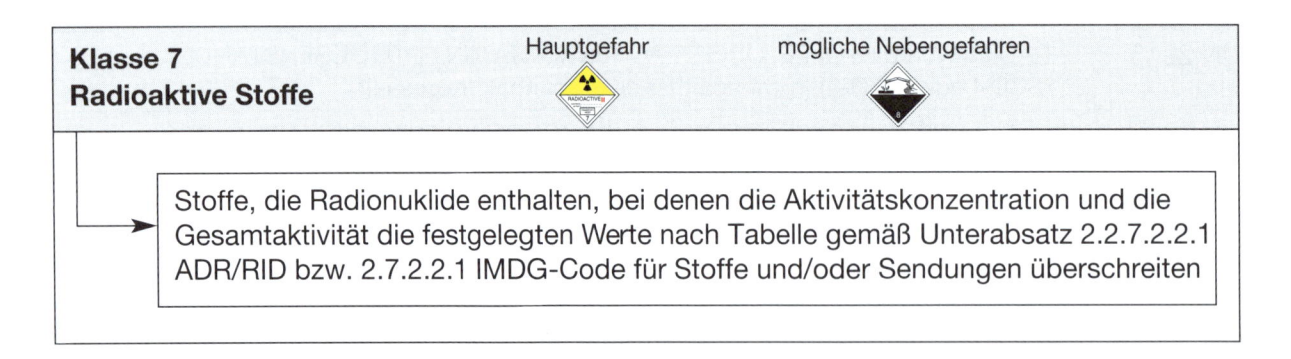

UN-Nummer	Bezeichnung – Versandstückart
UN 3328	RADIOAKTIVE STOFFE, TYP-B(U)-VERSANDSTÜCK, SPALTBAR
	Typ B (M)–Versandstücke – Absatz 2.2.7.2.4.6
UN 2917	RADIOAKTIVE STOFFE, TYP B(M)-VERSANDSTÜCK, nicht spaltbar oder spaltbar, freigestellt
UN 3329	RADIOAKTIVE STOFFE, TYP B(M)-VERSANDSTÜCK, SPALTBAR
	Typ C–Versandstücke – Absatz 2.2.7.2.4.6
UN 3323	RADIOAKTIVE STOFFE, TYP C-VERSANDSTÜCK, nicht spaltbar oder spaltbar, freigestellt
UN 3330	RADIOAKTIVE STOFFE, TYP C-VERSANDSTÜCK, SPALTBAR
	Unter Sondervereinbarung befördert – Absatz 2.2.7.2.5
UN 2919	RADIOAKTIVE STOFFE, UNTER SONDERVEREINBARUNG BEFÖRDERT, nicht spaltbar oder spaltbar, freigestellt
UN 3331	RADIOAKTIVE STOFFE, UNTER SONDERVEREINBARUNG BEFÖRDERT, SPALTBAR
	Uranhexafluorid – Absatz 2.2.7.2.4.5
UN 2977	RADIOAKTIVE STOFFE, URANHEXAFLUORID, SPALTBAR
UN 2978	RADIOAKTIVE STOFFE, URANHEXAFLUORID, nicht spaltbar oder spaltbar, freigestellt

4.3 Versandstückarten, Gefahrzettel

Klasse 7 Radioaktive Stoffe	Hauptgefahr	mögliche Nebengefahren

Stoffe, die Radionuklide enthalten, bei denen die Aktivitätskonzentration und die Gesamtaktivität die festgelegten Werte nach Tabelle gemäß Unterabsatz 2.2.7.2.2.1 ADR/RID bzw. 2.7.2.2.1 IMDG-Code für Stoffe und/oder Sendungen überschreiten

▶ Man unterscheidet:
1. freigestelltes Versandstück → (UN 2908 bis 2911)
2. Industrieversandstück des Typs IP-1 ⎫
3. Industrieversandstück des Typs IP-2 ⎬ für LSA-I-III- und SCO-I-II-
4. Industrieversandstück des Typs IP-3 ⎭ Stoffe, -Gegenstände
5. Typ A-Versandstück
6. Typ B(U)-Versandstück (unilateral, einseitige Genehmigung der zuständigen Behörde)
7. Typ B(M)-Versandstück (multilateral, mehrseitige Genehmigungen der zuständigen Behörden)
8. Typ C-Versandstück

Radioaktive Stoffe
Versandstückarten, Gefahrzettel
4

▶ Für die einzelnen Versandstückarten sind Aktivitätsgrenzwerte (Dosis in Becquerel) festgelegt, die nicht überschritten werden dürfen, sowie eine höchstzulässige Dosisleistung (Millisievert pro Stunde, mSv/h) an den Außenflächen des Versandstückes und in einem Meter Abstand.

▶ Entsprechend der Aktivität und der Dosisleistung von radioaktiven Stoffen werden folgende Gefahrzettel verwendet (nicht für freigestellte Versandstücke der UN 2908 bis 2911):

Nr. 7A	Nr. 7B	Nr. 7C	Nr. 7D	Nr. 7E
(I–WEISS)	(II–GELB)	(III–GELB)	(außen an Fahrzeugen/Containern)	(spaltbare Stoffe) (zusätzlich zu 7A, 7B oder 7C)

▶ Die Gefahrzettel Nr. 7A–7C werden mit dem Namen des Radionuklids und der tatsächlichen Aktivität ergänzt.

▶ Die Gefahrzettel Nr. 7B und 7C werden zusätzlich mit der Transportkennzahl (TI) ergänzt. (TI = gemessene Dosisleistung in 1 m Abstand vom Versandstück in mSv/h x 100)

▶ Stoffbeispiele
UN 3332 RADIOAKTIVE STOFFE, TYP A-VERSANDSTÜCK, IN BESONDERER FORM, (Am-241), 1,48 GBq, II-GELB, TI 0,1, Klasse 7

▶ erforderliche Angaben:
– Name und/oder Symbol des Radionuklids
– Aktivität in Becquerel (Bq)
– Beförderungskategorie (I-WEISS, II-GELB oder III-GELB)
– Beschreibung der physikalischen oder chemischen Form
– Transportkennzahl (Transportindex) TI bei den Kategorien II-GELB oder III-GELB
– Kritikalitätssicherheitskennzahl (Criticality Safety Index) CSI bei spaltbaren Stoffen
– Typ des Versandstückes
– bei Beförderung unter ausschließlicher Verwendung die Angabe „unter ausschließlicher Verwendung"

4 Radioaktive Stoffe
Ablaufschema

4.4 Ablaufschema für die Einstufung „nicht unter ausschließlicher Verwendung"

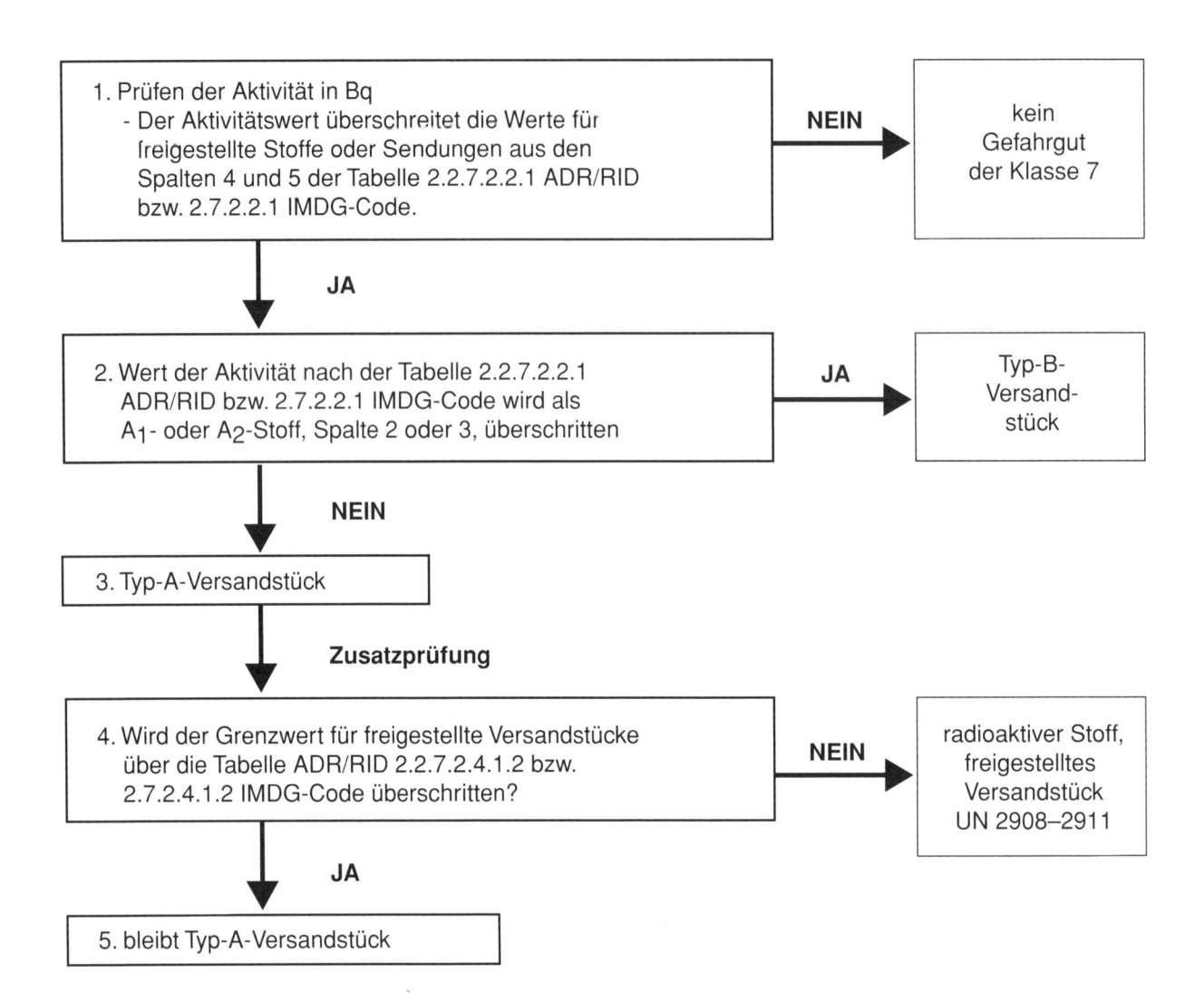

```
1. Prüfen der Aktivität in Bq
   - Der Aktivitätswert überschreitet die Werte für
     freigestellte Stoffe oder Sendungen aus den
     Spalten 4 und 5 der Tabelle 2.2.7.2.2.1 ADR/RID
     bzw. 2.7.2.2.1 IMDG-Code.
                                                    --NEIN--> kein Gefahrgut der Klasse 7
   JA ↓

2. Wert der Aktivität nach der Tabelle 2.2.7.2.2.1
   ADR/RID bzw. 2.7.2.2.1 IMDG-Code wird als
   A₁- oder A₂-Stoff, Spalte 2 oder 3, überschritten
                                                    --JA--> Typ-B-Versandstück
   NEIN ↓

3. Typ-A-Versandstück

   Zusatzprüfung ↓

4. Wird der Grenzwert für freigestellte Versandstücke
   über die Tabelle ADR/RID 2.2.7.2.4.1.2 bzw.
   2.7.2.4.1.2 IMDG-Code überschritten?
                                                    --NEIN--> radioaktiver Stoff, freigestelltes Versandstück UN 2908–2911
   JA ↓

5. bleibt Typ-A-Versandstück
```

4.5 Festlegen der Versandstückkategorie

Dosisleistung an der Oberfläche	Dosisleistung in 1 m Abstand	Transportkennzahl (TI)	Versandstückkategorie, Gefahrzettel
bis 0,005 mSv/h	0 mSv/h	0 TI *)	I-WEISS, Nr. 7A
> 0,005 mSv/h bis 0,5 mSv/h	0,001 bis 0,01 mSv/h	> 0 bis 1,0 TI	II-GELB, Nr. 7B
> 0,5 mSv/h bis 2 mSv/h	> 0,01 bis 0,1 mSv/h	> 1,0 bis 10,0 TI	III-GELB, Nr. 7C
> 2 mSv/h (nur bei Beförderung unter ausschließlicher Verwendung) bis max. 10 mSv/h	> 0,1 mSv/h	> 10,0 TI	III-GELB, Nr. 7C

*) Ist die gemessene Transportkennzahl nicht größer als 0,05, darf ihr Wert gleich null gesetzt werden.

Radioaktive Stoffe
Versandstückkategorie 4

- TI = die gemessene Dosisleistung in mSv/h in 1 m Abstand vom Versandstück x 100
- Der jeweils höher ermittelte Wert (Dosisleistung oder TI) ist für die Einstufung in die Versandstückkategorie heranzuziehen.
- Bei spaltbaren Stoffen ist zusätzlich der Gefahrzettel Nr. 7E (Fissile) erforderlich.

4.6 Grenzwerte bei der Beförderung von Versandstücken, Umverpackungen in Fahrzeugen, Wagen oder Containern

Beförderung nicht unter ausschließlicher Verwendung			
	max. Dosisleistung an der Oberfläche eines Versandstückes/einer Umverpackung	max. Dosisleistung in einem Abstand von ... cm oder ... m von Material, Versandstück, Umverpackung	max. Dosisleistung in einem Abstand von ... m vom Fahrzeug, Wagen, Container
freigestellte Versandstücke (UN 2908–2911)	0,005 mSv/h	0,1 mSv/h für UN 2911 in 10 cm Abstand des unverpackten Instruments	
- LSA I/II/III - SCO I/II	2 mSv/h	- 10 mSv/h in 3 m Abstand vom unabgeschirmten Material - 0,1 mSv/h in 1 m Abstand	- 2 mSv/h an jedem Punkt der Außenfläche - 0,1 mSv/h in 2 m Abstand
gering dispergierbarer radioaktiver Stoff	2 mSv/h	- 10 mSv/h in 3 m Abstand vom unabgeschirmten Material - 0,1 mSv/h in 1 m Abstand	
Typ A, TYP B(U), Typ B(M) und Typ C	2 mSv/h	0,1 mSv/h in 1 m Abstand	- 2 mSv/h an jedem Punkt der Außenfläche - 0,1 mSv/h in 2 m Abstand

Beförderung unter ausschließlicher Verwendung			
	max. Dosisleistung an der Oberfläche eines Versandstückes/einer Umverpackung	max. Dosisleistung in einem Abstand von ... cm oder ... m von Material, Versandstück, Umverpackung	max. Dosisleistung in einem Abstand von ... m vom Fahrzeug, Wagen, Container
- LSA I/II/III - SCO I/II	10 mSv/h	- 10 mSv/h in 3 m Abstand vom unabgeschirmten Material - 0,1 mSv/h in 1 m Abstand verpackt	- 2 mSv/h an jedem Punkt der Außenfläche - 0,1 mSv/h in 2 m Abstand

4 Radioaktive Stoffe
Versandstückkategorie

Beförderung unter ausschließlicher Verwendung			
gering dispergierbarer radioaktiver Stoff	10 mSv/h	> 0,1 mSv/h in 1 m Abstand	
Typ A, Typ B(U), Typ B(M) und Typ C	10 mSv/h	> 0,1 mSv/h in 1 m Abstand	– 2 mSv/h an jedem Punkt der Außenfläche – 0,1 mSv/h in 2 m Abstand

Bei der Beförderung unter einer Sondervereinbarung wird die Dosisleistung von der zuständigen Behörde festgelegt.

4.7 Max. Aktivitätsgrenzwerte je Fahrzeug, Wagen, Container

Art	Wert	Bemerkungen
LSA-I	Aktivitätsgrenzwert je Fahrzeug, Wagen ist unbegrenzt	
LSA-II, LSA-III – nicht brennbare feste Stoffe	Aktivitätsgrenzwert je Fahrzeug, Wagen ist unbegrenzt	
LSA-II, LSA-III – brennbare feste Stoffe – flüssige Stoffe – gasförmige Stoffe SCO-I, SCO-II	100 A_2	
Transportkennzahl (TI)	max. 50 TI	– bei Beförderung unter ausschließlicher Verwendung: keine Begrenzung – für Seeschiffe s. Abschnitt 7.2.9 IMDG-Code
Kritikalitätssicherheitskennzahl für spaltbare Stoffe (CSI)	max. 50 CSI	– bei Beförderung unter ausschließlicher Verwendung: keine Begrenzung – für Seeschiffe s. Abschnitt 7.2.9 IMDG-Code

Radioaktive Stoffe
Kennzeichnung von Versandstücken

4.8 Kennzeichnung von Versandstücken

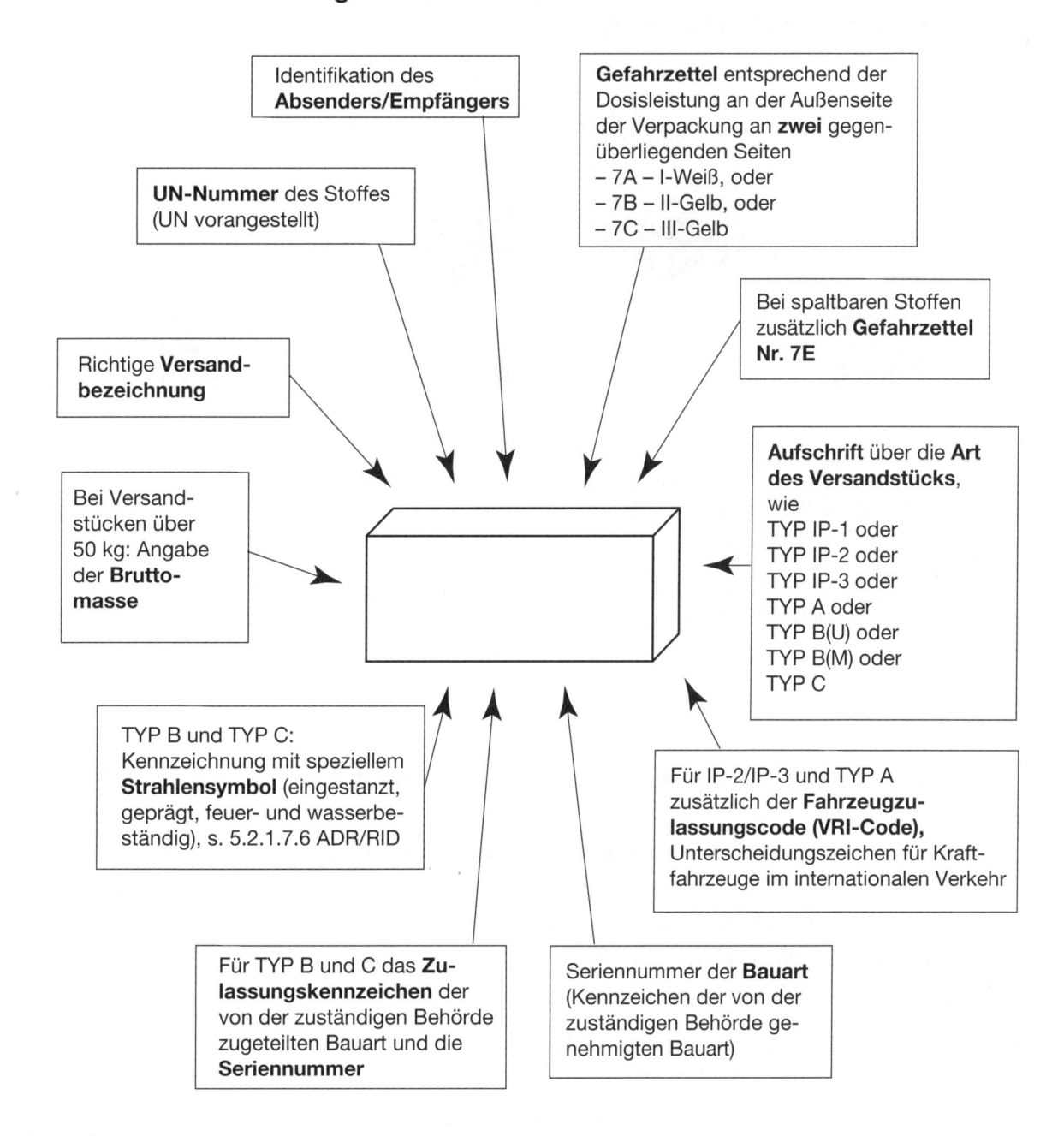

Labels pointing to a package:

- **Identifikation des Absenders/Empfängers**
- **UN-Nummer** des Stoffes (UN vorangestellt)
- **Gefahrzettel** entsprechend der Dosisleistung an der Außenseite der Verpackung an **zwei** gegenüberliegenden Seiten
  - 7A – I-Weiß, oder
  - 7B – II-Gelb, oder
  - 7C – III-Gelb
- Bei spaltbaren Stoffen zusätzlich **Gefahrzettel Nr. 7E**
- Richtige **Versandbezeichnung**
- **Aufschrift** über die **Art des Versandstücks**, wie
  - TYP IP-1 oder
  - TYP IP-2 oder
  - TYP IP-3 oder
  - TYP A oder
  - TYP B(U) oder
  - TYP B(M) oder
  - TYP C
- Bei Versandstücken über 50 kg: Angabe der **Bruttomasse**
- Für IP-2/IP-3 und TYP A zusätzlich der **Fahrzeugzulassungscode (VRI-Code)**, Unterscheidungszeichen für Kraftfahrzeuge im internationalen Verkehr
- TYP B und TYP C: Kennzeichnung mit speziellem **Strahlensymbol** (eingestanzt, geprägt, feuer- und wasserbeständig), s. 5.2.1.7.6 ADR/RID
- Für TYP B und C das **Zulassungskennzeichen** der von der zuständigen Behörde zugeteilten Bauart und die **Seriennummer**
- Seriennummer der **Bauart** (Kennzeichen der von der zuständigen Behörde genehmigten Bauart)

Bemerkungen:

1. Alle Gefahrzettel müssen sich in der Nähe der Kennzeichnung mit der offiziellen Benennung und auf einer Seite des Versandstücks befinden.

2. Die Gefahrzettel Nr. 7A, 7B und 7C sind durch folgende Angaben zu ergänzen:
   - Name des radioaktiven Stoffes (Radionuklid) mit Symbol
   - höchste Aktivität in Becquerel (Bq)
   - Transportkennzahl (nur bei 7B und 7C)

3. Der Gefahrzettel Nr. 7E muss mit der Kritikalitätssicherheitskennzahl (CSI) ergänzt werden.

4. Für freigestellte Versandstücke (UN 2908–2911) wird nur die UN-Nummer auf der Verpackung angegeben. Auf der Innenfläche des Versandstückes muss beim Öffnen das Wort „Radioactive" erscheinen.

4 Radioaktive Stoffe
Angaben im Beförderungspapier

4.9 Kennzeichnung von Beförderungseinheiten, ausgenommen UN 2908–2911

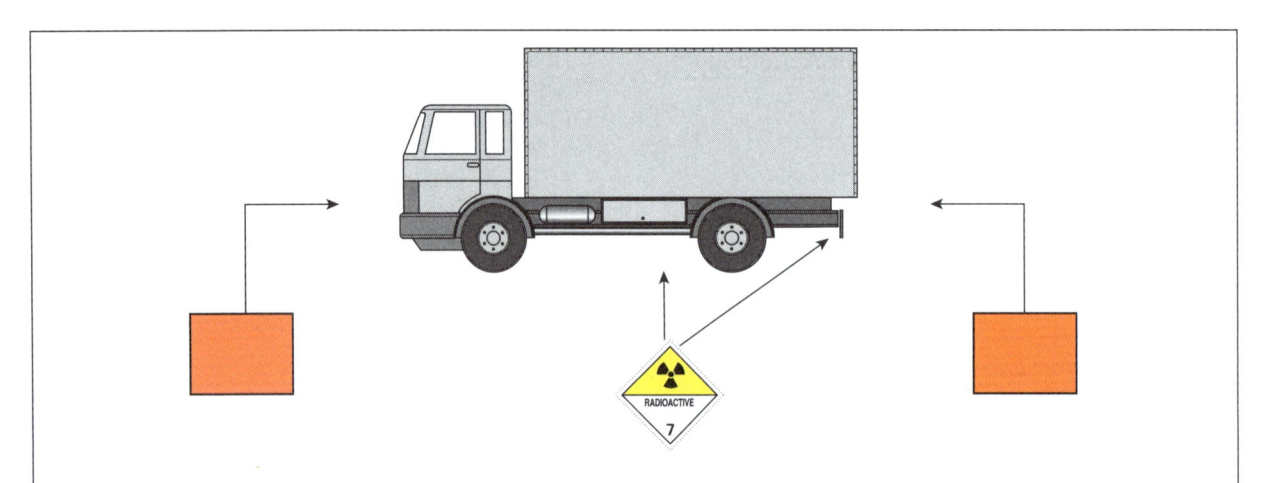

- Beförderungseinheit: vorne und hinten neutrale orangefarbene Tafeln
- Fahrzeug: links, rechts und hinten mit Großzettel Nr. 7D, bei Containern: an allen vier Seiten. Bei Pkw darf dieser Großzettel auch auf 10 x 10 cm sowie die orangefarbene Tafel auf 30 x 12 cm verkleinert sein.
- Bei Beförderungseinheiten und Containern mit verpackten radioaktiven Stoffen einer einzigen UN-Nummer unter ausschließlicher Verwendung sind orangefarbene Tafeln mit Kennzeichnungsnummern erforderlich.

4.10 Angaben im Beförderungspapier, Absatz 5.4.1.2.5

Zunächst die **immer und in dieser Reihenfolge geforderten Angaben** nach 5.4.1.1.1 ADR/RID (a–c), 5.4.1.4 IMDG-Code:

1. UN-Nummer des Stoffes, Buchstaben „UN" vorangestellt
2. Offizielle Benennung für die Beförderung
3. Angabe der Klasse „7"

Unmittelbar danach und in dieser Reihenfolge die speziell für radioaktive Güter geforderten Angaben nach 5.4.1.2.5.1 ADR/RID (a–j) und 5.4.1.5.7.1 IMDG-Code (1–10):

4. Name und Symbol des Radionuklids (bei Gemischen eine geeignete allgemeine Bezeichnung oder die wichtigsten Nuklide)
5. Beschreibung der physikalischen oder chemischen Form (besondere Form, gering dispergierbar oder Gattungsbezeichnung für eine chemische Form); Beschreibung einer Nebengefahr, z.B. Nebengefahr 6.1/VGII (SV172 Kap. 3.3)
6. Max. Aktivität des Inhalts in Becquerel (Bq); bei spaltbaren Stoffen die Gesamtmasse in Gramm (g)
7. die Versandstückkategorie (I-WEISS, II-GELB oder III-GELB)
8. Transportkennzahl TI (nur bei II-GELB oder III-GELB)
9. bei einer Sendung mit spaltbaren Stoffen die Kritikalitätssicherheitskennzahl (CSI)
10. Kennzeichen jedes Zulassungs-/Genehmigungszeugnisses einer zuständigen Behörde (Stoffe in besonderer Form, gering dispergierbare Stoffe, Sondervereinbarung Versandstückmuster oder Beförderung)

11. bei einer Sendung mit mehr als einem Versandstück **für jedes Versandstück** die Angaben:
    - UN-Nummer, offizielle Benennung, Klasse „7"
    - die unter 4. bis 10. geforderten Angaben
    - Anzahl und Beschreibung der Versandstücke, Gesamtmenge jedes gefährlichen Gutes,
    - Für jedes Versandstück in einer Umverpackung, einem Container oder in einem Fahrzeug/Wagen eine detaillierte Aufstellung des Inhalts jedes Versandstücks innerhalb der Umverpackung, des Containers oder eines Fahrzeugs/Wagens
12. Der Vermerk „ausschließliche Verwendung", wenn diese Beförderungsart angewendet wird
13. Bei LSA-II- oder LSA-III- und SCO-I–II-Gegenständen die Gesamtaktivität der Sendung als ein Vielfaches des A_2-Wertes

Zusätzliche Angaben (unabhängig von der Reihenfolge):

14. Name und Anschrift des Absenders und Empfängers

4.11 Strahlenschutzprogramm und Trennung

Die Beförderung radioaktiver Stoffe ist einem Strahlenschutzprogramm zu unterziehen.
Art und Umfang sind abhängig von der Höhe der Wahrscheinlichkeit der Strahlenexposition.

Berufsbedingte, von Beförderungsaktivitäten herrührende Exposition – Effektivdosis	Maßnahmen
bis 1 mSv/Jahr	Keine Maßnahmen; Nicht dem Strahlenschutzprogramm unterworfen
1 bis 6 mSv/Jahr	Dosiseinschätzungsprogramm durch Arbeitsplatzüberwachung oder Individualüberwachung mit Buchführung
über 6 mSv/Jahr	Individualüberwachung mit Buchführung

Der Unternehmer/Betriebsinhaber muss die Wahrscheinlichkeit einer möglichen Strahlenexposition vorher ermitteln und die hier angegebenen Maßnahmen einleiten.

Beschäftigte müssen eine angemessene Unterweisung bezüglich des Strahlenschutzes, einschließlich der zu beachtenden Vorsichtsmaßnahmen erhalten, um ihre berufsbedingte Exposition und die Exposition anderer Personen, die durch ihre Tätigkeit betroffen sein können, zu beschränken.

Beschäftigte sind alle Personen, die entweder in Vollzeit, in Teilzeit oder zeitweise für einen Arbeitgeber beschäftigt sind und die bezüglich des beruflichen Strahlenschutzes Rechte und Pflichten übernommen haben.

Beruflich strahlenexponierte Personen sind im § 54 StrlSchV beschrieben.

Für den Umgang und für die Beförderung von radioaktiven Stoffen (ausgenommen freigestellte Stoffe) sind nach der nationalen StrlSchV Umgangsgenehmigungen und Beförderungsgenehmigungen durch die zuständigen Behörden erforderlich. In diesen Genehmigungen sind zusätzlich Auflagen enthalten – z.B. das Erstellen einer Strahlenschutzanweisung gemäß § 34 StrlSchV – oder die Unterweisung der Beschäftigten nach § 38 der StrlSchV.

Radioaktive Stoffe
Strahlenschutzprogramm

Trennung

Versandstücke, Umverpackungen, Container und Tanks, die radioaktive Stoffe enthalten, und unverpackte radioaktive Stoffe sind während der Beförderung getrennt zu halten

a) von Beschäftigten in regelmäßig benutzten Arbeitsbereichen:
- gemäß der Tabelle A der Sondervorschrift CV 33 ADR bzw. CW 33 RID Abschnitt 7.5.11, oder
- durch einen Abstand, der so berechnet ist, dass die sich in diesem Bereich aufhaltenden Beschäftigten weniger als 5 mSv/Jahr erhalten.

b) von Personen der kritischen Gruppe der Öffentlichkeit in Bereichen, zu denen die Öffentlichkeit regelmäßig Zugang hat:
- gemäß der Tabelle A der Sondervorschrift CV 33 ADR bzw. CW 33 RID, Abschnitt 7.5.11, oder
- durch einen Abstand, der so berechnet ist, dass die sich in diesem Bereich aufhaltenden Personen der kritischen Gruppe weniger als 1 mSv/Jahr erhalten.

c) von unentwickelten Filmen und Postsäcken:
- gemäß der Tabelle B der Sondervorschrift CV 33 ADR bzw. CW 33 RID, Abschnitt 7.5.11, oder
- durch einen Abstand, der so berechnet ist, dass die Strahlenexposition für unentwickelte Filme bei der Beförderung auf 0,1 mSv pro Filmsendung beschränkt ist. Das Gleiche gilt für Postsäcke.

d) von anderen Gütern der anderen Klassen gemäß der Zusammenladeverbote nach Abschnitt 7.5.2 ADR/RID.

Für den Seeverkehr sind die Regelungen zur Trennung im Abschnitt 7.2.9 des IMDG-Codes geregelt. Dies hier aufzuführen – bezüglich der Größe des Schiffes, der Anzahl der Fahrgäste, der Dauer einer Seereise usw. – würde den Rahmen sprengen.

4.12 Sonderregelung für die ADR-Bescheinigung

Bei nicht spaltbarem Material der UN 2915 und UN 3332 Typ-A-Versandstücke, wenn in einem Fahrzeug nicht mehr als 10 Versandstücke geladen sind und die Summe der Transportkennzahlen (TI) 3 nicht überschreitet, genügt für den Fahrzeugführer der Basiskurs (ohne Aufbaukurs Klasse 7).

Der Arbeitgeber muss jedoch in einer mitzuführenden schriftlichen Bescheinigung bestätigen, dass der Fahrer über die Gefahren von radioaktiven Stoffen unterwiesen wurde (Sondervorschrift S 12, Kapitel 8.5 ADR).

Radioaktive Stoffe
Übungsaufgaben

4.13 Übungsaufgaben

- Es sollen 300 Instrumente mit Rhodium (Rh-102), nicht spaltbar, als Stoff in besonderer Form (A_1) in Typ-A-Versandstücken versendet werden.
- Nach der Tabelle 2.2.7.7.2.1 ADR/RID hat Rh-102 einen maximalen Aktivitätswert von 5×10^{-1} TBq für Typ-A-Versandstücke.
- Jedes Instrument hat eine Aktivität von 8 GBq.

1. Wie viele Typ-A-Versandstücke sind für diese Sendung erforderlich und wie viele Instrumente werden dann in ein Typ-A-Versandstück gepackt?

_____

_____

_____

2. Nach dem Verpacken werden folgende Dosisleistungen gemessen:

a) an der Oberfläche des Versandstückes: 0,032 mSv/h

b) in 1 m Abstand vom Versandstück: 0,0148 mSv/h

2.1 Welchen Wert hat die Transportkennzahl (TI)?

2.2 Welcher Versandstückkategorie werden diese Versandstücke zugeordnet?

2.3 Welche Angaben sind auf dem Gefahrzettel erforderlich?

3. Welcher richtigen technischen Bezeichnung und UN-Nummer wird diese Sendung zugeordnet?

☐ UN 2911 Radioaktive Stoffe, freigestelltes Versandstück, Instrumente

☐ UN 3333 Radioaktive Stoffe, Typ-A-Versandstück, in besonderer Form, spaltbar

☐ UN 3332 Radioaktive Stoffe, Typ-A-Versandstück, in besonderer Form

☐ UN 2915 Radioaktive Stoffe, Typ-A-Versandstück

Anhang 1
Inhalt

Anhang 1

Auszug aus Tabelle A, Kapitel 3.2 ADR

- Auszug 186
- Erläuterungen 188

Anhang 1
Tabelle A, Kapitel 3.2 ADR

Tabelle A, Kapitel 3.2 ADR – Auszug

UN-Nummer	Benennung und Beschreibung	Klasse	Klassifizierungscode	Verpackungscode	Gefahrzettel	Sondervorschriften	Begrenzte Mengen	Freigestellte Mengen	Verpackung Anweisungen	Verpackung Sondervorschriften	Verpackung Zusammenpackung
		3.1.2	2.2	2.2	2.1.1.3	5.2.2	3.3	3.4.6		4.1.4	4.1.4	4.1.10
(1)	(2)	(3a)	(3b)	(4)	(5)	(6)	(7a)	(7b)	(8)	(9a)	(9b)
0018	MUNITION, AUGENREIZSTOFF, mit Zerleger, Ausstoß- oder Treibladung	1	1.2G		1+6.1+8		LQ0	E0	P130 LP101	PP67 L1	MP23
0373	SIGNALKÖRPER, HAND	1	1.4S		1.4		LQ0	E0	P135		MP23 MP24
1017	CHLOR	2	2TOC		2.3+ 5.1+8		LQ0	E0	P200		MP9
1950	DRUCKGASPACKUNGEN, entzündbar	2	5F		2.1	190 327 625	LQ2	E0	P003 LP02	PP17 PP87 RR6 L2	MP9
1993	ENTZÜNDBARER FLÜSSIGER STOFF, N.A.G. (Dampfdruck bei 50 °C höchstens 110 kPa)	3	F1	II	3	274 601 640D	LQ4	E2	P001 IBC02 R001		MP19
2015	WASSERSTOFFPEROXID, WÄSSERIGE LÖSUNG, STABILISIERT, mit mehr als 70 % Wasserstoffperoxid	5.1	OC1	I	5.1+8	640N	LQ0	E0	P501		MP2
2025	QUECKSILBERVERBINDUNG, FEST, N.A.G.	6.1	T5	III	6.1	43 274 529 585	LQ9	E1	P002 IBC08 LP02 R001	B3	MP10
2814	ANSTECKUNGSGEFÄHRLICHER STOFF, GEFÄHRLICH FÜR MENSCHEN	6.2	I1		6.2	318	LQ0	E0	P620		MP5
2978	RADIOAKTIVE STOFFE, URANHEXAFLUORID, nicht spaltbar oder spaltbar, freigestellt	7			7X+8	172 317	LQ0	E0	siehe 2.2.7 und 4.1.9	siehe 4.1.9.1.3	
3117	ORGANISCHES PEROXID TYP E, FLÜSSIG, TEMPERATURKONTROLLIERT	5.2	P2		5.2	122 274	LQ0	E0	P520		MP4
3290	GIFTIGER ANORGANISCHER FESTER STOFF, ÄTZEND, N.A.G.	6.1	TC4	II	6.1+8	274	LQ18	E4	P002 IBC06		MP10
3378	NATRIUMCARBONAT-PEROXYHYDRAT	5.1	O2	II	5.1		LQ11	E2	P002 IBC08	B4	MP10

Anhang 1
Tabelle A, Kapitel 3.2 ADR

ortsbewegliche Tanks u. Schüttgutcontainer		ADR-Tanks		Fahrzeug für die Beförderung in Tanks	Beförderungskategorie 1.1.3.6 (Tunnelbeschränkungscode) (8.6)	Sondervorschriften für die Beförderung				Nummer zur Kennzeichnung der Gefahr	UN-Nummer
Anweisungen	Sondervorschriften	Tankcodierung	Sondervorschriften			Versandstücke	lose Schüttung	Be- und Entladung, Handhabung	Betrieb		
4.2.5.2* 7.3.2	4.2.5.3*	4.3	4.3.5, 6.8.4	9.1.1.2		7.2.4	7.3.3	7.5.11	8.5	5.3.2.3	
(10)	(11)	(12)	(13)	(14)	(15)	(16)	(17)	(18)	(19)	(20)	(1)
					1 (B1000C)	V2		CV1 CV2 CV3 CV28	S1		0018
					4 (E)			CV1 CV2 CV3	S1		0373
T50 (M)	TP19	P22DH(M)	TA4 TT9	AT	1 (C/D)			CV9 CV10 CV36	S14	265	1017
					2 (D)	V14		CV9 CV12	S2		1950
T7	TP1 TP8 TP28	LGBF		FL	2 (D/E)				S2 S20	33	1993
T9	TP2 TP6 TP24	L4DV(+)	TU3 TU28 TC2 TE8 TE9 TT1	OX	1 (B/E)	V5		CV24	S20	559	2015
T1	TP33	SGAH	TU15 TE19	AT	2 (E)		VV9	CV13 CV28	S9	60	2025
					0 (E)			CV13 CV25 CV26 CV28	S3 S9 S15		2814
					0 (C)			CV33	S6 S11 S13 S21	78	2978
					1 (D)	V8		CV15 CV21 CV22 CV24	S4 S19		3117
T3	TP33	SGAH L4BH	TU15 TE19	AT	2 (D/E)	V11 V12		CV13 CV28	S9 S19	68	3290
T3 BK1 BK2	TP33	SGAV	TU3	AT	2 (E)	V11	VV8	CV24		50	3378

Anhang 1
Tabelle A, Kapitel 3.2 ADR

Erläuterungen

Spalte	Bedeutung	Beispiele von Vorschriften aus den gezeigten Auszügen
1	UN-Nummer numerisch fortlaufend z.Zt. UN 0004–3468	UN-Nummern unter 1000 sind Stoffe der Klasse 1.
2	Richtige technische Versandbezeichnung (Großbuchstaben)	Bei N.A.G.-Bezeichnungen und der Sondervorschrift 274 in der Spalte 6 ist diese Benennung zusätzlich mit weiteren technischen anerkannten Namen zu ergänzen.
3a	Gefahrklasse	s. Seiten 30–32
3b	Klassifizierungscode – bei Klasse 1: Angabe der Unterklasse mit Verträglichkeitsbuchstabe – bei den übrigen Klassen: Gefahrenbuchstaben nach Kapitel 2.2.X....	s. Abschnitt 1.8.1–1.8.9
4	Verpackungsgruppe, soweit der Stoff einer Verpackungsgruppe zugeordnet ist	s. Seite 47
5	Gefahrzettelnummer(n) für die erforderliche Kennzeichnung	s. Seiten 90–91
6	Sondervorschriften für den Stoff über Kapitel 3.3 zu Klassifizierung, Beförderungsverboten oder Freistellungen	122 = Die Nebengefahren, soweit zutreffend, die Kontroll- und Notfalltemperatur und die zutreffende UN-Nummer sind in 2.2.52.4 angegeben. 274 = Es gilt 3.1.2.8 (Ergänzung mit den technischen Namen). 640X = Im Beförderungspapier muss als Ergänzung der Vermerk „Sondervorschrift 640X" gemacht werden (anstelle des X wird der Buchstabe aus der Tabelle verwendet), nur im Tankverkehr.
7a	Begrenzte Mengen in einem Versandstück	LQ = Limited Quantities. Über die Tabelle aus 3.4 wird die erforderliche Verpackungsmenge für eine Freistellung ermittelt. LQ 0 = keine Freistellung (vgl. Seite 72–73)
7b	Freigestellte Mengen	Über die Tabelle aus Kapitel 3.5 wird gemäß dem E-Code die max. Menge für eine Freistellung festgelegt. E0 = keine Freistellung
8	Code für die anzuwendende Verpackungsanweisung aus 4.1.4	P ... sind Verpackungen. IBC ... sind Großpackmittel. LP ... sind Großverpackungen. R ... sind Feinstblechverpackungen. PR ... sind besondere Druckgefäße.
9a	Sondervorschriften zu den einzelnen Versandstücken	PP ... sind zusätzliche Vorschriften zu den Verpackungen. B ... sind zusätzliche Vorschriften zu den IBC. L ... sind zusätzliche Vorschriften zu den Großverpackungen.

Anhang 1

Tabelle A, Kapitel 3.2 ADR

Spalte	Bedeutung	Beispiele von Vorschriften aus den gezeigten Auszügen
9b	Vorschriften über das Zusammenpacken in einem Versandstück über 4.1.10 (keine Angabe bedeutet, dass die allgemeinen Zusammenpackvorschriften nach 4.1.1.5 und 4.1.1.6 eingehalten werden müssen)	MP 2 = darf nicht mit anderen Gütern zusammengepackt werden
10	1. Anweisungen für die Beförderung in ortsbeweglichen Tanks (T ...) 2. Anweisung für die Beförderung in loser Schüttung in einem Schüttgutcontainer (BK1/BK2) (Keine Angabe in dieser Spalte bedeutet, dass dieser Stoff nicht in oT oder in Schüttgutcontainern befördert werden darf.)	1. Über 4.2.5 werden in Tabellen die erlaubten Tankarten und Bedingungen festgelegt. Der Buchstabe (M) zu einer Tankanweisung bedeutet, dass der Stoff auch in einem UN-MEGC befördert werden darf. 2. BK1 oder BK2 erlaubt die Beförderung in loser Schüttung in einem Schüttgutcontainer nach 6.11. BK1 = bedeckter Container BK2 = gedeckter Container
11	Sondervorschriften zu ortsbeweglichen Tanks	TP 9 = Ein Stoff mit dieser Beschreibung darf in einem ortsbeweglichen Tank nur mit Zulassung der zuständigen Behörde befördert werden.
12	Anweisungen für die Beförderung in anderen als ortsbeweglichen Tanks (ADR-Tanks) über 4.3 (Keine Angabe bedeutet, dass der Stoff nicht in Tanks befördert werden darf.)	1. Tabelle der Tankzulassungen (Codierung) für die Klasse 2 Abschnitt 4.3.3 2. Tabelle der Tankzulassungen (Codierung) für die Klassen 3–9 Abschnitt 4.3.4 (+) = Die wechselweise Verwendung anderer Tanks nach der Tankhierarchie darf nicht angewendet werden.
13	Sondervorschriften zu den Tanks	TU 28 = Tanks dürfen bei einer Bezugstemperatur von 15 °C nur bis zu 95 % ihres Fassungsraumes befüllt werden. TE 15 = Tanks, die mit Vakuumventilen ausgerüstet sind, die sich bei einem Unterdruck von 21 kPa (0,21 bar) öffnen, gelten als luftdicht verschlossen.
14*)	Erforderlicher Fahrzeugtyp für die Beförderung in Tanks nach Kapitel 9.1 (FL, OX oder AT)	nicht im RID
15	Zuordnung zur Beförderungskategorie nach Tabelle 1.1.3.6.3 ADR Tunnelbeschränkungen für bestimmte Güter**)	siehe 1.8.4 C/D = Durchfahrt verboten durch Tunnel der Kategorie C, D und E bei der Beförderung in Tanks Durchfahrt verboten durch Tunnel der Kategorien D und E bei sonstigen Beförderungen

*) Spalte 14 ist in der Tabelle A des RID nicht enthalten.

**) Im ADR wurden über die Spalte 15 gemäß Abschnitt 1.9.5 und Kapitel 8.6 Tunnelbeschränkungen eingeführt und über einen zusätzlichen Code dargestellt. Die ADR-Vertragsparteien werden verpflichtet, bis Ende 2009 ihre Tunnel in fünf Kategorien (A, B, C, D, E) einzuteilen.
A = keine Beschränkung
B = Beschränkung für gefährliche Güter, die zu einer sehr großen Explosion führen können
C = Beschränkung für gefährliche Güter, wie unter B, und die zu einer großen Explosion oder einem umfangreichen Freiwerden giftiger Stoffe führen können
D = Beschränkung für gefährliche Güter, wie unter B und C, und die zu einem großen Brand führen können
E = Beschränkung für gefährliche Güter, wie unter B, C und D, und für alle anderen gefährlichen Güter, ausgenommen UN 2919, 3291, 3331, 3359, 3373

Anhang 1

Tabelle A, Kapitel 3.2 ADR

Spalte	Bedeutung	Beispiele von Vorschriften aus den gezeigten Auszügen
16	Code für Sondervorschriften zur Beförderung in Versandstücken	V11 = Großpackmittel (IBC), ausgenommen starre Kunststoff-IBC und metallene IBC, sind in bedeckten oder gedeckten Fahrzeugen/Containern zu befördern V12 = Großpackmittel (IBC) des Typs 31HZ2 sind in gedeckten oder geschlossenen Containern zu befördern
17	Code für Vorschriften zur Beförderung in loser Schüttung	VV9 = Beförderung als geschlossene Ladung in bedeckten Fahrzeugen, geschlossenen Containern oder vollwandig bedeckten Großcontainern zugelassen; für Klasse 8 mit ausreichender und geeigneter Innenauskleidung
18	Code über Sondervorschriften zur Beförderung	CV24 = Vor der Beladung sind die Fahrzeuge und Container gründlich zu reinigen und von allen entzündbaren Resten zu säubern. Es ist untersagt, leicht entzündliche Werkstoffe zur Verstauung zu verwenden. CV 36 = Können die Versandstücke nicht in offene, belüftete Fahrzeuge/Container verladen werden, müssen die Ladetüren der Fahrzeuge/Container mit folgender Kennzeichnung versehen sein (Schrifthöhe mindestens 25 mm): „ACHTUNG KEINE BELÜFTUNG VORSICHTIG ÖFFNEN"
19*)	Code über einzuhaltende Sondervorschriften während des Betriebs nach Teil 8	S7 = Bei der Beförderung von Gasen der Gruppen T, TO, TF, TFC, TOC ist für jedes Mitglied der Fahrzeugbesatzung ein Atemschutz vorzusehen, der ihm die Flucht ermöglicht (Filtertypen beachten). S20 = Die Vorschriften über die Überwachung der Fahrzeuge gelten, wenn die Gesamtmasse dieses Gutes in Fahrzeugen über 10 000 kg ist.
20**)	Nummer zur Kennzeichnung der Gefahr (obere Hälfte der orangefarbenen Tafel) bei der Beförderung in Tanks oder in loser Schüttung	33 = leicht entzündbar (Flammpunkt unter 23 °C) 268 = giftiges Gas, ätzend

Die Abkürzungen haben im RID andere Codes:

Spalte	ADR	RID
16	V...	W...
17	VV...	VW...
18	CV...	CW...
19	S...	CE... Expressgut

*) Spalte 19 enthält im RID anstelle der Sondervorschriften während der Beförderung die Regelungen über die Beförderung als Expressgut.

** In der Spalte 20 wird im RID bei Klasse-1-Stoffen als Gefahrnummer der Klassifizierungscode aus der Spalte 3b angegeben.

Anhang 2 RID

Auszug aus Gefahrguttabelle, Kapitel 3.2 RID (Beispiele)

Anhang 2 RID

3 Stoffverzeichnis, Sondervorschriften, Freistellungen
Gefahrgutliste numerisch (Tabelle A)

	UN-Nummer	Benennung und Beschreibung	Klasse	Klassifizierungscode	Verpackungsgruppe	Gefahrzettel	Sondervorschriften	Begrenzte und freigestellte Mengen		Verpackungen		
										Anweisungen	Sondervorschriften	Zusammenpackung
		3.1.2	2.2	2.2	2.1.1.3	5.2.2	3.3	3.4.6 / 3.5.1.2		4.1.4	4.1.4	4.1.10
(1)		(2)	(3a)	(3b)	(4)	(5)	(6)	(7a)	(7b)	(8)	(9a)	(9b)
!	0490	OXYNITROTRIAZOL (ONTA)	1	1.1D		1 (+13)		LQ0	E0	P112b P112c		MP20
	0491	TREIBSÄTZE	1	1.4C		1.4		LQ0	E0	P143	PP76	MP22
	0492	KNALLKAPSELN, EISENBAHN	1	1.3G		1		LQ0	E0	P135		MP23
	0493	KNALLKAPSELN, EISENBAHN	1	1.4G		1.4		LQ0	E0	P135		MP23
	0494	PERFORATIONSHOHLLADUNGSTRÄGER, GELADEN, für Erdölbohrlöcher, ohne Zündmittel	1	1.4D		1.4		LQ0	E0	P101		MP21
!	0495	TREIBSTOFF, FLÜSSIG	1	1.3C		1 (+13)	224	LQ0	E0	P115	PP53 PP54 PP57 PP58	MP20
!	0496	OCTONAL	1	1.1D		1 (+13)		LQ0	E0	P112b P112c		MP20
!	0497	TREIBSTOFF, FLÜSSIG	1	1.1C		1 (+13)	224	LQ0	E0	P115	PP53 PP54 PP57 PP58	MP20
!	0498	TREIBSTOFF, FEST	1	1.1C		1 (+13)		LQ0	E0	P114b		MP20
!	0499	TREIBSTOFF, FEST	1	1.3C		1 (+13)		LQ0	E0	P114b		MP20
	0500	ZÜNDEINRICHTUNGEN für Sprengungen, NICHT ELEKTRISCH	1	1.4S		1.4		LQ0	E0	P131		MP23
	0501	TREIBSTOFF, FEST	1	1.4C		1.4		LQ0	E0	P114b		MP20
!	0502	RAKETEN, mit inertem Kopf	1	1.2C		1		LQ0	E0	P130 LP101	PP67 L1	MP22
	0503	AIRBAG-GASGENERATOREN, oder AIRBAGMODULE, oder GURTSTRAFFER	1	1.4G		1.4	289 235	LQ0	E0	P135		MP23
!	0504	1H-TETRAZOL	1	1.1D		1 (+13)		LQ0	E0	P112c	PP48	MP20
	0505	SIGNALKÖRPER, SEENOT	1	1.4G		1.4		LQ0	E0	P135		MP23 MP24
	0506	SIGNALKÖRPER, SEENOT	1	1.4S		1.4		LQ0	E0	P135		MP23 MP24
	0507	SIGNALKÖRPER, RAUCH	1	1.4S		1.4		LQ0	E0	P135		MP23 MP24
	0508	1-HYDROXYBENZOTRIAZOL, WASSERFREI, trocken oder angefeuchtet mit weniger als 20 Masse-% Wasser	1	1.3C		1 (+13)		LQ0	E0	P114b	PP48 PP50	MP20
!	1001	ACETYLEN, GELÖST	2	4F		2.1 (+13)		LQ0	E0	P200		MP9
	1002	LUFT, VERDICHTET (DRUCKLUFT)	2	1A		2.2 (+13)	292	LQ1	E1	P200		MP9
	1003	LUFT, TIEFGEKÜHLT, FLÜSSIG	2	3O		2.2+5.1 (+13)		LQ0	E0	P203		MP9

Anhang 2 RID

3 Stoffverzeichnis, Sondervorschriften, Freistellungen
Gefahrgutliste numerisch (Tabelle A)

ortsbewegliche Tanks und Schüttgutcontainer		RID-Tanks		Beförderungs-kategorie	Sondervorschriften für die Beförderung			Express-gut	Nummer zur Kennzeich-nung der Gefahr	UN-Nummer	
Anwei-sungen	Sonder-vor-schriften	Tank-codierung	Sonder-vor-schriften		Versand-stücke	lose Schüttung	Be- und Entladung, Handhabung				
4.2.5.2, 7.3.2	4.2.5.3	4.3	4.3.5 + 6.8.4	c)	7.2.4	7.3.3	7.5.11	7.6	5.3.2.3		
(10)	(11)	(12)	(13)	(15)	(16)	(17)	(18)	(19)	(20)	(1)	
				1	W2 W3		CW1		1.1D	0490	BahnMB: → *10.004*
				2	W2		CW1		1.4C	0491	
				1	W2		CW1		1.3G	0492	
				2	W2		CW1		1.4G	0493	
				2	W2		CW1		1.4D	0494	
				1	W2		CW1		1.3C	0495	
				1	W2 W3		CW1		1.1D	0496	
				1	W2		CW1		1.1C	0497	
				1	W2		CW1		1.1C	0498	
				1	W2		CW1		1.3C	0499	
				4	W2		CW1	CE1	1.4S	0500	
				2	W2		CW1		1.4C	0501	BahnMB: → *10.026*
				1	W2		CW1		1.2C	0502	
				2	W2		CW1		1.4G	0503	
				1	W2		CW1		1.1D	0504	
				2	W2		CW1		1.4G	0505	
				4	W2		CW1	CE1	1.4S	0506	
				4	W2		CW1	CE1	1.4S	0507	
				1	W2 W3		CW1		1.3C	0508	
		PxBN(M)	TU17 TU38 TE22 TA4 TT9	2			CW9 CW10 CW36	CE2	239	1001	BahnMB: → *20.048*
(M)		CxBN(M)	TA4 TT9	3			CW9 CW10	CE3	20	1002	
T75	TP5 TP22	RxBN	TU7 TU19 TA4 TT9 TM6	3	W5		CW9 CW11 CW30 CW36	CE2	225	1003	BahnMB: → *20.042*

Anhang 3
Inhalt

Anhang 3

Auszug aus Gefahrgutliste, Kapitel 3.2 IMDG-Code

– Auszug 196

– Erläuterungen 198

Anhang 3

Gefahrgutliste, Kapitel 3.2 IMDG-Code

Gefahrgutliste, Kapitel 3.2 IMDG-Code – Auszug Entwurf 2009

UN-Nr.	Richtiger technischer Name	Klasse	Nebengefahr	Verpackungsgruppe	Sondervorschriften	Begrenzte Mengen	Freigestellte Mengen	Verpackungen		IBC	
								Anweisung(en)	Vorschriften	Anweisung(en)	Vorschriften
(1)	(2)	(3)	(4)	(5)	(6)	(7a)	(7b)	(8)	(9)	(10)	(11)
0038	BOMBEN, BLITZLICHT BOMBS, PHOTO-FLASH	1.1D	–	–	–	Keine	E0	P130 LP101	PP67 L1	–	–
1010	BUTADIENE, STABILISIERT oder BUTADIENE UND KOHLENWASSERSTOFF, GEMISCH, STABILISIERT mit mehr als 40 % Butadien BUTADIENES STABILIZED or BUTADIENES AND HYDROCARBON MIXTURE, STABILIZED with more than 40 % butadienes	2.1	–	–	–	Keine	E0	P200	–	–	–
1013	KOHLENDIOXID CARBON DIOXIDE	2.2	–	–	911	120 ml	E1	P200	–	–	–
1099	ALLYLBROMID ALLYL BROMIDE	3	6.1 P	I	–	Keine	E0	P001	–	–	–
1259	NICKELTETRACARBONYL NICKEL CARBONYL	6.1	3 P	I	–	Keine	E4	P601	–	–	–
1300	TERPENTINÖLERSATZ TURPENTINE SUBSTITUTE	3		II	944	1 L	E2	P001	–	IBC02	–
1300	TERPENTINÖLERSATZ TURPENTINE SUBSTITUTE	3		III	223 944	5 L	E1	P001 LP01	–	IBC03	–

Anhang 3
Stoffliste, Kapitel 3.2 IMDG-Code

Tankanweisungen		EmS	Stauung und Trennung	Eigenschaften und Bemerkungen	UN-Nr.
UN-Tanks und Schüttgutcontainer	Vorschriften				
(13)	(14)	(15)	(16)	(17)	(18)
–	–	F-B, S-X	Staukategorie 03	Siehe Glossar der Benennungen in Anhang B für „BOMBEN, BLITZLICHT (2)"	0038
T 50	–	F-D, S-U	Staukategorie B. Frei von Wohn- und Aufenthaltsräumen.	Verflüssigtes, entzündbares Gas mit unangenehmem Geruch. Explosionsgrenzen: 2 % bis 12 %. Schwerer als Luft (1,84).	1010
–	–	F-C, S-V	Staukategorie A	Verflüssigtes, nicht entzündbares Gas. Schwerer als Luft (1,5). Bleibt oberhalb 31 °C nicht flüssig.	1013
T14	TP2 TP13	F-E, S-D	Staukategorie B. Frei von Wohn- und Aufenthaltsräumen.	Farblose bis hellgelbe Flüssigkeit mit reizendem Geruch. Flammpunkt: –1 °C c.c. Explosionsgrenzen: 4,4 % bis 7,3 %. Nicht mischbar mit Wasser. Hochgiftig beim Verschlucken, bei Berührung mit der Haut oder beim Einatmen der Dämpfe.	1099
–	–	F-E, S-D	Staukategorie D, frei von Wohn-/Aufenthaltsräumen, VERBOTEN auf Schiffen, die Kl. 1 mit Ausnahme der in 7.2.7.1.3.2 aufgeführten befördern.	Farblose oder gelbe, flüchtige, entzündbare Flüssigkeit. Flammpunkt: unter –20 °C c.c. Oxidiert an der Luft und explodiert bei einer Temperatur von 60 °C. Untere Explosionsgrenze: 2,0 %. Nicht mischbar mit Wasser. Hochgiftig beim Verschlucken, bei Berührung mit der Haut oder beim Einatmen der Dämpfe.	1259
T4	TP 1	F-E, S-E	Staukategorie B.	Nicht mischbar mit Wasser.	1300
T2	TP 1	F-E, S-E	Staukategorie A.	Siehe Eintrag oben.	1300

Anhang 3

Stoffliste, Kapitel 3.2 IMDG-Code

Erläuterungen zu den einzelnen Spalten der Tabelle

Das Prinzip ist ähnlich wie im ADR.

Spalte	Erläuterungen
2	Hier ist zusätzlich die englische Bezeichnung angegeben.
4	P = Meeresschadstoff – Bei allen anderen Stoffen der Klassen 1–9 ist nach Abschnitt 2.9.3 i.V. mit Kapitel 2.10 zu prüfen, ob es sich um einen „umweltgefährlichen Stoff/Meeresschadstoff" handelt. – Ansonsten zeigt die Spalte 4 auch die Zusatzgefahr/en des Stoffes an.
6	Die Sondervorschriften sind im Kapitel 3.3 des IMDG-Codes erläutert.
7a	Hier ist die höchstzulässige Menge je Innenverpackung angegeben. Die Regelungen für die Freistellungen selbst sind im Kapitel 3.4 festgelegt.
7b	Angabe E-Code für die Versendung als Excepted Quantities nach Kapitel 3.5
12	IMO-Tankanweisungen für ortsbewegliche Tanks und Straßentankfahrzeuge nach IMO, die nach dem 29. Amendment konstruiert sind. Diese dürfen jedoch gemäß Übergangsvorschriften weiter verwendet werden. Ab 01.01.2003 gibt es nur noch die Bezeichnung ortsbeweglicher Tank. Spalte 12 wurde mit dem 34. Amendment gestrichen.
13 + 14	UN-Tankanweisungen für ortsbewegliche Tanks über Kapitel 4.2
15	Der EmS-Leitfaden ist Bestandteil des IMDG-Codes und regelt über die gegebenen Abkürzungen die erforderlichen Unfallmaßnahmen bei Feuer und Leckage.
16	Im Kapitel 7.1 sind die Staukategorien festgelegt und beschrieben.
17	Beschreibung der pysikalischen und/oder chemischen Eigenschaften des Stoffes (In der hier gezeigten Tabelle wurden die kompletten Angaben aus Platzgründen nicht gemacht.)